MAGIA,
BRUJERÍA
Y OCULTISMO

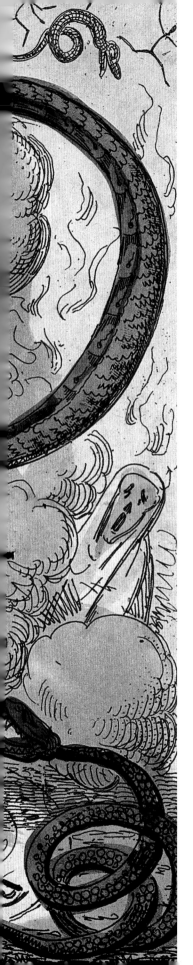

MAGIA, BRUJERÍA Y OCULTISMO

Prólogo de Suzannah Lipscomb

DK LONDON
Edición sénior Kathryn Hennessy
Edición Rose Blackett-Ord y Anna Fischel
Edición de arte sénior Nicola Rodway
Coordinación editorial Gareth Jones
Coordinación de arte Lee Griffiths
Iconografía Sarah Smithies
Producción editorial Andy Hilliard
Coordinación de producción Nancy-Jane Maun
Diseño de cubierta Suhita Dharamjit
y Surabhi Wadhwa-Gandhi
Coordinación de diseño de cubiertas Sophia M.T.T.
Coordinación de publicaciones Liz Wheeler
Dirección de arte Karen Self
Dirección de publicaciones Jonathan Metcalf

DK DELHI
Edición de arte sénior Ira Sharma y Vikas Sachdeva
Edición de arte Anukriti Arora
Asistencia editorial de arte Ankita Das
Edición sénior Janashree Singha
Edición Nandini D. Tripathy y Devangana Ojha
Coordinación editorial Soma B. Chowdhury
Coordinación editorial de arte Arunesh Talapatra
Iconografía Sumedha Chopra
Coordinación de iconografía Deepak Negi
Dirección de iconografía Taiyaba Khatoon
Maquetación sénior Jagtar Singh
Coordinación de producción Pankaj Sharma

DE LA EDICIÓN EN ESPAÑOL
Coordinación editorial Cristina Sánchez Bustamante
Asistencia editorial y producción Malwina Zagawa

Publicado originalmente en Gran Bretaña
en 2020 por Dorling Kindersley Limited
DK, One Embassy Gardens, 8 Viaduct Gardens,
London, SW11 7BW

Parte de Penguin Random House

Título original: *A History of Magic, Witchcraft and the Occult*
Primera edición 2021

ISBN: 978-0-7440-4917-6

Impreso en Emiratos Árabes Unidos

Para mentes curiosas
www.dkespañol.com

CONTENIDO

RAÍCES ANTIGUAS
De la prehistoria a 400 D.C.

MALDICIÓN O CURACIÓN
400–1500

ERUDITOS Y AQUELARRES
1500–1700

SECRETO Y CEREMONIA
1700–1900

MAGIA MODERNA
1900-presente

Suzannah Lipscomb Escritora, divulgadora y profesora de historia en la Universidad de Roehampton, miembro de la Royal Historical Society y de la Higher Education Academy, sus investigaciones se han centrado en la historia de Inglaterra y Francia en el siglo XVI, con un interés especial en la intersección entre la historia religiosa, de género, política, psicológica y social así como en la vida, las creencias, el matrimonio y la sexualidad de las mujeres corrientes, y en la brujería y los procesos por brujería. Hasta la fecha ha escrito cinco libros de historia, ha coeditado otro, y escribe una columna periódica para *History Today*. Premiada presentadora, ha escrito y presentado 18 series documentales históricas de televisión para la BBC, ITV y National Geographic, entre otros, y presentó *Irreplaceable: A History of England in 100 Places*, un *podcast* de Historic England.

CONSULTORA

Sophie Page Profesora asociada de historia en el University College de Londres, la Dra. Page estudia la magia y la astrología en la Europa medieval, especialmente en relación con la religión ortodoxa, la filosofía natural, la medicina y la cosmología. Ha escrito y editado diversos libros sobre magia, y fue comisaria de la exposición *Spellbound Magic, Ritual and Witchcraft* (Museo Ashmolean, agosto de 2018–enero de 2019).

COLABORADORES

Thomas Cussans Historiador y escritor afincado en Francia, fue durante años editor responsable de una serie de atlas históricos. Ha colaborado en numerosos títulos de DK.

John Farndon Novelista, dramaturgo, compositor y poeta, es miembro del Royal Literary Fund en la Anglia Ruskin University de Cambridge. Ha escrito numerosos libros, entre ellos varios *best sellers* internacionales.

Ann Kay Escritora y editora especializada en historia cultural, tiene un máster en historia del arte. Es autora o coautora de una treintena de libros, y ha colaborado en muy diversos títulos de DK.

Philip Parker Historiador y exdiplomático, estudió historia en el Trinity College de Cambridge y relaciones internacionales en la Johns Hopkins School of Advanced International Studies. Es un autor aclamado por la crítica y un premiado editor.

PRÓLOGO

Poco antes de la Navidad de 1611, una niña condujo a su anciana abuela ciega hasta la casa de un molinero para reclamarle el pago de un trabajo reciente. Nada dispuesto a pagar, el molinero gritó a las mujeres: «¡Fuera de mis tierras, rameras y brujas, o quemaré a una y colgaré a la otra!».

La mujer mayor buscó venganza, y sabía cómo obtenerla. Más tarde diría: «La forma más rápida de tomar la vida de un hombre mediante brujería es hacer una figura de arcilla semejante a la persona a la que quieres matar», luego clavarle una espina o una aguja para causarle dolor, quemarla y «acto seguido, por esos medios, el cuerpo morirá».

Esta mujer, que creía ser y era considerada por otros una bruja, se llamaba Elizabeth Southerns, también conocida como la Vieja Demdike. Tenía ochenta años y fue una de las veinte personas arrestadas en los juicios de las brujas de Pendle, en Lancashire (Inglaterra), en 1612. Ella murió a la espera de juicio, pero diez de los acusados —entre ellos Alison, nieta de Elizabeth— fueron ahorcados por haber embrujado a otros para matarles «mediante prácticas satánicas y medios diabólicos».

El miedo a las brujas y a la magia perniciosa, los objetos como intermediarios para el funcionamiento de la magia y el uso de la misma por parte de los débiles para ganar influencia son temas recurrentes en este maravilloso estudio global sobre las creencias y prácticas mágicas. Recorreremos el tiempo y el espacio desde las antiguas civilizaciones de Mesopotamia y Egipto, pasando por las *praecantrices* romanas (hechiceras y videntes), la magia zoroástrica, la alquimia japonesa medieval o las *völvur* (portadoras del cayado) escandinavas, y hasta el vudú, los tableros ouija, Papá Noel, la wicca y muchas cosas más.

Esta investigación global nos enseñará que, aunque las formas de la magia —hechizos, rituales y poderes— han cambiado, quienes recurren a ella han tenido preocupaciones esencialmente similares: han buscado un poder que, por naturaleza, estaba más allá de su control; han querido desafiar lo inexplicable y manejar lo ambiguo y lo incómodo. Aprenderemos, por ejemplo, que el pueblo inuit de Groenlandia llegó a creer en poderes espirituales que controlaban los gélidos páramos en que habitaban. Hay palabras mágicas para ayudar en tareas cotidianas propensas a salir mal, controlar el clima que destruía cosechas, y consolar al estéril o al enfermo.

Esto significa que siempre ha habido un papel para aquellos que creen poder mediar con los espíritus, prevenir el mal y situarse en el umbral entre el mundo visible del ser humano y el invisible de lo espiritual. Esta es la razón de que la magia haya atraído a gente durante siglos y continúe haciéndolo.

Me sorprende la gran variedad de formas en que las personas han intentado lidiar con algo sobre lo que no tenemos ningún control: que vivimos en un tiempo lineal y no conocemos el futuro. No se trata solo de hojas de té o quiromancia: están la libanomancia (la adivinación mediante los patrones del humo del incienso al quemarse), la ornitomancia (la observación del vuelo de las aves) o mi favorita, la hipomancia (la adivinación a partir del relincho de los caballos).

Estas formas de adivinación, como la mayor parte de la magia, han estado prohibidas a menudo. Aunque la línea entre milagro y magia es fina, y de qué lado caiga el hecho depende en gran medida del observador, la magia se ha considerado generalmente como transgresiva. Y aunque a menudo se ha incorporado a las religiones dominantes, a su vez ha subvertido la ortodoxia y ha desafiado las estructuras de poder establecidas.

Esto queda patente en las creencias sobre la brujería. Aquellos que acusaban a otros de brujería estaban ellos mismos buscando explicaciones sobrenaturales a las adversidades. Las grandes cazas de brujas europeas de los siglos XVI y XVII, durante las cuales se ejecutó a casi 50 000 personas, se basaban en las ideas de que el poder maligno procedía del diablo y de que —dado que se creía que las mujeres eran más débiles y susceptibles de tentación diabólica— la mayoría de las brujas eran mujeres, que usaban sus poderes mágicos para manipular a los hombres.

La magia es un tema en torno al cual se arremolina la desinformación como los vapores alrededor del caldero de una bruja. Este cautivador libro disipará la nube, levantará el hechizo e iluminará vívidamente este tema fascinante.

SUZANNAH LIPSCOMB

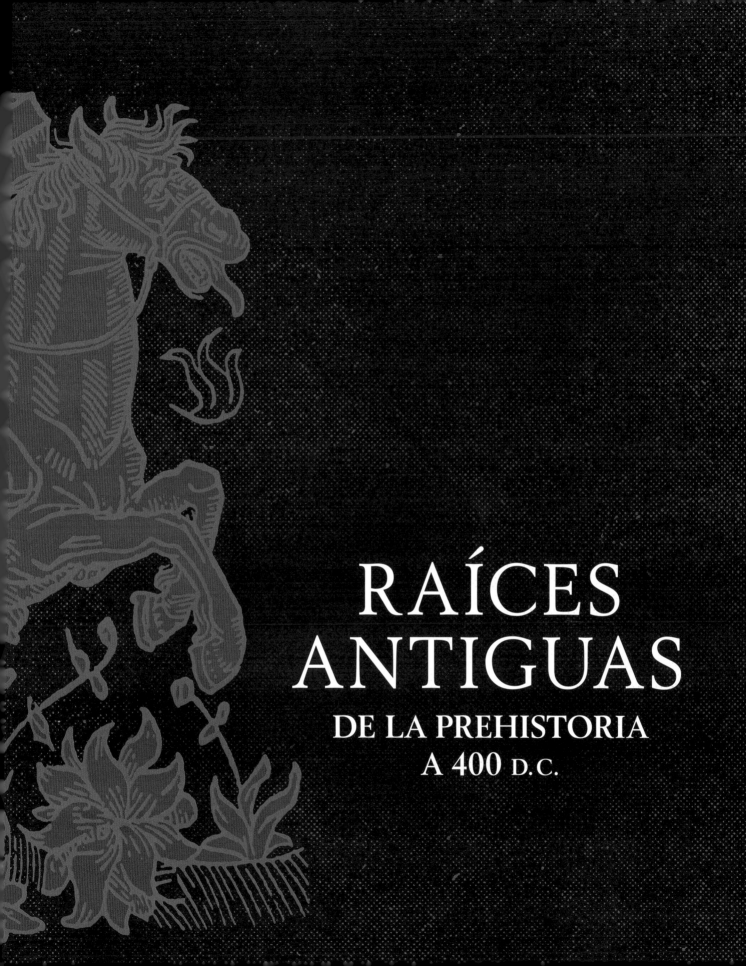

RAÍCES ANTIGUAS

DE LA PREHISTORIA
A 400 D.C.

Introducción

La magia es tan vieja como la humanidad. Cuando los primeros pueblos tomaron conciencia de su entorno, lo creyeron poblado por espíritus cuya ayuda invocaban para controlarlo a través de chamanes –quienes se creía que podían viajar al mundo espiritual– o del arte. Al parecer, los primeros humanos moldearon estatuillas y pintaron animales en las cuevas en la creencia de que ello les daba un poder mágico sobre su mundo.

El avance de las sociedades aportó jerarquía y orden a la vida espiritual. Desde c. 4000 a. C., los dioses se asemejaron a los reyes, sacerdotes y nobles que gobernaban las ciudades-estado sumerias o el antiguo reino egipcio. Gracias a la invención de la escritura, sabemos mucho más acerca de estas religiones oficiales de lo que nunca sabremos sobre sus antecedentes neolíticos. También conocemos más detalles sobre la magia, tanto benéfica como maléfica. Por ejemplo, sabemos de un babilonio antiguo que rompió las piernas de una estatuilla de arcilla para evitar a un fantasma errante, o de una bruja que engañó al dios Marduk para que provocara la enfermedad de un enemigo. Las figurillas enterradas bajo los umbrales de las puertas para impedir el acceso de espíritus malignos suponían la creencia en fuerzas maléficas que debían ser aplacadas.

Gran parte de la parafernalia mágica posterior apareció sorprendentemente pronto. Los antiguos babilonios y egipcios portaban amuletos protectores y crearon libros de conjuros. En Egipto, estos conjuros se inscribían en las paredes de las tumbas para dar protección mágica al alma en su viaje al más allá.

Pronunciada o escrita, la palabra se consideró mágica desde muy pronto, y los antiguos griegos y romanos produjeron tablillas de maldición en la creencia de que la expresión de un deseo oscuro, acompañada de las fórmulas prescritas, provocaba su cumplimiento.

Pronto los magos desarrollaron sus propias técnicas y filosofías. La magia simpática (o empática) –la idea de que las sustancias curativas debían asemejarse a las

Figura de perro mesopotámica (p. 20)

Pintura griega de un sacrificio animal (p. 32)

Mosaico romano de Odiseo (p. 39)

dolencias que trataban mágicamente (así, una poción amarilla podía curar la ictericia)– era conocida entre los egipcios. Los griegos desarrollaron el concepto de atadura: mediante los rituales adecuados, un mago podía tomar el control físico o espiritual de una persona u objeto, incluso de uno tan grande como la luna. A medida que aumentan las fuentes literarias, conocemos incluso nombres de hechiceras, como Circe, que en la *Odisea* de Homero encantó a los compañeros de Odiseo y los convirtió en cerdos; o Erictón, la bruja de la que el poeta romano Lucano dijo que alzaba un cadáver de entre los muertos vertiendo la saliva de un perro rabioso sobre él.

Si bien muchas culturas produjeron normas específicas para la magia –pocas hasta el límite de la japonesa, que incluso tenía un ministro de magia–, otras tenían un sentido más laxo del infinito o el poder espiritual. Para los mayas, la observación del cosmos y el conocimiento de vastos ciclos temporales, la inhalación de vapores psicotrópicos para acceder al mundo espiritual y la creencia en espíritus animales que acompañaban a los magos, eran un eco de las anteriores creencias mágicas neolíticas. En el mundo antiguo, el caos y la muerte siempre estaban cerca, y el deseo de alejarlos, aunque fuera solo por un breve tiempo, implicaba la omnipresencia de la magia.

«La magia, al atar las emociones de la gente con un triple lazo [...] domina a gran parte de la humanidad.»

PLINIO EL VIEJO, SOBRE LA CREENCIA EN EL PODER MÉDICO, RELIGIOSO Y ASTROLÓGICO DE LA MAGIA, EN *HISTORIA NATURAL*, LIBRO XXX (*c.* 77–79 D. C.)

Fresco pompeyano (p. 45)

Mapa de energía chino antiguo (p. 53)

Códice maya (p. 59)

EL NACIMIENTO DEL RITUAL
magia prehistórica

▲ Piedras de Carnac
A lo largo de una extensión de más de 3 km en su conjunto, en la Bretaña (noroeste de Francia), se hallan más de 3000 piedras, erigidas hace unos 6000 años, a las cuales se supone algún significado religioso. Muchas de ellas están alineadas en filas tan rectas que los pobladores medievales creyeron que era un ejército romano convertido en piedra por arte de magia.

Hace 95 000 años, unos neandertales (una especie de homininos relacionada con los humanos modernos) enterraron a un niño pequeño en una cueva en Iraq con una reverencia que sugiere la creencia en una vida después de la muerte. El depósito en cuevas de guijarros de aspecto antropomórfico y la construcción, c. 2500 a.C., de crómlech como los de Stonehenge y Carnac —alineados con la salida o la puesta del sol en ciertas épocas del año—, apuntan a una visión del mundo cada vez más sofisticada y religiosa. Y, con la religión, llegó la magia.

▶ El cráneo de Jericó
Datado c. 7500 a.C., este cráneo procede de Jericó, en el valle del río Jordán. Fue parcialmente cubierto con yeso y las cuencas oculares rellenadas con conchas para recrear los rasgos del muerto, puede que como parte de un culto a los antepasados.

▶ Ritos animales
Las pinturas rupestres de Lascaux (suroeste de Francia) están datadas c. 15 000 a.C. En total representan casi 900 animales, muy probablemente como parte de un ritual mágico de caza.

Magia prehistórica y religión temprana
Los primeros pueblos aprendieron a controlar su entorno mediante la creación de herramientas y el uso del fuego. Estas habilidades les ofrecían un poder limitado, pero al mismo tiempo los hizo conscientes de la inmensidad de las fuerzas más allá de su control. Para entender misterios como la salida y la puesta del sol, o el nacimiento y la muerte, o en su lucha cotidiana por cazar para sobrevivir, nuestros primeros ancestros concibieron fuerzas espirituales a las que podían invocar para obtener algún beneficio. Uno de los rasgos de las sociedades surgidas desde entonces ha sido la creencia en fuerzas sobrenaturales y el deseo de usarlas para ejercer algún control sobre el mundo físico.

Poder y supervivencia
La caza era esencial para la supervivencia de las primeras comunidades humanas. Modernamente, sociedades que aún dependen de la caza para vivir, como los inuit del Canadá ártico, ven esta actividad como un acto sagrado, pues quitan la vida a un ser que creen poseedor de un alma. Los pueblos prehistóricos pudieron tener un pensamiento similar. Hace unos 17 000 años ya adornaban cuevas poco accesibles, como las de Lascaux en Francia, con pinturas de gente cazando animales salvajes como ciervos, caballos, bisontes y osos. Estas pinturas podían estar relacionadas con rituales para invocar

«El duelo por los muertos fue uno de los rituales compartidos que ayudó a unir a la sociedad.»

MUSEO BRITÁNICO, SOBRE EL CRÁNEO DE JERICÓ

«El curandero tiene sabiduría y el poder de curar gracias a Wakan-Tanka.»

HIERRO PLANO, JEFE DE LOS SIUX OGLALA, EN *THE INDIANS' BOOK* (1907)

El cabello similar a escamas de pez sugiere una relación con el agua

La redondez natural de la roca se usó para formar la barbilla

▲ **Deidad fluvial protectora de pescadores**
Esta es una de las más de 50 cabezas monumentales de arenisca colocadas frente a los hogares de un poblado neolítico de pescadores llamado Lepenski Vir, a orillas del Danubio, en Serbia. Podrían representar deidades protectoras del río.

el éxito en expediciones de caza o para apaciguar los espíritus de los animales.

Figuras de fecundidad

La fertilidad también preocupó a los primeros pueblos, pues sin descendencia sus tribus desaparecerían. En las cuevas se han hallado muchas estatuillas femeninas con caderas y pechos exagerados, características físicas que sugieren peticiones a una diosa madre para ser bendecidos con hijos. Algunas de las estatuillas eran portátiles (tal vez para ser llevadas en la mano), como las «venus» europeas del Paleolítico. Un rasgo común de estas venus es la ausencia de rasgos faciales, tal vez para dotarlas de un aspecto universal más que de una semejanza con individuos específicos.

La magia de los muertos

Tal vez más poderoso que la caza, la fertilidad o los misterios de la tierra fuera el miedo a la muerte. Se han encontrado enterramientos formales, datados en épocas tan tempranas como 60 000 a. C., conteniendo huesos con ocre rojo (evocador de la sangre) esparcido. Algunos también incluían flores o collares para acompañar a los muertos en su próxima vida. Los neandertales enterraron huesos esqueléticos y cráneos en la cueva de Kebara (Israel), posiblemente en un rito *post mortem*.
Asimismo, los primeros pueblos parecían temer a los espíritus de los muertos. En la cueva de Gough, en Somerset (Inglaterra), incisiones halladas en huesos de unos 15 000 años de antigüedad indican que se emplearon en rituales de canibalismo cuyo objetivo pudo ser adquirir los poderes de los

muertos o evitar que sus espíritus infligieran daños a los vivos.

Animismo y totemismo

Se cree que la religión prehistórica fue animista: atribuía poderes mágicos o sobrenaturales al mundo natural. Rasgos geográficos distintivos, como una serie de formaciones rocosas en Nyero (Uganda), datadas en 12 000 años, se convirtieron en altares: se adornaron con pinturas geométricas y eran visitadas para hacer ofrendas a los espíritus que las habitaban. También se veneraban tallas con formas de animales, a menudo antropomorfizadas, como el hombre-león de la cueva de Hohlsetein-Stadel (sur de Alemania), de hace 40 000 años. Posiblemente fueran tótems, espíritus de animales con los que la tribu tenía una relación mágica especial.

Mundo espiritual

Mantener buenas relaciones con los muchos espíritus que habitaban el mundo era vital para los pueblos primitivos. Surgieron especialistas en ritos –llamados comúnmente chamanes– para comunicarse con los espíritus e intentar influir en ellos. Los chamanes, al parecer, podían trasladarse a las esferas de los espíritus a través de trances provocados mediante el canto, el toque rítmico de tambores o bien fumando o ingiriendo hierbas alucinógenas u otras sustancias psicoactivas.

Un tocado hecho con astas de ciervo de hace unos 11 000 años, hallado en el yacimiento de Star Carr, en Yorkshire (Inglaterra), pudo formar parte del atuendo ritual de un chamán. Unas singulares pinturas rupestres descubiertas en Siberia podrían representar el estado de suspensión entre la vida y la muerte que permitía al chamán viajar al mundo de los espíritus. Tales creencias persistieron entre los pueblos indígenas de Siberia hasta los tiempos modernos. Las primeras creencias mágicas pueden remontarse a hace 100 000 años, pero muchas han sobrevivido hasta muy recientemente.

▲ **El chamán de Lascaux**
Esta pintura rupestre muestra a un amenazador bisonte ante un hombre abatido cerca de un pájaro. Una posible interpretación es que la figura humana representa a un chamán y el ave es su animal espiritual, que viaja con él al dominio místico mientras su cuerpo yace inmóvil en el físico.

Sol solidificado

El ámbar, la resina fósil de coníferas prehistóricas, era atesorado ya en el Neolítico, y los griegos creían que estaba formado por los rayos solidificados del sol. Con su color distintivo y su traslucidez, era sumamente apreciado. Es electrostático (despide chispas al ser frotado), lo que también le valió la reputación de alejar los peligros, y llegó a ser considerado una piedra curativa. Se encuentra sobre todo a orillas del mar Báltico y, pese a su relativa rareza, los collares y colgantes de ámbar son hallazgos arqueológicos frecuentes.

Colgante de híbrido de pez y caballo en ámbar del siglo v a. C., hallado en Italia.

MAGIA POR DOQUIER
magia mesopotámica

Los pueblos de Mesopotamia –región entre los ríos Tigris y Éufrates, hoy básicamente Iraq– vivían en un mundo de prácticas mágicas. Sumerios, babilonios y asirios buscaron la ayuda de exorcistas y augures para protegerse de entidades sobrenaturales malignas y desvelar el futuro. Desde la época de los sumerios, que fundaron las primeras ciudades *c.* 4000 a. C., hasta la de los babilonios, 3000 años después, en Mesopotamia la magia fue parte de la vida cotidiana.

Por debajo del panteón oficial, que incluía a Enlil, dios del cielo

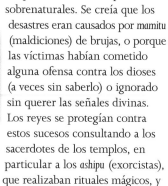

▶ **Tablilla de Maqlû (quema)**
Datada *c.* 700 a. C., es la séptima de una serie de nueve tablillas, y contiene cánticos que un *ashipu* (exorcista) usaría para ahuyentar a la bruja que había maldecido a la víctima.

asirio, y Ea, dios de la sabiduría, había un estrato de demonios que debían ser aplacados, como Lamastu, que amenazaba a embarazadas y bebés, o Namtar, demonio de la pestilencia. Fenómenos naturales como las inundaciones y los rayos o las enfermedades epidémicas no se entendían científicamente; pese a los avances mesopotámicos, sus sociedades dieron preferencia a las explicaciones sobrenaturales. Se creía que los desastres eran causados por *mamitu* (maldiciones) de brujas, o porque las víctimas habían cometido alguna ofensa contra los dioses (a veces sin saberlo) o ignorado sin querer las señales divinas. Los reyes se protegían contra estos sucesos consultando a los sacerdotes de los templos, en particular a los *ashipu* (exorcistas), que realizaban rituales mágicos, y

> «Invoco al ocaso, la medianoche y el amanecer porque una hechicera me ha embrujado.»

TABLILLA DE MAQLÛ N.º 1 (*c.* 1600 A. C.)

otra tablilla aparece una invocación a Gula, diosa de la sanación, para expulsar al fantasma que había hecho enfermar a una persona.

Los *barû* practicaban la extispicina o aruspicina (adivinación por el examen de vísceras de animales), además de observar los signos celestes, como los halos en torno al sol (que presagiaban la destrucción de una ciudad) o el estado de las nubes. Entre los portentos menos habituales estaban el nacimiento de animales deformes o de gemelos siameses, o incluso que un cuón orinase sobre un hombre: un presagio de felicidad.

a los *barû*, que interpretaban augurios. Los archivos palaciegos almacenaban colecciones de tablillas de arcilla con escritura cuneiforme que contenían hechizos y augurios. Se han recuperado muchas de ellas de la biblioteca del palacio del rey asirio Asurbanipal. La gente común también recurría a los servicios de *ashipu* para recibir hechizos protectores, y utilizaba amuletos y estatuillas encantadas para alejar a los espíritus malignos.

Antibrujería y augurios

Desgracias y enfermedades se solían achacar a brujas o demonios. De estas también se creía que lanzaban maldiciones. Los sacerdotes desarrollaron rituales para contrarrestar las influencias malignas, y los reunieron en nueve tablillas de Maqlû, recopiladas *c.* 1600 a.C. y transmitidas a lo largo de generaciones de *ashipu* durante un milenio. Una colección de unos cien encantamientos, que ocupan ocho de las tablillas, permitían a los *ashipu* identificar y dominar la magia maligna; la última tablilla daba instrucciones para un ritual que expulsaba una maldición, el cual incluía la quema de una estatuilla de la bruja responsable. Los exorcistas solían actuar también como médicos, y en

▼ **Cuenco de encantamiento**

Ejemplo muy tardío de la tradición mágica de Mesopotamia, este cuenco, datado entre los siglos v y vii, contiene un encantamiento en arameo y representa un demonio en el centro. Estos cuencos solían enterrarse en los rincones de las estancias como protección.

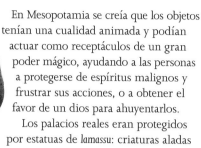

En Mesopotamia se creía que los objetos tenían una cualidad animada y podían actuar como receptáculos de un gran poder mágico, ayudando a las personas a protegerse de espíritus malignos y frustrar sus acciones, o a obtener el favor de un dios para ahuyentarlos.

Los palacios reales eran protegidos por estatuas de *lamassu*: criaturas aladas con cabeza de hombre y cuerpo de toro o león que flanqueaban y sustentaban puertas, corredores y entradas a las salas del trono. Los umbrales se consideraban vulnerables a la infiltración desde el inframundo de demonios como Rabisu «el agazapado». Las gentes más pobres colocaban bajo puertas y ventanas estatuillas de dioses o de criaturas híbridas como hombres-pez, con gorros puntiagudos y pieles escamosas.

Los rituales mágicos eran parte relevante de la defensa contra la magia oscura. Se usaba el principio de sustitución, y así, por ejemplo, se vestía con las prendas

◀ León con cabeza humana
Este *lamassu* guardaba la puerta de un palacio. El tocado con cuernos y las alas indican su divinidad, y el cinturón, su poder. El escultor lo dotó de cinco patas para que se viera firmemente parado de frente pero en movimiento de lado.

de un enfermo a un cabrito que era sacrificado a la diosa de la muerte para que se llevara al animal en vez de al hombre. De forma similar, para evitar que los muertos deambularan o hablaran, se hacían efigies de sus fantasmas: se inscribía el nombre de la persona muerta en una figurilla de arcilla a la que luego se le rompían los pies y se le clavaba un colmillo de perro en la boca para callarla.

Se creía que gran parte de la magia maligna era realizada por brujas que engañaban a las deidades para que las ayudaran. Por ello se pedía a los dioses, en especial a Marduk —asociado con la magia—, que mediara ante su poderoso padre Ea, fuente última de la magia ritual usada por los *ashipu* en sus exorcismos.

Amuletos contra el mal

Otra expresión de la magia protectora consistía en portar amuletos, los cuales solían representar al espíritu del que se suponía que protegían. Pazuzu, rey de los demonios del viento, solía representarse como una criatura con pecho y garras de ave, con la palma de una mano hacia arriba y la otra hacia abajo, símbolo de creación y destrucción; y Lamastu, que se alimentaba de embarazadas, era un híbrido de asno, leona y ave. Los amuletos podían proteger a un viajero en un territorio hostil habitado por demonios, como el desierto; o alejar la enfermedad durante una epidemia. En el mundo mesopotámico había muchas cosas impredecibles, y la magia inclinaba un poco la balanza a favor de la gente.

EN LA PRÁCTICA

Estatuillas caninas

Gula, diosa mesopotámica de la sanación, solía representarse con un perro sentado a sus pies; por ello se usaban figurillas caninas de arcilla o bronce para invocar su ayuda. Enterradas bajo umbrales o en otros lugares vulnerables a la infiltración mágica, actuaban como guardianes místicos, alejando la enfermedad u otras desgracias. Solían tener nombres inscritos, como «El de fuerte ladrido» o «El que atrapa al enemigo», que se suponía aumentaban su poder. Gula era además una diosa del inframundo, y estas estatuillas podrían haberse usado también para guiar al muerto hacia el más allá.

Este fragmento de terracota de un perro de Gula es parte de una escultura mayor o de la decoración de un templo.

CLAVE

1 Pazuzu, con cabeza de león, agarra la lápida con las zarpas.

2 Las deidades protectoras, con cabezas de león, forman una procesión de dos filas.

3 Pazuzu repele a Lamastu.

◀ **Lápida protectora**
Esta lápida representa a Pazuzu, rey de los demonios del viento y señor del viento del suroeste que sopla del desierto y trae las plagas y las hambrunas. Aportaba protección frente al propio Pazuzu y recababa su ayuda para ahuyentar a otro demonio, Lamastu.

UNA FUERZA UNIVERSAL

magia egipcia

El *heka* (magia) ya estaba en el núcleo de las creencias egipcias *c.* 4000 a. C. Se decía que deidades creadoras como Nun (el océano primordial) habían usado *heka* para dar existencia al mundo a partir del caos, cuyas fuerzas sometieron; pero estas fuerzas buscaban regresar, y solo podían ser contenidas con *heka*. Para los egipcios, la magia no era asunto exclusivo de los dioses; los seres sobrenaturales menores, los faraones y los muertos también poseían un elemento de *heka* que podían canalizar a través del uso de conjuros para desviar la atención de los espíritus malévolos.

Preservar la armonía cósmica

Los egipcios también creían en otra forma de poder mágico, el *akhu*, que era maligno y se asociaba con los seres del inframundo. Los practicantes de magia, como sacerdotes, escribas de las «Casas de la Vida» —que conservaban las colecciones de manuscritos de los templos egipcios—, *sunu* (doctores) y *sau* (fabricantes de amuletos) usaban conjuros *heka*, rituales y objetos

◀ **Diosa hipopótama**
Tawaret, representada en esta jarra de esteatita, ayudaba a las mujeres en el parto. La jarra pudo contener un papiro con un conjuro para proteger a la madre y al niño.

◀ **Diosa hipopótama**
Tawaret, representada en esta jarra de esteatita, ayudaba a las mujeres en el parto. La jarra pudo contener un papiro con un conjuro para proteger a la madre y al niño.

mágicos para protegerse contra el *akhu*. De hecho, la fe en el *heka* estaba tan extendida que los egipcios lo usaban en todas las facetas de la vida, desde los asuntos de estado o la presentación de oráculos a cuestiones más cotidianas, como la protección durante el parto, la cura de enfermedades o los emparejamientos amorosos.

Aparte de ser una fuerza abstracta, había un dios llamado Heka que personificaba la magia: ayudaba a asegurar la armonía del cosmos y actuaba como conducto a través del cual se podían buscar favores divinos. Su contraparte femenina, Urethekau (la Grande en Magias), solía representarse como una cobra. Se cree que los bastones con cabeza de serpiente usados por los antiguos magos egipcios podrían representarla.

Poderes sobrenaturales

Magia y religión estaban muy unidas en el antiguo Egipto. Los mismos sacerdotes que realizaban las ceremonias en los templos —canalizando el poder divino a través del faraón para asegurar que el sol se alzara cada mañana y que las inundaciones del Nilo hicieran la tierra fértil— entonaban conjuros y bendecían amuletos para propósitos mucho más

▼ **Vara de poder**
Se creía que las varas de colmillo de hipopótamo grabadas con símbolos protectores protegían a niños y embarazadas. Esta muestra una inscripción en la que se lee «protección de día» y «protección de noche».

«Pon la cáscara de un huevo de cocodrilo en la llama. Quedará encantada al instante.»

CONJURO DEL PAPIRO DEMÓTICO LONDRES-LEIDEN (SIGLO III D. C.)

privados. Ellos eran los custodios de libros de hechizos como *El libro de la destrucción de Apep*. Apep (o Apofis) era la serpiente que personificaba las fuerzas del caos, y cuyos poderes malignos se veían como una amenaza.

Aunque se creía que todos los dioses poseían *heka*, el de la diosa leona Sejmet era especialmente poderoso. Sus «siete flechas» portaban enfermedades infecciosas, y los «asesinos de Sejmet», grupo de mensajeros demoníacos, podían causar estragos durante los cinco días añadidos al final del calendario para cuadrarlo con el año solar. Para protegerse contra ellos, los magos recitaban el conjuro *Libro de los días que están por encima del año*, se envolvían el cuello con lino e intercambiaban amuletos con la forma de Sejmet.

Los antiguos sacerdotes y otros magos egipcios tenían varias estrategias para frustrar a las deidades malévolas. En los propios conjuros podían reclamar autoridad sobre la deidad pronunciando su nombre; o podían engañar a un demonio para hacerle creer que atacaba a la diosa Isis y su hijo Horus en lugar de a una humilde madre y su bebé; o amenazar al dios con la cólera de un poder aún más terrible, como el de Seth, el sanguinario dios del desierto y el caos. Los conjuros protectores se escribían en un papiro y se llevaban sobre el cuerpo o se metían en recipientes como amuletos. Las palabras mágicas podían inscribirse también en un cuenco, y la persona que buscaba protección bebía agua de él. Se colocaban estelas (losas talladas) en las habitaciones que representaban a Horus venciendo a animales peligrosos como serpientes para prevenir y remediar picaduras y mordiscos.

▲ **Magia sobre papel**
Esta sección del papiro médico de Londres, escrito *c.* 1300 a. C., incluye unos 60 remedios médicos y mágicos para diversas enfermedades, sobre todo de los ojos, y para quemaduras y afecciones ginecológicas.

▲ **Invocar protección**
El dios león-enano Bes era un protector muy popular. Se creía que su espantosa cara ahuyentaba a los demonios. Era invocado sobre todo en los partos, y en este amuleto acuna a Horus niño.

Maledicencia de enemigos

Las maldiciones eran una forma específica de magia. Contenidas en colecciones llamadas «textos de execración», buscaban debilitar a los adversarios mediante la magia. Los nombres de los maldecidos se escribían en vasijas que luego se rompían y se depositaban en hoyos. También se usaban estatuillas de personas atadas que representaban a las reales en sacrificios cuyo objetivo era negarles el más allá. No obstante, los difuntos que quedaban en el limbo entre esta vida y la siguiente podían convertirse en *mut* (muertos que podrían buscar venganza sobre los vivos).

Una maldición exigía que su practicante cortara pelo de un cadáver y lo atara al de una persona viva, que entonces podría volverse loca. Otra ordenaba atar un papiro con la maldición a un anillo de hierro que luego se enterraba en una tumba: el papiro ataría eternamente al muerto a esa tumba. Maldiciones escritas en el interior de las tumbas advertían a los posibles profanadores sobre el dolor de sufrimientos eternos. Esta práctica fue más habitual en el Imperio Antiguo (2575–2150 a. C.), cuando enterramientos como los de las pirámides se hicieron más elaborados y las ofrendas funerarias que contenían más atractivas.

Medicina y magia

La línea entre medicina y magia era borrosa en el antiguo Egipto, y los sacerdotes de Sejmet actuaban a menudo como médicos. En ausencia de remedios eficaces para curar muchas afecciones, recurrían a conjuros y rituales. Parte de la magia era «simpática»: usaba sustancias curativas que guardaban alguna

«Toda persona, escriba, todo hombre sabio o plebeyo, o todo inferior que haga el mal en esta tumba […] sucumbirá a la ira de Thot.»

MALDICIÓN EN LA TUMBA DE HAPYDJEFA (*c.* 1900 A. C.)

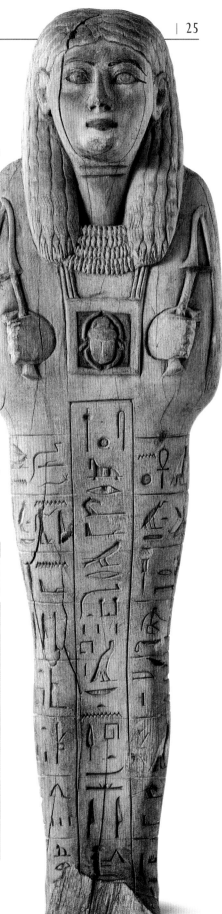

▶ **Momia ushebti de madera**
Al principio, esta clase de estatuillas servían como sustitutas del muerto, pero ya en el siglo XVI a. C. se consideraban acompañantes que atendían al difunto en el más allá.

El mayor desafío era la muerte. Los ritos en favor del difunto eran muy elaborados, al menos para las élites, y tenían por objeto unir en la muerte el *ka* y el *ba*, las dos partes del alma. Los ensalmos y la momificación se realizaban para proteger el *ka*, la fuerza vital, y para liberar el *ba*, que contenía la parte espiritual de la persona, en su viaje al inframundo. Los Textos de las Pirámides, escritos a partir del siglo XXVII a. C., permitían que las almas de los reyes combatieran a los demonios, pagaran al barquero celestial y alcanzaran la próxima vida. Pasarían otros 600 años antes de que aparecieran textos que ofrecían protección mágica a un sector más amplio de la sociedad.

semejanza con la causa percibida del mal, como excrementos para aliviar los problemas digestivos.

Los magos empleaban encantamientos como medida directa (al «ordenar» a un hueso atascado que abandonara la garganta del paciente), o indirecta, diciéndole al espíritu responsable de la enfermedad (a menudo identificado como un demonio extranjero) que saliera de la persona enferma. También se usaban amuletos para evitar enfermedades o para curarlas, colocándolos sobre la parte del cuerpo afectada.

THOT

Portador de secretos

El dios de la sabiduría y la escritura tenía una poderosa asociación con la magia. Representado con cabeza de babuino o ibis (como aquí), se dice que inventó la escritura jeroglífica, la cual utilizó para escribir 42 libros secretos que se conservaban en templos. También se creía que restituyó el ojo izquierdo de Horus (la luna) después de que Seth lo dañara, y se consideraba que las imágenes de este, llamadas *udyat* (buen ojo), poseían un gran poder mágico. Thot también viajó a lo más profundo del desierto para recuperar el ojo de Ra, que el rey de los dioses necesitaba para ver, y ejercía de escriba del inframundo, registrando los resultados del pesaje del alma de los muertos. Se dice que Hermes Trismegisto, el sabio «tres veces grande» del posterior mito grecorromano, se inspiraba en Thot.

Hechizos para el más allá

Según las creencias del antiguo Egipto, el *ba* (elemento del alma que contenía la personalidad del muerto) enfrentaba varias pruebas en su viaje al inframundo. Fallar podía significar una segunda muerte por obliteración del recuerdo terrenal del difunto, que vagaría eternamente. Para evitar esta segunda muerte, se cubrían los muros de las tumbas con el *Libro de los muertos*: textos que contenían hechizos para la protección del alma. La imagen reproducida aquí muestra el *ba* (de blanco) acompañado por Anubis, con cabeza de chacal, que observa el pesaje de los pecados contra una pluma. Si los pecados pesan más, el *ba* será devorado por Ammit, un demonio con cabeza de cocodrilo.

El *Libro de los muertos* nunca fue codificado, y no hay dos copias iguales. Se componían a petición del usuario, e incorporaban las plegarias que mejor reflejaban al individuo para ayudarlo en el más allá. La composición de libros de los muertos empezó *c.*1700 a.C., en sustitución de textos anteriores, y fueron añadiéndose hechizos hasta completar un cuerpo de unos 200 que se consolidó *c.*1500 a.C. Contenidos en rollos de hasta 20 metros de longitud para los plebeyos, o pintados en las paredes de las tumbas de la realeza, se dice que los hechizos eran proferidos por el *ba* en puntos clave de su viaje. Así, el hechizo 4 era para dejar que el *ba* se convirtiera en una serpiente, el 89 para regresar a la tumba por la noche, y el 98 para garantizar su paso en una barca al inframundo. La creencia en su eficacia era tan profunda que los rollos siguieron siendo populares hasta la conquista romana en 30 a.C.

«Heme aquí convertido en espíritu, en bienaventurado. ¡Oh, dioses todos, oh, bienaventurados, abridme el camino!»

LIBRO DE LOS MUERTOS, HECHIZO 9

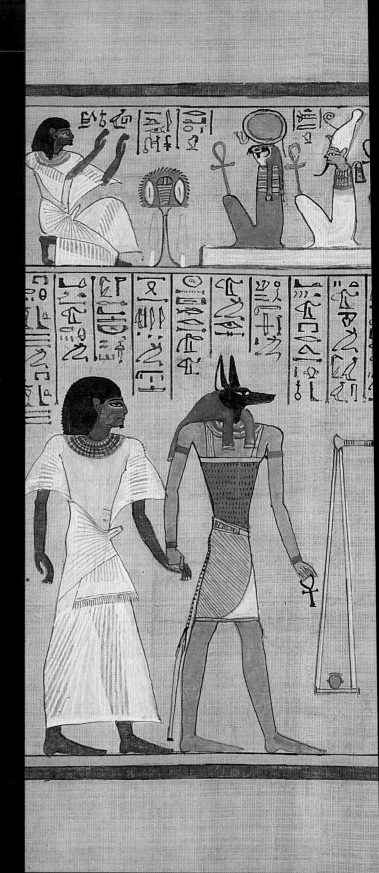

MILAGROS Y MAGIA PROHIBIDA
magia hebrea antigua

▲ Conocimiento celestial
En este manuscrito iluminado, el profeta Ezequiel es flanqueado por un ángel y, en la esquina superior derecha, la mano de Yahvé: las dos fuentes de inspiración para sus poderes clarividentes.

En el Tanaj (Biblia hebrea) hay muchas referencias a lo sobrenatural. Aunque los sacerdotes judíos aprueban la mayoría de estas alusiones, también hay guiños a creencias y prácticas rituales previas que se consideran magia prohibida en el judaísmo.

Poder y profetas

La actitud convencional hacia la magia en el Tanaj obedece al hecho de que el pueblo judío cree exclusivamente en un Dios. En el judaísmo temprano, las prácticas religiosas asociadas con otros sistemas de creencias corrían el riesgo de ser etiquetadas como demoníacas. Pero, en su infancia, la religión judía se fusionó con elementos mágicos de las antiguas creencias cananeas. Así, por ejemplo, en el Tanaj se relata cómo los profetas, que tuvieron un papel clave en la revelación de la palabra divina, caían en trances extáticos para recibir sus visiones. Uno de ellos, Elías, participó en una competición con los sacerdotes paganos de Baal en la cima de una montaña para ver quién podía producir fuego para una ofrenda sacrificial. El texto también cuenta cómo las plegarias de Elías obtuvieron respuesta y cayó la lluvia para acabar con una sequía que había asolado la tierra de Israel. Los propios patriarcas bíblicos realizaron milagros, actuando como instrumentos del poder divino: durante el cautiverio de los israelitas en Egipto, Aarón, hermano de Moisés, entabló un duelo con los magos del faraón: estos transformaron sus báculos en serpientes, y Aarón transformó su vara en una serpiente mayor que las devoró a todas.

Predecir el futuro

En Deuteronomio 18:10–11, Moisés dice: «No haya entre los tuyos quien haga pasar a su hijo o su hija por el fuego; ni vaticinadores, ni astrólogos, ni agoreros, ni hechiceros, ni encantadores, ni espiritistas, ni adivinos, ni nigromantes». Pese a estas prohibiciones (y hay varios pasajes más en el Tanaj que proscriben la práctica de la magia), la profecía era una vía autorizada para revelar el futuro. En el Tanaj hay muchas referencias a la predicción

---

EN CONTEXTO

La bruja de Endor

Según el Tanaj, incluso los líderes de Israel recurrieron en ocasiones a la magia negra, si bien con espantosas consecuencias. Enfrentado a la invasión de los filisteos, el rey Saúl consultó al oráculo del templo, pero fue en vano. Desesperado, viajó a Endor y consultó a una bruja, la cual alzó al espíritu del profeta Samuel. El fantasma increpó a Saúl por perturbarlo y profetizó su caída por desobedecer los mandamientos de Yahvé contra esa clase de magia. Un aterrorizado Saúl fue derrotado y muerto en combate al día siguiente, y su condena fue una advertencia terrible para aquellos que flirteaban con la necromancia.

La bruja invoca el espíritu de Samuel en esta ilustración del siglo XIX.

del futuro,
incluida la consulta
a adivinos para interpretar
sueños, como la de José y el
ganado, que predijo la hambruna en
Egipto; la belomancia, que implicaba agitar
unas flechas en un carcaj sagrado; y la adivinación
oficial, probablemente echando suertes (lanzando
dados o tabas). De todas estas prácticas adivinatorias
se decía que canalizaban la voluntad de Yahvé.

Los rituales recogidos en el Sotá, un tratado
del Talmud, estaban más próximos a las antiguas
prácticas de Oriente Medio. En la prueba del agua,
por ejemplo, una mujer sospechosa de adulterio
bebía agua en la que se había disuelto pergamino

escrito con ciertos versos del Tanaj; si era culpable,
se decía que su cuerpo sufriría un cambio inmediato
y visible que la llevaría a la muerte. Sin embargo, en
última instancia, el Tanaj solo admite la intervención
humana aprobada por Yahvé, como cuando los
israelitas llegaron al río Jordán en su camino a la
Tierra Prometida: con la bendición divina, el Arca
de la Alianza transportada por los sacerdotes hizo
que las aguas se abrieran milagrosamente a su paso.

▼ El Señor Sabio
Arete dorado con la imagen de Ahura Mazda, dios supremo del panteón zoroástrico, rodeado de animales.

EL PODER DE LOS MAGOS
magia persa antigua

El zoroastrismo surgió hacia el siglo VI a. C. en Persia, bajo el Imperio aqueménida. Su profeta Zaratustra (o Zoroastro) instaba a sus seguidores a adorar al dios supremo Ahura Mazda. El mundo creado por este era un campo de batalla donde se enfrentaban el espíritu benéfico Spenta Mainyu y su contrapartida maligna, Angra Mainyu, marcado por la magia negra. Los humanos eran libres de elegir su bando.

Los magos eran sacerdotes hereditarios y especialistas en el ritual zoroástrico, que realizaban en ceremonias públicas y privadas. Entre sus deberes se incluía el sacrificio *lan*, que aseguraba el bienestar del gobernante, y el cuidado de la llama sagrada —símbolo de Spenta Mainyu— que ardía en templos del fuego repartidos por el imperio. Descuidar esas obligaciones acarreaba terribles consecuencias. El historiador griego Heródoto anotó cómo estos magos entonaban cantos sobre la carne de animales sacrificados e interpretaban sueños.

▼ **Atender el fuego sagrado**
Este mago recita un ritual de pie ante el altar del fuego. Su deber más sagrado era asegurarse de que la llama no se extinguiera. Si lo permitía, se arriesgaba a ser acusado de *daevayasna* (adorador del mal).

▶ **Preparado para el ritual**
Grabado en una lámina de oro, un mago lleva en una mano una copa de *haoma*, bebida alucinógena usada en ritos zoroástricos, y en la otra un *barsom*, el manojo de ramitas ritual que representaba la generosidad del reino vegetal.

Daevas y hechiceros
Los *Avestas*, textos sagrados del zoroastrismo, aportan más información sobre los magos. Según ellos, había otros seres divinos, los *daevas*, que no debían ser adorados, pero que pese a ello tenían devotos entre los magos conocidos como *daevayasna*. Estos incluían a *yatu* (hechiceros) y *pairika* (brujas). Al principio, las *pairika* se consideraban espíritus sobrenaturales que buscaban dañar a los humanos.

Para protegerse contra las *pairika*, los magos podían invocar el nombre de Ahura Mazda, o recitar oraciones sobre clavos que después eran enterrados. Se suponía que el propio Ahura Mazda le dijo a Zaratustra cómo frotar la pluma del pájaro Varenjana sobre el cuerpo de un mago para alejar el mal. Sin embargo, generalmente los magos confiaban en la pureza ritual —mantener los altares limpios de contaminantes como excrementos y materia muerta— y en la creencia en que alimentar el fuego sagrado del templo podía matar a un millón de *daevas*.

La acusación de *jadugih* (brujería) era sumamente grave para los persas. A los acusados se les podía verter metal fundido en la lengua para determinar su culpabilidad; y se decía que, en el más allá, a los brujos se les aplicaban castigos infernales como sufrir eternamente que los perros les devorasen las tripas o la inmersión en cobre al rojo vivo.

> «... sin un mago no tienen por norma hacer sacrificios.»

HERÓDOTO, *HISTORIA* I, 132 (c. 430 A. C.)

EL RECURSO A LOS DIOSES

magia griega antigua

Desde la *Ilíada* de Homero en la Edad de Bronce hasta
el más amplio mundo helenístico de los primeros
siglos de nuestra era, libros de hechizos, amuletos,
relatos literarios e inscripciones dan testimonio de
la ubicuidad de la *mageía* (magia). Como en muchos
otros sistemas de creencias antiguos, religión y
magia estaban vinculadas en la cultura griega.
La influencia divina permeaba el mundo entero,
y sacerdotes, filósofos, médicos y poetas tenían
la capacidad de comunicarse con los dioses.

La religión en la antigua Grecia era un asunto
público con sacrificios y oraciones, festivales y
templos. La magia era una forma más privada
y transgresora de apelar a los dioses, utilizada
a menudo en beneficio personal o en perjuicio

de otros. Aunque los sacerdotes podían realizar rituales
mágicos, para ello solía recurrirse a magos y adivinos
itinerantes o a otros sujetos marginales, como las
prostitutas, que a veces lanzaban conjuros amorosos.

Los filósofos griegos decían rechazar la magia, y los
autores del texto hipocrático *Sobre la enfermedad sagrada*
despreciaron la idea de que un conjuro pudiera causar
un eclipse o curar una fiebre. Sin embargo, aquellos
mismos médicos prescribían dormir en el recinto
sagrado del dios Asclepio para sanar dolencias.

▼ **Papiros mágicos griegos**
Esta colección de textos fue escrita en Egipto entre
los siglos I a. C. y IV d. C., y contiene hechizos de amor,
adivinación y curación.

Hechizo de
revelación para
propiciar visiones

«Toma [...] estiércol de cinocéfalo, dos huevos de ibis [...] incienso en grumos y una cebolla en su mata: echa todo esto en un mortero».

PAPIROS MÁGICOS GRIEGOS

Griegos de todos los niveles seguían recurriendo a remedios diversos para asegurarse el favor de Eros, dios del amor, o, más ocultamente, de Hécate, diosa de la brujería. La magia, en todas sus formas, era un recurso común.

Instrumentos mágicos

Se creía que ciertas piedras poseían poderes mágicos, como la hematites (piedra de sangre), que protegía a los no nacidos, o el jaspe verde, que curaba las infecciones del vientre. Se montaban en amuletos de madera, hueso o piedra que los suplicantes podían llevar encima. Los marinos a punto de embarcarse en un viaje podían llevar un colgante protector que representaba a Poseidón (dios del mar), tridente en mano y a lomos de un delfín; o quienes temían la *baskania* (mal de ojo) podían emplear uno con forma de ojo para protegerse.

Los libros de conjuros recogían los rituales que realizar para la creación de amuletos, que incluían ensalmos y gestos de manos. En muchos amuletos se inscribían anagramas y palíndromos de nombres de dioses, y también se guardaban en dijes con papiros que contenían relatos míticos.

Utensilios diversos completaban el juego de herramientas rituales del mago: desde varas, como la de la mítica encantadora Circe, hasta espejos, piedras pulidas, cuencos, címbalos, arpas o el *rhombós*, peonza usada para amplificar el poder mágico y adivinatorio. Los magos también usaban *pharmaka* (pociones): en la *Odisea*, Odiseo toma una hecha de *moly*, una hierba mágica, para evitar que Circe lo convierta en cerdo. Las *pharmaka* se complementaban con *philtra* (filtros de amor y venenos). Estos aparecen en los mitos de Heracles: Deyanira, esposa del héroe,

Carnero resucitado

▶ **Medea la hechicera**
Este jarrón representa a Medea demostrando su habilidad desmembrando e hirviendo a un carnero viejo. Las hierbas mágicas en el caldero le devuelven la vida y la juventud.

mata accidentalmente a su esposo al untar su túnica con un *philtron*: la sangre del centauro Neso.

Originalmente de tradición oral, la magia entró en el registro escrito griego en el siglo VI a. C., cuando las nociones sobre la magia se filtraron a Occidente desde el Imperio persa (los magos eran llamados a veces «caldeos» por el nombre de la región persa colindante con Babilonia). Desde el siglo IV a. C. han sobrevivido muchos conjuros, y en el siglo I a. C. se produjo un renovado interés, tipificado por los papiros mágicos griegos hallados en Egipto. Estos contemplan gran variedad de asuntos, como hechizos de curación, para evitar el mal o para perjudicar a enemigos.

Magia de atadura

Detrás de gran parte de la magia griega se halla la idea de atadura: tomar el control de los atributos físicos o intelectuales de la víctima y atarlos a la voluntad del conjurador. Incluso objetos celestes como la luna pueden ser atados en un ritual conocido como «bajar la luna», una especialidad de las brujas tesalias, que recogían «espuma de luna» para potenciar sus pociones mágicas.

Maldición privada y pública

Las maldiciones eran una forma especial de atadura mágica. A veces eran públicas, como las que advertían a los transeúntes contra la profanación de las tumbas; o cívicas, como las asociadas con el voto hecho por el pueblo de Thera de colonizar Cirene, en el norte de África. Al hacer su juramento, los theranos fundieron figurillas de cera para que, en caso de no cumplirlo, cayera sobre ellos la maldición de ser también derretidos.

Otras maldiciones más privadas se hacían en secreto: se escribían en un papiro y se enterraban. Solían empezar con la fórmula «Yo ato» y luego listaban las partes del cuerpo de la víctima. Para algunos propósitos, como la maldición de un atleta, se podía simplemente atar los miembros de una efigie para arruinar la capacidad de competir de la persona en cuestión.

Pero atar la voluntad de los dioses era una tarea más compleja, que implicaba una rama de la magia llamada teúrgia. Sus practicantes podían proyectarse a sí mismos a la esfera divina a través de sueños, u obtener visiones mediante lecanomancia (se dejaban caer gotas de aceite en un cuenco con agua, y la reacción producida inspiraba la comunicación divina) o libanomancia (contemplando los patrones de la llama de una vela o del humo del incienso).

Estatuillas mágicas

Los rituales mágicos podían incluir el empleo de figuritas de arcilla o metal que representaban a la persona que se ataba o maldecía. A menudo se les ataban o rompían las piernas, o se perforaba el cuerpo con clavos (a ser posible, recuperados de un pecio). La figurita se metía en un féretro de plomo en miniatura (abajo), con la maldición y el nombre de la víctima grabados, y se enterraba en un lugar con poder mágico, como un cruce de caminos.

«Toma trece agujas de bronce y clávale una en el cerebro diciendo: "Yo te atravieso el cerebro".»

GRAN PAPIRO MÁGICO PARISINO (SIGLO III D. C.)

▲ **Tablilla de maldición**
El conjuro de esta tablilla siciliana del siglo V a. C. pide que los rivales del autor en un litigio sean incapaces de defender sus argumentos en el juicio.

Invocar a los muertos

Las maldiciones representaban la parte más oscura de la magia griega, solo superadas por la necromancia: el arte de hablar con los muertos, o incluso de alzarlos, que se realizaba en sitios como el Necromanteion del Épiro. Algunas maldiciones se inscribían en *katádesmos* (finas láminas de plomo) que luego se enrollaban y se depositaban en pozos o se enterraban con cadáveres, los cuales llevarían los deseos del invocador hasta fuerzas del inframundo como las Erinias, espíritus ctónicos de la venganza. Se han hallado cientos de estas tablillas de maldición en todo el mundo griego, y la práctica se difundió luego por el Imperio romano, llegando hasta Britania. Las maldiciones pedían justicia contra ladrones, cónyuges infieles o competidores de negocios. Si bien los griegos podían ofrecer a los dioses figurillas de arcilla de cabezas, piernas o úteros para agradecer el éxito de rituales mágicos de curación, no dejaban de invocar a esos mismos poderes para infligir daños a sus enemigos.

▲ Oráculo délfico

En esta pintura de un fragmento de jarrón, el dios Apolo habla a una sacerdotisa, la Pitia, en Delfos. En la ceremonia oracular, la Pitia se sentaba en un trípode y entregaba su mensaje en verso hexámetro, se dice que inspirada por el propio dios.

«A algún adivino preguntemos, o sacerdote o intérprete de sueños […] que nos diga por lo que se ha enojado tanto Febo Apolo.»

HOMERO, *ILÍADA*, I, 62–64

LA VOLUNTAD DIVINA
la adivinación en la antigua Grecia

Los griegos buscaban comprender la voluntad de los dioses a través de la lectura de señales en sucesos naturales, en animales u objetos, o intentando comunicarse directamente con ellos. En un mundo donde parecía muy fácil enfurecer a los dioses y que cayeran castigos terribles sobre los mortales que lo hicieran, los griegos se preocupaban por adivinar las intenciones divinas y saber cómo ganarse su favor.

Adivinos y oráculos

La práctica de la adivinación quedó recogida por primera vez en la *Ilíada*. En ella, Aquiles sugería consultar a un «intérprete de sueños» para saber por qué el dios Apolo estaba furioso con los griegos.

Había varias formas de averiguar la voluntad divina. Los adivinos profesionales observaban el vuelo de las aves (ornitomancia) —un pájaro que volaba alto y con las alas extendidas era un buen presagio— o el hígado de animales sacrificados (hepatomancia) —cualquier anormalidad era una mala señal—. Los dioses también podían responder a una pregunta a través de tiradas de dados (cleromancia) o de tabas por parte del adivino, o señalando con un anillo suspendido de un cordel las letras en una tablilla alfabética. Se podía lograr un contacto más cercano con los dioses interpretando los sueños de quien dormía en un santuario determinado, como el del dios sanador Asclepio en Epidauro. Los papiros mágicos griegos listan más de treinta rituales para obtener un sueño de inspiración divina.

La aproximación más directa a un dios se hacía a través de los oráculos: las respuestas divinas, normalmente por intermedio de sacerdotisas. En santuarios de toda Grecia, estas ofrecían respuesta a menudo poseídas por un frenesí divino (el estado que dio a la adivinación griega su nombre, *mantiké*). El santuario más famoso estaba en Delfos, donde la Pitia, sacerdotisa de Apolo, hablaba en medio de un éxtasis inducido por los vapores que salían de una grieta en el suelo. Muchas polis le consultaban cuestiones de Estado, aunque sus respuestas fueran crípticas. Cuando en 546 a. C. Creso, rey de Lidia, le preguntó si debería combatir al invasor persa, la respuesta fue que, si lo hacía, destruiría un gran imperio. Creso supuso que debía atacar, pero sufrió una derrota tan estrepitosa que el «imperio» destruido fue el suyo.

▲ **Aruspicina**
Esta figura de terracota, del siglo VI a. C., representa a un sacerdote que se dispone a sacar las entrañas de un cerdo sacrificado para adivinar el futuro, práctica conocida como aruspicina.

EN CONTEXTO

Pitágoras y la numerología

El matemático griego del siglo VI a. C. Pitágoras y sus seguidores creían que el universo estaba íntimamente relacionado con los números, y que entendiendo estos podían comprenderse los acontecimientos pasados y adivinarse los futuros. Algunos números tenían propiedades especiales: así, el 2 era masculino y el 3, femenino; su suma, el 5, se asociaba con el matrimonio. La suma de 1, 2, 3 y 4 daba 10, el número perfecto (el número de los cuerpos celestes), que era particularmente auspicioso. Una técnica posterior, atribuida a Pitágoras, asignaba un número a cada letra del alfabeto; la suma de los números de un determinado nombre daba una comprensión mágica de ese nombre.

Pitágoras (dcha.) maneja un ábaco en una competición de cálculo con Boecio, que usa la numeración arábiga; la Aritmética los contempla.

Magia y mitos griegos

Los mitos recogidos en las epopeyas de Homero, la *Ilíada* y la *Odisea*, y en las tragedias clásicas, reflejan la fascinación de los antiguos griegos con la magia. Allí figuran todas las variedades de la magia, desde profecías y maldiciones a sacrificios animales y humanos. Así, por ejemplo, la *Ilíada* narra el sacrificio a la diosa Artemisa de Ifigenia, hija del rey Agamenón, al principio de la guerra de Troya. La magia negra también tiene un papel clave en estos relatos. Odiseo realizó un ritual necromántico al sacrificar un carnero negro con el fin de atraer a los fantasmas de muertos con los que deseaba hablar. Otro héroe, Orfeo, podía encantar a los animales con su lira, habilidad que usó para apaciguar hasta el sueño a Cerbero, el perro de tres cabezas que guardaba las puertas del Hades (el inframundo), en su fallido intento de rescatar a su difunta esposa, Eurídice.

Aún más poderosas eran las brujas, como Circe, hija del dios sol Helios, que convirtió en cerdos a los compañeros de Odiseo alimentándolos con queso encantado. Solo Odiseo logró escapar usando contramagia. La bruja más dotada y terrible fue Medea, entre cuyas hazañas se cuentan dar una poción mágica a su futuro esposo Jasón para protegerlo de los toros que respiraban fuego (guardianes del mágico vellocino de oro), alzar a su padre de entre los muertos y utilizar fuego encantado para quemar hasta la muerte a Creúsa, por la que Jasón la había abandonado. El trato con la magia negra podía aportar beneficios, pero raramente acababa bien.

> **«¿Veis lo que sufro, encadenada con grandes juramentos a un esposo maldito?»**

MEDEA, EN LA TRAGEDIA HOMÓNIMA DE **EURÍPIDES** (431 A. C.)

▲ **Este mosaico romano** representa a Odiseo atado al mástil para no verse arrastrado por las sirenas, cuyas voces atraían a los marinos a la muerte.

PODER ESTATAL, CIENCIA Y SUPERSTICIÓN

magia romana

Además de tener sus propias creencias mágicas, los romanos heredaron de los griegos la idea de que la magia era un medio para obtener la mediación de los dioses. Pero bajo el dominio romano la división entre religión oficial y magia se endureció, y se persiguió a los practicantes de magia.

Estado y hechicería

Gran parte de la magia romana fue heredada de los pueblos que habitaron la península itálica antes que los romanos; así, el importante papel del *haruspex* —el sacerdote que hacía predicciones a partir de la forma y el color del hígado de los animales— indica una gran influencia etrusca en la

◄ **Moneda de Augusto**
Aunque Augusto expulsó de Roma a los astrólogos, acuñó monedas con el signo de Capricornio (el signo regente de su propio horóscopo) como un símbolo de su renovación del Estado romano (igual que Capricornio marca el regreso del sol después del solsticio de invierno).

tradición mágica romana inicial. La práctica de sacrificios para garantizar la seguridad de la ciudad se remonta a los siglos VIII–VII a. C., como los augurios (la lectura de presagios en los fenómenos climáticos, el vuelo de las aves o las entrañas de animales sacrificados). Bajo la República, instaurada en 509 a. C., ambos se convirtieron en prácticas oficiales del estado romano.

En el siglo II a. C., tras la conquista romana de Grecia, la creencia griega en la «magia de atadura» (p. 34), incluido el uso de tablillas de maldición para asegurarse la victoria en competiciones o sobre rivales amorosos, empezó a filtrarse en la cultura romana. Los amuletos también ganaron popularidad (en particular el *bulla*, uno con forma de falo que llevaban los muchachos contra el mal de ojo). Incluso los emperadores se servían de la magia. En 180 d. C., cuando el emperador Marco Aurelio atacó al pueblo germánico de los cuados en el Danubio, sus tropas se salvaron de morir de sed por un aguacero, supuestamente invocado por Arnufis, un mago egipcio. Los emperadores también consultaban los libros sibilinos, una colección de predicciones que se suponía adquirida c. 520 a. C. a la Sibila, profetisa que habitaba en una cueva de la isla de Cumas, cerca de Nápoles. Conservados en el templo de Júpiter Capitolino, estos libros solo eran consultados en épocas de crisis, como tras la derrota a manos de los cartagineses en Cannas (216 a. C.), cuando los sacerdotes interpretaron los libros y sugirieron que era necesario sacrificar a dos galos y a dos griegos. Los hombres fueron enterrados vivos bajo el Foro Boario, antiguo mercado de Roma.

▼ **Sacrificio taurino**
El emperador Marco Aurelio preside el sacrificio de un toro en agradecimiento por una victoria en las guerras marcomanas (166–180 d. C.). En este relieve, el *flamen* (sacerdote) aparece a la derecha del emperador, y el *victimarius*, quien matará al animal, está en el extremo derecho, sosteniendo un hacha.

KAICY

Magia popular y astrología

A medida que crecía entre los romanos acomodados el interés por los sistemas de creencias esotéricos, la magia se fusionó con la filosofía y los cultos mistéricos (pp. 44–45). Esas creencias incluían el pitagorismo (p. 37), el culto de Isis y el hermetismo (pp. 134–135), una rama de la escuela filosófica neoplatónica que atribuía la creación del mundo físico a un poder femenino relacionado con Hécate. Pero en las calles de Roma, que en el siglo I d. C., bajo el Imperio temprano, llegó al millón de habitantes, también prosperaron otras clases de magia. Por cada estudioso aristocrático de lo oculto había cientos de augures, *praecantrices* (hechiceras que vendían pociones amorosas y realizaban sencillos rituales de curación) y astrólogos populares.

▲ **Mal de ojo**
Este mosaico de Antioquía representa al mal de ojo atacado por animales salvajes y atravesado por armas. Se esperaba que, mientras el ojo se defendía del ataque, no dirigiera su atención hacia el hogar.

«La magia se ha engrandecido hasta el punto de que aún hoy domina a gran parte de la humanidad.»

PLINIO EL VIEJO, *HISTORIA NATURAL*, LIBRO XXX (*c.* 77–79 D. C.)

Un lar sostiene un cuerno de beber con cabeza de cabra

Agatodemon, espíritu protector con forma de serpiente

▲ **Espíritu del hogar**
Este altar de una casa de Pompeya representa al *genius* (deidad principal) del hogar ofreciendo un sacrificio a los lares, espíritus protectores ancestrales que mantenían su dominio a salvo de las *larvae* (fantasmas malévolos).

La astrología estaba a caballo entre la magia popular y la aristocrática. Nigidio Fígulo, erudito amigo de Cicerón, escribió un libro sobre la astrología egipcia, la cual estaba en la base de muchas prácticas romanas. Incluso el astrónomo Claudio Ptolomeo (cuya teoría de las esferas planetarias y la Tierra como centro del universo perduraría hasta el Renacimiento) señaló que, al igual que las mareas son afectadas por la

Luna, así el movimiento de los planetas podría, intuitivamente, influir en la conducta de los hombres.

Los horóscopos romanos conservados incluyen pocas predicciones propiamente dichas, pero los astrólogos las proporcionaban. Se basaban en la creencia de que el alma, al descender a la Tierra para su nacimiento, adquiría ciertos rasgos de las esferas planetarias, como la astucia de Saturno, el

«Habita las tumbas abandonadas y [...] ocupa los túmulos tras la expulsión de sus sombras.»

LUCANO, *FARSALIA* (61–65 D. C.)

espíritu guerrero de Marte, la oratoria de Mercurio o el poder para gobernar de Júpiter. Las predicciones, no obstante, provocaron la caída de los astrólogos: en el año 16 d. C., el vaticinio de que Marco Druso Libón, un aristócrata bien relacionado pero disoluto, sería un día emperador, condujo a su arresto (y a su suicidio antes del juicio). Como consecuencia del escándalo subsiguiente, todos los astrólogos fueron expulsados de Roma; esta fue solo una de una serie de purgas, que ya se habían producido en 139 y 33 a. C., y que se repetirían en 69 y 89 d. C.

La magia y la ley

La Ley de las XII Tablas (451 a. C.), primer código legal romano, prohibía dañar con magia los cultivos del vecino; y la Ley Cornelia (81 d. C.) endureció las penas del *veneficium* (envenenamiento, relacionado con la brujería). Se producían arrestos masivos periódicos: en 331 a. C. 170 mujeres fueron ejecutadas por servir pociones mágicas venenosas; y tras el arresto de Libón por Tiberio en 16 d. C., se ejecutó a 85 mujeres y 45 hombres por contravenir las leyes sobre la magia. Incluso romanos ilustres podían tener problemas con la ley: en 158 d. C., el escritor Apuleyo fue juzgado por usar la magia para seducir a una viuda rica, y fue exculpado gracias a su elocuente discurso de defensa.

▶ **Exvoto a Perséfone**
En este exvoto (ofrenda religiosa) de terracota procedente del sur de Italia, Perséfone aparece con una gavilla de trigo, símbolo de la renovación de la vida que traía su retorno anual desde el inframundo en primavera. Como reina de la tierra de los muertos, era invocada en plegarias mágicas y maldiciones.

Necromancia

Algunos romanos practicaban una forma aún más temida de magia. Cuando Germánico, hijo adoptivo de Tiberio, murió súbitamente en 19 d. C., los rumores vincularon su muerte con la magia. Al parecer, su habitación estaba llena de tablillas de maldición, conjuros y restos de cuerpos quemados. Estos últimos eran una señal de necromancia: la magia que implicaba a los muertos, que, se decía, llevaban mensajes a los dioses y veían el futuro. Se rumoreaba que ciertos emperadores con reputación de crueles también usaron la necromancia: se decía que Nerón conjuró el fantasma de su madre, a la que había asesinado, para pedir su perdón.

EN CONTEXTO

Brujas de ficción

El poder de las brujas fue tema común en la literatura romana. En la *Farsalia* de Lucano, la bruja Ericto revivía un cadáver vertiendo sobre él sangre fresca y baba de perros rabiosos. Por su parte, el poeta Horacio relató los hechos de Canidia y su compañera Sagana, que incluían el secuestro y asesinato de niños. Con su horrible aspecto y la fama de realizar rituales repugnantes, estas hechiceras ficticias fueron las antecesoras literarias de las brujas medievales.

Tres brujas se preparan para recibir a un cliente en un mosaico pompeyano.

ENVUELTO EN EL SECRETO
cultos mistéricos

▲ Iniciación eleusina
En esta pintura, un adorador es iniciado en el culto de los misterios eleusinos. Parte de la ceremonia recreaba la búsqueda por la diosa Deméter de Perséfone, su hija, raptada por Hades y llevada al inframundo.

▶ Ritos dionisíacos
Los frescos de la Villa de los Misterios, en Pompeya, representan una iniciación al culto de Dioniso. Uno de los ritos implicaba la representación del matrimonio de este con la mortal Ariadna, e incluía la danza de una ménade (sacerdotisa de Dioniso) desnuda.

Vino y raptos lunares

Los iniciados del culto de Dioniso, dios griego del vino (a quien los romanos llamaban Baco), participaban en *teletai*, rituales que incluían danzas extáticas y cantos y en los que se portaban tirsos: varas de hinojo envueltas con hojas de hiedra y parra y rematadas con una piña. Las actividades de este culto preocuparon especialmente a las autoridades romanas, que intentaron prohibirlas en 186 a. C.

Preocupaciones similares surgieron en torno al culto a la Magna Mater, derivado del culto de la diosa frigia Cibeles y su consorte, Atis. Sus adoradores, los coribantes, usaban ruidosos címbalos para inducirse un frenesí eufórico, y los más entusiastas entre los varones llegaban a castrarse a sí mismos.

Percusión y sacrificio

El culto a la diosa egipcia Isis tenía su propio templo en Roma c. 65 d. C. Sus sacerdotes valoraban mucho la pureza ritual, se afeitaban la cabeza y se vestían con lino, aunque ellos también participaban en ruidosos ritos usando el sistro, un instrumento de percusión.

El culto más extendido y secreto fue el de Mitra. Surgido en el siglo I d. C., procedía directamente de creencias persas, y su rito principal era la tauroctonía (sacrificio del toro), en el que la sangre del animal agonizante simbolizaba la pureza y el renacimiento. Los miembros, todos varones, se graduaban en siete rangos, desde *corax* (cuervo) hasta *pater* (padre), y adoraban a Mitra en templos rectangulares subterráneos que simulaban cavernas, llamados mitreos. El mitraísmo floreció en todo el Imperio romano, pero fue suprimido cuando el Imperio abrazó el cristianismo en el siglo IV, como el resto de los cultos mistéricos.

En el mundo romano antiguo, a los plebeyos se les negaba la participación en los rituales del templo, por lo que muchos se volvían a los cultos mistéricos, religiones no oficiales que sí los aceptaban. Estos cultos ofrecían una relación directa con los dioses, la esperanza en un más allá mejor y vínculos sociales.

Los cultos mistéricos proliferaron en parte porque Roma era inusualmente abierta a las religiones extranjeras. Su principal rasgo era el secreto, tanto en lo referente a la iniciación, que servía de renacimiento místico, como en cuanto a sus rituales. Entre ellos, los más venerables fueron los misterios eleusinos, en honor de Deméter, diosa de la cosecha, la fertilidad y los ciclos de vida y muerte. Se centraban en Eleusis, cerca de Atenas, y su ceremonia principal era un festival anual de ocho días durante el cual los aspirantes participaban en un descenso simulado al Hades (inframundo) a través de un bosque oscuro del que luego eran rescatados por sacerdotes con antorchas.

▶ Cibeles con címbalo
Esta placa votiva representa a la diosa Cibeles, también llamada Magna Mater (Gran Madre). Tiene un león a cada lado y sostiene un címbalo, símbolos de su vínculo con lo salvaje de la naturaleza y del ruidoso frenesí de su culto.

Las flores
se pueden
quemar como
incienso ritual

Algunos wiccanos
añaden flores a
las velas para la
unión de manos

▲ **La flor del manzano** y la manzana
se vinculan a muchas diosas, como
Afrodita y Freyja, y se considera la
fruta del amor y la inmortalidad.

Plantas curativas

Desde los tiempos prehistóricos se creyó en el poder curativo de
las plantas. Por una parte, muchas hierbas se han usado como
medicina, y sus cualidades terapéuticas, conocidas desde antiguo
por la práctica, han sido luego verificadas por la ciencia. El herbario
(libro sobre las propiedades de las hierbas) era para el curandero
el equivalente del vademécum farmacológico actual. Por otra
parte, durante largo tiempo se creyó que muchas plantas tenían
poderes mágicos más allá de su capacidad curativa; por ejemplo,
aportando amor, dinero o protección contra el mal de ojo.

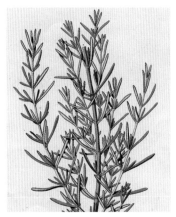

▲ **El romero** simboliza el recuerdo
y se colocaba sobre la tumba de seres
queridos desde época romana. Se
creía también que protegía de brujas
y espíritus malignos.

▲ **Al bambú** se le atribuían
propiedades mágicas para la salud
y la longevidad. Los taoístas usaban
varas de bambú para invocar a las
deidades del agua.

▲ **La salvia**, cuyo nombre significa salud o salvación en latín, en el pasado
fue ampliamente considerada la mejor hierba para tratar las fiebres. Algunos
creían que aportaba también sabiduría o incluso la inmortalidad.

▲ **La albahaca** se suponía que
calmaba la mente y aportaba felicidad.
Vinculada al dinero, se usaba en hechizos
para propiciar la riqueza. Se decía que
una hoja en la cartera atraía la riqueza.

▲ **El áloe vera** se colgaba sobre las
puertas en África y Oriente Próximo
para atraer la suerte y alejar el mal.
En medicina, se usa para tratar heridas,
quemaduras e irritaciones de la piel.

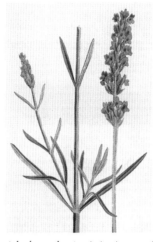

▲ **La lavanda**, vinculada a la paz y el amor, se usa en incienso para purificar, y se añade a las hogueras del Litha en festivales wiccanos. Como aceite esencial, mejora el sueño.

▲ **El crisantemo** está relacionado con el fuego y la energía solar, y se usaba en el Samhain (festival celta y wiccano). En la medicina china se dice que desintoxica y reduce la tensión arterial.

▲ **La absenta** es una bebida alcohólica de sabor anisado hecha con ajenjo y otras hierbas, como anís e hinojo, que se machacan en un mortero: uno de los instrumentos básicos del herbolario.

La flor se vincula a la nobleza, la calidez y el afecto

▶ **El cactus** protegía el hogar de ladrones y visitas indeseadas, aunque los expertos en *feng shui* son precavidos con sus espinas, que atraen mala suerte si no se coloca cuidadosamente.

Se dice que el secreto de la magia del cactus está en sus espinas

Según los principios del *feng shui*, un cactus en cada rincón de la casa crea un escudo

▲ **El pachulí** es una hierba de aroma fuerte y terroso vinculada a la pasión, el amor y la opulencia. Se usaba como afrodisíaco y en conjuros para atraer la riqueza.

▲ **La manzanilla** era valorada por magos y curanderos por igual. Se decía que protegía el hogar de la magia maligna y atraía riqueza. Como infusión, es sedante y antidepresiva.

ELIXIRES DE VIDA Y MUERTE
magia china antigua

Desde sus raíces en el culto de los antepasados, la magia china evolucionó hacia un sofisticado sistema filosófico que reconocía la necesidad de lograr el equilibrio en el cosmos; la magia era un medio para obtener una ventaja personal en el universo. Ya en el periodo Yangshao (5000–3000 a. C.) aparecen cerámicas con figuras antropomórficas que se cree que representaban a hechiceros.

Los primeros magos chinos eran wu (chamanes) capaces de comunicarse con antepasados y espíritus. En la dinastía Shang (1600–1050 a. C.) estos wu tuvieron al parecer un papel más formal en la interpretación de oráculos. Existen informes sobre un chamán llamado Wu Xian encargado de la adivinación en la corte de Tang, el primer rey Shang. El Zhouli (texto ritual chino) alude a los directores de los médiums espirituales, que supervisaban el trabajo de los wu. Los wu —que a menudo eran mujeres— realizaban rituales para entrar en trances extáticos con el fin de viajar al mundo espiritual. También actuaban como curanderos e intérpretes de sueños, y se creía que tenían poder sobre la naturaleza, como la capacidad de invocar la lluvia a través de danzas rituales en tiempos de sequía.

Necromancia y magia popular

Sin embargo, el monopolio de los wu no duró demasiado. Al parecer se vieron implicados en escándalos como el uso de wugu (magia negra) por parte de la emperatriz Chen Jia: ella fue juzgada y 300 wu, ejecutados. Tales acusaciones aumentaron la asociación de los wu con la brujería. Pasado el periodo de los Reinos Combatientes (403–221 a. C.) apareció un nuevo tipo de chamán, los xi, todos varones, y los wu quedaron marginados. Otros funcionarios cumplían desde hacía tiempo ciertos papeles en los ritos de homenaje

◄ **Figura de chamán de madera**
Este es uno de los dos acompañantes de una tumba *wu* del reino de Chu, uno de los Reinos Combatientes. Data del siglo IV–III a. C. El reino siguió practicando el chamanismo mucho después de que otras regiones de China lo abandonaran, quizá influido por los chamanes del noreste de Asia y Siberia.

a los muertos: los *shi* canalizaban el espíritu del difunto a través de su cuerpo en una especie de necromancia, y los *chi* pronunciaban los encantamientos. Ambos adquirieron el papel de sacerdotes. Con el paso del tiempo, el uso de encantamientos, conjuros y pociones (en especial de filtros amorosos) se relegó a la magia popular, en la que se utilizaban hechizos y amuletos para invocar a los dioses o convocar a antepasados. La magia también llegó a usarse junto con la medicina convencional cuando esta empezó a usar sustancias, como el ámbar o la madera de melocotonero, que se creía que tenían propiedades curativas mágicas.

Del chamanismo a la hechicería

Las acusaciones de implicación en ku (lanzamiento de hechizos malignos) fue relevante en la caída de los wu. El miedo a que los hechiceros usaran magia negra,

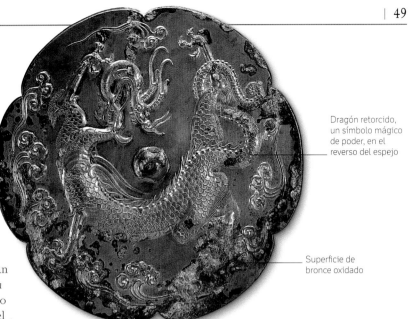

▶ Espejo mágico de bronce, dinastía Tang

El frente es una superficie pulida reflectante, pero el reverso, mostrado aquí, tiene el relieve de un dragón. Cuando una fuente de luz alumbra la superficie frontal, el espejo se vuelve transparente y, como por arte de magia, el relieve del reverso se puede proyectar en un muro tras él.

Dragón retorcido, un símbolo mágico de poder, en el reverso del espejo

Superficie de bronce oxidado

sobre todo para envenenamientos, aparece por primera vez en inscripciones oraculares de la dinastía Shang. En la época de los Han (206 a. C.– 220 d. C.), el ku estaba tan extendido que se penó con la muerte. Se creía que sus practicantes podían llevar la enfermedad al cuerpo de una víctima (ku podría traducirse como «gusanos en el vientre») o envenenar directamente a la gente. Se decía que el veneno más eficaz se obtenía encerrando criaturas tóxicas, como escorpiones y ciempiés, en un tarro y extrayendo el veneno de la que sobreviviera. También se decía que a veces los hechiceros de ku convertían a sus víctimas en esclavos. Y eran capaces de infligir daños aún mayores si liberaban el wug, una plaga mágica que podía destruir cosechas enteras.

«Aquellos que osen envenenar a la gente con *ku* […] serán ejecutados.»

ZHOULI («RITOS DE ZHOU») (*c.* 300 A. C.)

Demonios por doquier

En este pergamino pintado, varios demonios grotescos desfilan por el campo. Son el séquito de Zhong Kui, un mago legendario conocido como el Domador de Demonios, de quien se dice que en el siglo VIII curó al emperador Xuanzong de una fiebre matando a un demonio dentro de un sueño del gobernante.

◀ **Melocotones de la inmortalidad**

En esta pintura de jarrón, un grupo de inmortales ofrece melocotones cultivados por la Reina Madre del Oeste en la montaña sagrada de Kunlun. Se decía que estos melocotones maduraban una vez cada 6000 años, y el emperador Wu de Han fue uno de los pocos mortales que los probó.

En busca de la vida eterna

A partir de 300 a.C., los *fangshi* (maestros de recetas) adquirieron reputación como videntes y proveedores de elixires que podrían garantizar la inmortalidad. Aquello interesaba a los emperadores, que podían permitirse financiar los experimentos de un *fangshi*; pero los resultados no siempre eran beneficiosos.

Qin Shi Huang, el primer emperador, se obsesionó con la búsqueda de la inmortalidad. Ordenó a los gobernadores regionales que le enviaran hierbas raras a la capital y, al final de su reinado, desatendió las labores de gobierno. Al final, su patrocinio de los *fangshi* resultó letal: ingirió una píldora prescrita por uno de ellos que contenía mercurio, y cayó muerto.

Inmortalidad y alquimia

Muchos alquimistas chinos aspiraban a transformar una sustancia en otra alterando el equilibrio de los cinco elementos de la tradición china (tierra, madera, metal, fuego y agua). La idea de alcanzar la perfección, y con ella la armonía con el cosmos, resultaba muy atractiva para los maestros taoístas, que desarrollaron diferentes escuelas alquímicas. La escuela *weidan*

(alquimia externa) tenía cierta similitud con la alquimia europea que aspiraba a convertir los metales básicos en oro, si bien los taoístas consideraban esta transformación una metáfora de la inmortalidad. Como con las pociones de los *fangshi*, sus elixires fueron buscados por los emperadores para obtener la vida eterna. La escuela *neidan* (alquimia interna) aspiraba al refinamiento espiritual y la inmortalidad a través de la meditación, los ejercicios respiratorios y una dieta dirigida a mejorar el almacenamiento de *qi* (energía vital) en el cuerpo.

Tanto taoístas como confucianos, y hasta cierto punto los budistas, buscaban el orden; o, al menos, cierta comprensión de la estructura del mundo. Y desarrollaron una teoría de opuestos complementarios –el *yin* (el aspecto oscuro y pasivo de las cosas) y el *yang* (el componente luminoso y activo)– que debían estar en perfecta armonía. Al combinarse con los cinco elementos y el movimiento de los planetas (a su vez, interconectados), las fuerzas del yin y el yang producían un complejo sistema de equilibrio. Los astrólogos interpretaban este sistema para predecir el futuro, mientras que los magos pretendieron controlarlo y manipularlo.

▲ **Alquimista taoísta**

Un maestro taoísta observa cómo se filtra un elixir de la inmortalidad en esta xilografía de un texto alquímico de la dinastía Qing publicado en 1605.

EN LA PRÁCTICA

Piedra de la inmortalidad

El jade ya era apreciado en China en el Neolítico por su durabilidad y su lustroso brillo verde. Los primeros objetos de jade aparecieron *c*. 3000 a.C. y, en las dinastías Shang y Zhou, ya se tallaba en figuras rituales, como *bi* (discos planos) y *cong* (contenedores tubulares). Con el tiempo, el jade quedó fuertemente asociado al poder imperial. Se afilaba para hacer hojas de cuchillo y se trabajaba en placas unidas con alambre o seda para trajes ceremoniales con los que se enterraba a los miembros de la familia real, pues se creía que el jade ralentizaba la descomposición. También tenía usos puramente mágicos: los hechiceros lo usaban para crear amuletos contra la mala suerte y los alquimistas taoístas lo molían para mezclarlo en sus elixires.

Colgante de jade elaborado en el siglo III a.C., durante la dinastía Zhou.

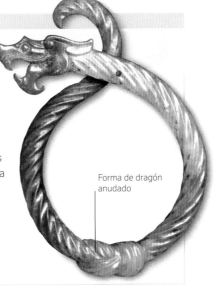

Forma de dragón anudado

ASEGURAR LA ARMONÍA CÓSMICA
la adivinación en China

Los antiguos gobernantes chinos creían que su futuro estaba predestinado por una voluntad divina. Para alinear mejor sus actos con lo decretado por el destino usaron varios tipos de adivinación.

Fuego y huesos

La forma más antigua de adivinación en China, la espatulomancia, datada antes de la dinastía Shang en 1600 a.C., utilizaba fuego y huesos. Se usaba una varilla calentada para perforar un hueso o un plastrón de tortuga, que se colocaba después sobre una hoguera. Un vidente interpretaba el patrón de grietas que se formaban. Al principio se utilizaban escápulas de buey, oveja o caballo, pero luego se generalizó el uso del plastrón, tal vez porque su forma ayudaba a imaginar la bóveda celeste. Tras la ceremonia, se inscribían la pregunta y la interpretación del vidente en el objeto. Los huesos oraculares han sido una fuente clave de información sobre la dinastía Shang, al revelar la identidad de al menos 140 intérpretes, que se cuentan entre los primeros magos cuyo nombre conocemos.

Cleromancia

En torno a 1000 a.C. surgió una forma especializada de cleromancia que implicaba lanzar palitos de milenrama para crear una línea completa o quebrada y repetir la acción hasta tener seis filas. Los

Grietas causadas por el fuego

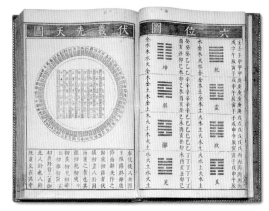

▲ **Cleromancia en el *I Ching***
Esta edición del *I Ching* de la dinastía Ming, publicada en 1615, muestra el juego completo de 64 hexagramas en la página izquierda, y en la derecha el nombre e interpretación de hexagramas específicos.

64 hexagramas posibles resultantes (cada uno con su nombre, como «caldero» o «pequeña cosecha») se interpretaban en relación con la pregunta del solicitante. Vinculado con la astrología, este método de adivinación se conservó en el texto clásico *Zhou Yi* (c. 800 a.C.); una recopilación más definitiva, el *I Ching*, compuesta en el siglo II a.C., tendría gran influencia como texto adivinatorio y como obra filosófica.

En armonía con el paisaje

Tanto en la cleromancia como en la espatulomancia se interpretaban patrones creados por la intervención humana. En el *feng shui* (geomancia china) se leían patrones en la naturaleza, identificando elementos del paisaje que podían acarrear buena o mala fortuna para los humanos que lo habitaban. Se creía que un enterramiento en un punto donde se había acumulado energía vital aportaba buena suerte a los descendientes del muerto. A una escala mayor, los emperadores empleaban a maestros de *feng shui* para encontrar ubicaciones prometedoras para nuevas ciudades. Un promontorio aislado podía ser vulnerable a influencias malévolas, mientras que las colinas podían proteger un sitio y atraer bendiciones a sus habitantes.

◄ **Hueso oracular de la dinastía Shang**
Este plastrón de tortuga usado como hueso oracular muestra los típicos patrones de grietas y los caracteres chinos arcaicos que revelan tanto la pregunta como la interpretación del adivino. Se conservan más de 100 000 huesos oraculares.

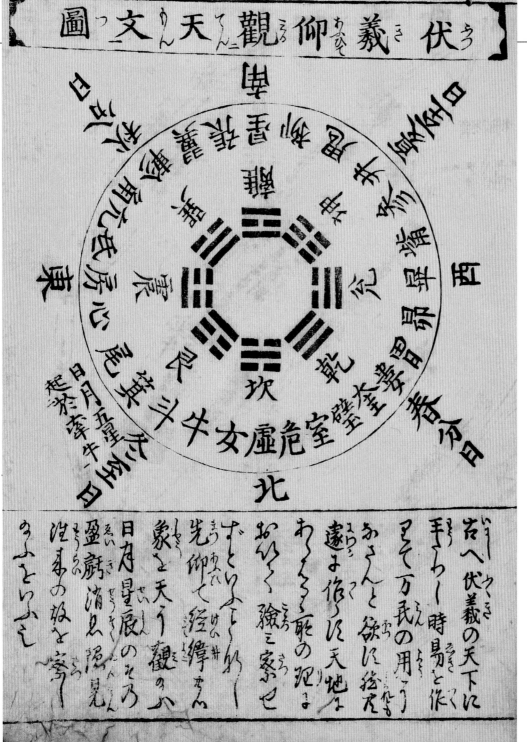

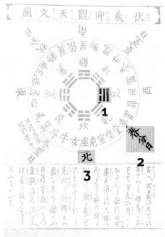

CLAVE

1 Las líneas agrupadas se usan para cleromancia.

2 La sección noroeste gobierna la primavera y a la gente útil.

3 El norte está abajo (los puntos cardinales aparecen al revés del uso occidental).

◀ *Feng shui* y astrología
Este *bagua* (ocho símbolos) o mapa de energía *feng shui* se divide en secciones según los puntos cardinales, con el sur arriba. Cada sección gobierna una estación, un elemento y un aspecto de la vida, como la salud, la riqueza o la familia.

«Un hombre sin constancia no puede ser un adivino ni con el caparazón de la tortuga ni con los tallos de aquilea.»

CONFUCIO, *LIJING* (*c.* SIGLO V A. C.)

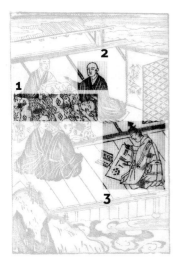

CLAVE

1 El monje Shika en su lecho de muerte.

2 Un monje joven, Shoku, ofrece su propia vida para salvar a su maestro.

3 Abe no Seimei echa suertes y busca su significado para ver el futuro.

▶ **Muerte profetizada**
En esta xilografía, el reverenciado *onmyōji* Abe no Seimei consulta una obra astrológica para vaticinar la muerte inminente del monje Shika.

MINISTERIO DE MAGIA
magia japonesa antigua

En el sintoísmo tradicional, casi todo —árboles, ríos, montañas y hasta edificios— albergaba a *kami*: espíritus residentes cuyos poderes podían ser aprovechados, o su cólera apaciguada, por especialistas. Las *kitsune-tsukai* (brujas poseídas por espíritus de zorros) eran una forma especialmente poderosa de *kami*. Podían cambiar de forma, hacerse invisibles o incluso poseer a otros. Entre los siglos V y VI entraron en Japón el budismo, el taoísmo y los sistemas chinos de los cinco elementos y el *yin-yang*, y se fusionaron con el sintoísmo. En respuesta a estas influencias, y para constatar la voluntad de los *kami*, Japón desarrolló un complejo sistema de adivinación.

Practicantes de las ciencias ocultas llamados *onmyōji* realizaban rituales de adivinación y leían augurios en las estrellas y en fenómenos raros como los eclipses. Incluso realizaban exorcismos, convocando a un espíritu para que entrara en el cuerpo de la víctima e interrogara al espíritu posesor para identificarlo; así podían realizar el ritual correcto para expulsar al espíritu indeseable. Los *onmyōji* llegaron a ser funcionarios, y el *onmyōdō* (su práctica) era tan aceptado que incluso había una oficina de adivinación para nombrarlos. La práctica del *monoimi* —la decisión de si aceptar o no a visitantes basándose en los hallazgos del *onmyōji*— y del *henbai* —ritual para proteger a los miembros de la corte en sus viajes— prosiguió hasta 1868, cuando el emperador Meiji ascendió al trono y prohibió tales prácticas.

Brujas, amuletos y magia popular

El repertorio del *onmyōji* también incluía actividades cercanas a la hechicería. Muchos poseían *shikigami*, espíritus familiares convocados como sirvientes, que a menudo aparecían bajo forma animal y que podían ser vengativos si el ritual correspondiente se realizaba incorrectamente. Para alejar el mal de ojo, los *onmyōji* usaban amuletos (*ofuda*), a menudo en forma de tiras colgantes de papel; y algunos practicaban el *jugondo*, destinado a vencer a monstruos y curar enfermedades.

A este nivel popular, las grandiosas declaraciones de los *onmyōji* viraron hacia el folclore. Así, la gente creía que una tormenta podía calmarse quemando la piel de un perro negro, o que la cobardía se curaba masticando las virutas de un árbol golpeado por un rayo.

▶ **Deidad budista de la montaña**
Esta estatua representa a Zaō Gongen, dios asociado con las montañas remotas, donde era adorado por ermitaños que practicaban el *jugondo* para adquirir su poder físico.

▲ **Rituales planetarios**
Este dibujo de un texto astrológico japonés representa a Doyō, deidad vinculada a Saturno y al último día de la semana, el cual se asociaba con la enfermedad y las discusiones, y se consideraba mal día para casarse.

ABE NO SEIMEI (921–1005)

Magia dominante

El *onmyōji* más famoso fue Abe no Seimei, especializado en el análisis de sucesos extraños y en la realización de exorcismos. Autor de varias obras sobre adivinación del futuro, se ganó el favor de la corte prediciendo el sexo de los hijos de la nobleza, y dirigió la oficina de adivinación, que su clan controló hasta el siglo XIX. Se hizo famoso por sus poderes místicos, que se suponían procedentes de su madre *kitsune-tsukai*, estatus que él confirmó en una épica serie de duelos con su rival Doman Ashiya. En uno de ellos, Doman ocultó 15 naranjas en una caja y retó a Abe a adivinar lo que había dentro. Abe convirtió las naranjas en ratas y adivinó su número.

UN GRAN PANTEÓN
magia hindú antigua

A lo largo de la historia del hinduismo se formó
todo un cuerpo de creencias filosóficas y un complejo
panteón. Sus seguidores desarrollaron encantamientos
y rituales que creían que servían para influir y aplacar
a los *devas* (dioses) y para acceder a su mundo divino.

Dioses y demonios
El hinduismo surgió al parecer entre los pueblos
arios que se establecieron en el norte de India tras
la desaparición de la cultura del valle del Indo,
c. 1500 a. C. Guerreros, amantes de la música y
la bebida, los arios adoraban a un dios del cielo
llamado Varuna y bebían *soma*, una bebida ritual
hecha con extractos de una planta del mismo
nombre. Creían que su consumo garantizaba la
inmortalidad, curaba enfermedades y aumentaba

el valor. Más tarde, c. 1500–500 a. C., los hindúes
elaboraron un conjunto de escrituras, los Vedas, que
incluían relatos sobre el nacimiento del universo,
sobre batallas entre héroes y demonios e invocaciones
a los *devas*. Con el tiempo apareció el sistema de castas,
la superior de las cuales, la casta sacerdotal de los
brahmanes, se aseguraba de que el pueblo siguiera los
rituales y realizara los sacrificios de la forma prescrita.

Escrituras hinduistas
En los Vedas, los *devas* eran identificados como poderes
positivos, y sus adversarios, los *asuras* (demonios), como
fuerzas destructoras. El poder de los *asuras* era grande:
el demonio Maricha, por ejemplo, se transformó en
gacela para engañar a Rama (manifestación del dios
Visnú). En el mundo hindú, la magia quedó ligada a

La magia como espectáculo

En el siglo XX, India desarrolló su reputación como cuna de los espectáculos mágicos, e ilusionistas como P. C. Sorcar y Vazhakunnam (apodado el «padre de la magia») se hicieron muy populares. Entre sus números típicos estaba el *Cheppum Panthum* (truco de las copas y las bolas, en el que hacía aparecer y desaparecer unas bolas de forma aleatoria) y el truco de la cuerda, en el que el mago parecía trepar por una soga que levitaba. Una versión de este truco fue descrita por primera vez por el viajero musulmán Ibn Battuta en el siglo XIV.

Magos callejeros indios realizan el truco de la cuerda para un grupo de soldados británicos en la década de 1940.

de las astillas de diez árboles sagrados que podían proteger contra la posesión demoníaca.

Había otros ejemplos más espectaculares de magia —en los textos, ya que no en la vida real—: relatos de *tantriks* (ocultistas) espiritualmente evolucionados que usaban métodos como la hipnosis para crear ilusiones. El *Atharvaveda* también deja constancia de tradiciones más antiguas, posiblemente chamánicas, como el recurso a *ojhas* (exorcistas) o la adoración de Agni, dios del fuego, de quien se creía que purificaba las almas de los muertos y se las llevaba de la pira para que renacieran.

la *maya*, un concepto que originalmente significaba poder o sabiduría, pero que más tarde encarnaría la ilusión: la brecha entre la percepción humana y el mundo material, siempre cambiante e inestable.

Textos mágicos

Como sus homólogos en otros sistemas de creencias, muchos hindúes buscaron medios directos de conseguir la intervención divina. El *Atharvaveda*, compuesto c. 1200–1000 a. C., contiene 730 himnos y 6000 mantras atribuidos a los sabios Atharvan (autor de algunos himnos centrales), Ángiras y Bhrigu.

Además de contener himnos para asegurar una larga vida, curar heridas, combatir a los demonios o procurarse un cónyuge, el *Atharvaveda* alude a los amuletos, sugiriendo que su uso era generalizado. Menciona que uno de tales amuletos procedía

◀ **Protección divina**
En esta escena del poema épico hindú *Mahabharata*, la reina Draupadi, perdida por su esposo en una partida de dados, es desvestida. No obstante, el dios Krishna protege su honor creando mágicamente más capas de tela a medida que le desenrollan el sari.

▲ Rey semidivino
El rey de esta placa de jade viste sus insignias reales, que indican su estatus mágico. Su escudo luce al dios jaguar del inframundo. Bajo él hay un enano, considerado por los mayas como una encarnación viviente del maíz.

EL CICLO CÓSMICO
magia maya

Los mayas tenían un rico mundo espiritual. Casi cada objeto, e incluso los días de la semana, se consideraban divinos. Rituales y magia eran canales de comunicación con los dioses.

Vivir con los espíritus

La cultura maya estuvo en su cúspide durante el periodo clásico (c. 250–900 d. C.), cuando sus gentes construyeron grandes pirámides, templos y plazas en docenas de ciudades-estado. Su vida religiosa lo abarcaba todo. Entre sus deidades estaban Chaak,

dios de la lluvia, y el dios del maíz, cuyo nombre es hoy objeto de debate, y cuyo ciclo de muerte (a través de la cosecha) y renacimiento (la siembra) se veía como un símbolo de la condición humana. Los dioses eran honrados con templos e inscripciones, y se consideraba que los días de la semana, los puntos cardinales e incluso las rocas poseían espíritus.

Para mediar con este mundo divino, los mayas recurrían a *ah kin* (chamanes y sacerdotes) que tenían el poder de acceder al mundo del espíritu a través de cánticos y alucinógenos. Los intermediarios más

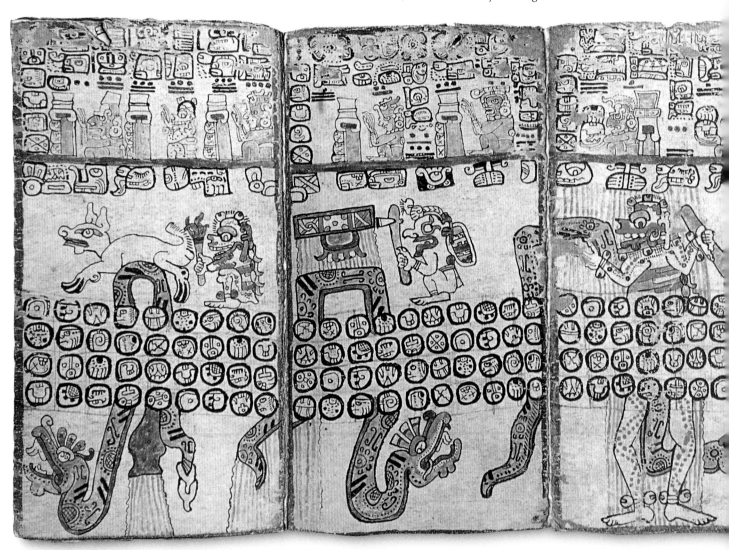

efectivos eran los miembros de la familia real, que se consideraban semidivinos y capaces de recurrir a los dioses para favorecer a sus ciudades.

Aplacar a los dioses con sangre

Según los mayas, la humanidad estaba en deuda con los dioses por su creación, y los sacrificios servían como una especie de resarcimiento. La ofrenda más poderosa era la sangre. Podía ser la de cautivos de guerra, que eran decapitados en templos escalonados; o mejor aún, la del propio rey, que se hacía cortes en el cuerpo con espinas de raya y vertía la sangre sobre papeles rituales que luego se quemaban. Se creía que inhalar el humo producido ofrecía visiones del mundo espiritual.

Se esperaba que estos sacrificios curasen enfermedades. Para los mayas, la enfermedad era causada por el daño infligido a alguna de las varias almas que poseía cada persona. Un alma era el *o'ohlis*: la chispa encendida en todas las cosas por el dios creador. Otra era el *way'ob'*: el acompañante animal que compartía el alma de cada persona. Los reyes compartían su alma con los jaguares, pero no estaban limitados a un *way'ob'*: la realeza y otras figuras ricas en magia, como los sacerdotes, podían tener hasta trece.

Predecir el futuro

Tiempo, lugar y divinidad se entretejían en un complejo sistema de números, colores y puntos cardinales. Según los mayas, había trece capas de cielo sobre la tierra; el inframundo, donde acababa la mayoría de las almas tras la muerte, tenía nueve; y cada dios tenía cuatro manifestaciones dependientes de los colores y los puntos cardinales. El año maya tenía un calendario ritual de 260 días y uno secular de 365 días, que coincidían una vez en cada «rueda calendárica» de 52 años.

Los sacerdotes eran guardianes del conocimiento necesario para navegar por este sistema. Recopilaron horóscopos y almanaques, realizando observaciones de cuerpos celestes como Venus y la Luna. A partir de su estudio, determinaban los días auspiciosos en los que realizar ciertas acciones. También interpretaban augurios a partir de las entrañas de animales sacrificados o de los patrones creados por el grano arrojado sobre una superficie; o buscaban visiones en espejos mágicos. En un mundo donde la magia y los dioses eran omnipresentes, la necesidad de entender los mensajes divinos era apremiante para los mayas.

▲ **Sangría ritual**
Este friso representa a Escudo Jaguar II, rey de la ciudad maya de Yaxchilán entre 681 y 742, sosteniendo una antorcha llameante sobre su esposa la Señora K'ab'al Xook, que se atraviesa la lengua con una cuerda llena de espinas en un sacrificio de sangre.

◀ **El Códice de Madrid**
La mayoría de los libros mayas fueron destruidos tras la conquista española. El Códice de Madrid, uno de los pocos supervivientes, contiene almanaques y guías calendáricas que ayudaban a los sacerdotes mayas en la realización de rituales.

MALDICIÓN
O CURACIÓN

400–1500

Introducción

El periodo medieval fue una época de cambio religioso en toda Europa y en Asia occidental. Cuando el líder germánico Odoacro conquistó Roma en 476, el Imperio romano que había dominado la región durante mil años se desintegró. Entonces prosperaron dos religiones que, con el tiempo, dominarían a todas las demás: el cristianismo en Occidente y el islamismo en Oriente.

Las antiguas tradiciones mágicas representaban un desafío para la autoridad y las creencias de ambas religiones. Los practicantes de magia de todos los niveles, desde sumos sacerdotes y sacerdotisas a monjes y curanderos de aldea, habían sido a menudo las figuras más reverenciadas de la sociedad. Ahora, en cambio, se veían cada vez más marginados.

A medida que el cristianismo se extendía hacia el norte y el oeste, la alta magia ceremonial se vio reducida de manera creciente a la clandestinidad o empujada a las periferias de los mundos celta y vikingo, donde las creencias paganas aún resistirían siglos. Los poderes sobrenaturales, como el control del clima o los elementos –tan importante en las comunidades agrarias–, fueron apropiados por la Iglesia para sus santos. Al mismo tiempo, los practicantes de magia fueron literalmente demonizados, atribuyéndose sus habilidades al diablo. Los castigos por la práctica de *sortilegium* (hechicería) o *maleficium* (actos maléficos) eran severos; en 789, Carlomagno promulgó la *Admonitio generalis*, por la que se condenaba a muerte a hechiceros y encantadores.

Durante muchos siglos, no obstante, la magia popular fue tolerada y los curanderos de aldea continuaron practicando como antes. Sin embargo, los sermones eclesiásticos exhortaban al pueblo a la oración y condenaban el recurso a invocaciones, talismanes y pócimas. Según algunos, el uso del poder mágico de hierbas y piedras se basaba en los poderes naturales del cosmos, en los que mucha gente creía cuando realizaba rituales mágicos para proteger sus cosechas

Caldero de Gundestrup (p. 72)

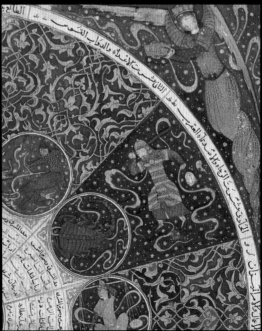

Horóscopo natalicio árabe (p. 83)

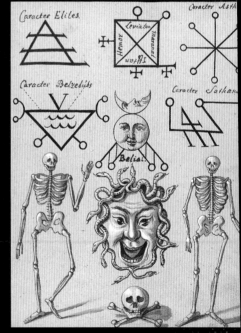

Compendio de magia (p. 90)

o su salud. Pero, hacia el final de la Edad Media, el clero comenzó a adoptar una línea más dura contra tales prácticas, que etiquetaron como brujería.

En el mundo islámico, e incluso en el Bizancio cristiano, la magia ocupó un lugar más ambiguo. La magia popular prosperó, igual que en el Occidente cristiano. Los musulmanes creían en ángeles caídos convertidos en demonios y espíritus malignos, los *jinns*, y el uso de talismanes para protegerse de ellos era parte de la vida cotidiana, pese a ser condenado por el Corán. El estudio de la magia también floreció: siguiendo la instrucción coránica de buscar el conocimiento, los estudiosos tradujeron textos de rituales mágicos; y el estudio de las matemáticas y las ciencias naturales iba de la mano del desarrollo de la alquimia, la astrología y otras artes ocultas.

Muchas obras de magia clave surgieron en el mundo islámico. Las traducciones al latín, como el libro conocido como *Picatrix*, circularon por Europa e inspiraron un nuevo interés por las creencias y las prácticas mágicas entre los eruditos; esta es una de las razones de que la imagen moderna del mago en la literatura deba más al saber islámico que a las tradiciones mágicas celta o nórdica.

> «Haz dos talismanes con Venus ascendente en la primera faz de Cáncer y la Luna en la primera faz de Tauro.»
>
> *PICATRIX*, SOBRE LA FABRICACIÓN DE UN TALISMÁN DE AMOR ETERNO (SIGLO X U XI)

Cosecha de mandrágora (p. 100)

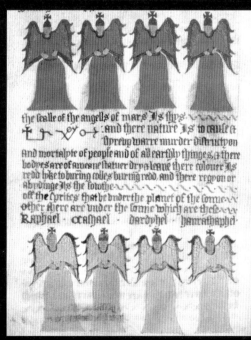

Manual mágico para invocar a ángeles (p. 109)

Prueba de fuego (p. 117)

Los dioses visten
prendas vikingas

Inscripción
rúnica en
arco sobre
la escena

Una gran grulla o
ganso se cierne
sobre Freyr

▲ **Dioses nórdicos
en Suecia**
Se supone que las figuras
representadas en el centro
de esta lápida son los dioses
Odín, Thor y Freyr, porque
sostienen sus respectivos
atributos: la lanza, el martillo
y la hoz. Los mismos dioses
aparecen en la parte superior.

PORTADORAS DEL CAYADO
magia nórdica

En los siglos anteriores a la conversión de Escandinavia
al cristianismo, que empezó en el siglo VIII, los pueblos
nórdicos habían desarrollado un rico *corpus* de mitos
y creencias paganas. Para ellos, el mundo era regido
por las Nornas, seres sobrenaturales que controlaban
el destino, y por dos grupos de deidades guerreras:
los Aesir, presididos por los dioses Odín y Thor, y los
Vanir, que incluían a Freyr y Freyja. Los pueblos
nórdicos pensaban que el mundo estaba lleno de
criaturas míticas como gigantes y enanos, y que ríos,
árboles e incluso los hogares estaban llenos de *vaettir*:
espíritus y demonios. En torno a estos seres crearon
un sistema de creencias con elementos mágicos.

La tradición mágica nórdica quedó prácticamente
sin registrar en su momento. Sobrevive sobre todo en
sagas posteriores, acaso matizada por la perspectiva
cristiana, y en unas pocas reliquias arqueológicas,
como las runas.

▶ **Estatuilla ambigua**
Según algunos, esta diminuta estatuilla de plata danesa representa a Odín con sus dos cuervos y dos lobos. Pero hay quien cree que la figura sedente es una mujer: ya sea la diosa Freyja, que enseñó hechicería a Odín, o una *völva* (portadora del cayado).

Adivinación y hechicería

En el corazón de la magia nórdica está el *seidr*: hechicería practicada básicamente por mujeres, y uno de los orígenes de la idea de las brujas en Europa. Los hombres también lo practicaban, pero lo consideraban *argr* (afeminado y, por lo tanto, vergonzoso). El *seidr* era chamánico; implicaba viajes visionarios y contactos con el mundo espiritual. Aunque se decía que las Nornas controlaban el destino, el *seidr* otorgaba poder para preverlo y, quizá, modificarlo. Sus practicantes eran invitadas a reuniones en las que ofrecían al pueblo predicciones sobre su futuro, a menudo utilizando cánticos y conjuros para contactar con los dioses.

Las hechiceras más veneradas eran las *völvur* (portadoras del cayado), practicantes expertas del *seidr* a las que se describía vestidas con largas capas azules con capucha, forradas con pelo de gato blanco y lana de oveja. Una *völva* podía engañar a la mente y la memoria –cambiando de forma y haciendo invisibles las cosas– o lanzar maldiciones sobre sus enemigos. Se las vinculaba a Freyja, la diosa del amor, el sexo y la belleza, de la cual se decía que enseñó a Odín el «poco viril» arte del *seidr*.

Control del destino

Los nórdicos creían en muchas Nornas, todas ellas femeninas, incluidas elfas y enanas, pero las tres principales vivían en el pozo de Urd (Destino) en Asgard, la morada de los dioses; estas llevaban agua del pozo para regar el gran árbol mundo, Yggdrasil,
que unía las esferas de dioses, humanos, gigantes y muertos.

Las tres Nornas, sentadas entre sus raíces, hilaban las hebras de la vida para tejer el destino de cada ser vivo. El control del destino las hacía aún más poderosas que los dioses, y podían ser tanto una fuerza benévola como maligna. Se decía que estaban presentes en el nacimiento de cada niño para establecer su sino. A la madre se le daban *nornagretur* (gachas de Norna); una vez esta las había probado, el resto se ofrecía a las Nornas para asegurar un buen futuro al recién nacido. Se cree que las Nornas inspiraron a Shakespeare las brujas cuyos vaticinios conducen a Macbeth a la tragedia.

▼ **Tejiendo el destino**
En esta ilustración del prólogo a la cuarta parte del ciclo operístico de Richard Wagner *El anillo del nibelungo*, basado en las sagas nórdicas, las tres Nornas se reúnen junto a la roca de Brunilda (heroína nórdica) y tejen la cuerda del destino.

> ## «Norna bellaca un día fijó que tuviera que estarme en el agua.»

REGINSMÁL (c. 1270)

«Haz un Yelmo de Espanto en plomo, aprieta el signo de plomo entre las cejas y di la fórmula […]. Así un hombre puede ir al encuentro de sus enemigos.»

HEIMSKRINGLA (c. 1225)

▲ Sacrificio humano
Este es un detalle de una de las pinturas de las piedras de Stora Hammars en Gotland (Suecia). La escena muestra a una persona pequeña boca abajo sobre un altar, mientras una figura que se supone es Odín empuña una lanza sobre ella. El símbolo mágico del *valknut*, con tres triángulos entrelazados, asociado con la transición de la vida a la muerte, se cierne sobre la figura tendida.

Vilgerdarson, zarpó en 867, llevó tres cuervos como guías; en ciertos momentos liberaba uno de ellos, y ajustaba su rumbo según la dirección en que volara.

Sacrificios

Para los nórdicos, era importante mantener a Odín y los demás dioses de su lado, y hacían *blots* (sacrificios) para asegurarse de tenerlos contentos. Mataban animales ritualmente, y hay indicios de que hacían también sacrificios humanos. El monje alemán Adán de Bremen escribió en 1072 sobre la tradición de ofrecer sacrificios a Thor, Odín y Freyr en un templo de Upsala (Suecia): cada nueve años se mataba a nueve machos de cada especie de criatura viviente, incluidos humanos, en un bosquecillo sagrado junto al templo, y se dejaban los cuerpos colgando de los árboles. Se creía que estas descripciones de sacrificios humanos pudieron ser propaganda cristiana. Sin embargo, en una excavación arqueológica realizada en Trelleborg (Suecia) se descubrió la verdad: en cinco pozos se hallaron esqueletos de animales y humanos, con joyas y herramientas; cuatro de los cinco sacrificios humanos eran niños de entre cuatro y siete años.

La mayoría de los sacrificios eran menos horribles. En vez de humanos o animales, se arrojaban a lagos valiosas joyas, herramientas y armas: todo un tesoro de tales objetos fue descubierto en el lago Tissø, en Selandia (Dinamarca), lugar consagrado al dios Tyr.

Además de dirigirse a las hechiceras para predecir el futuro, los pueblos nórdicos acudían a ellas en busca de vaticinios. Era habitual la adivinación echando suertes: por ejemplo, se cortaba una rama de árbol frutal en varitas diminutas y se arrojaban estas sobre un paño blanco, y en su disposición se decía que podía leerse el futuro.

La magia de la naturaleza

Los nórdicos también practicaban el augurio: la búsqueda de signos en la naturaleza. Creían que fenómenos naturales como las tormentas y los eclipses podían ser mensajes de los dioses, y que los animales también podían ser portadores de mensajes. Los caballos blancos eran venerados y se guardaban en arboledas sagradas; se decía que, si se aparejaban a un carro vacío para que lo condujeran los dioses, su rumbo revelaba la voluntad de estos. El vuelo de aves como grajos, cuervos o águilas también podía ser tomado como una señal, y ver a un cuervo antes de una batalla era un buen presagio. Cuando el primer navegante escandinavo que puso rumbo a Islandia, Floki

El poder de los signos

Los sigilos (símbolos especiales) poseían la misma magia que los conjuros orales. Podían ser grabados en amuletos o tallados

◄ El poderoso Mjölnir de Thor
El martillo de Thor es representado en este amuleto con la mirada fija de los ojos del dios. Mjölnir está vinculado con el trueno que el dios utilizaba para mantener el orden. Según la leyenda, era capaz de aplastar montañas.

en maderas y metales a los que se suponían propiedades mágicas. Algunos podían ser representaciones de objetos mágicos de los dioses, como el martillo de Thor o la lanza de Odín. El martillo de Thor, Mjölnir, era su arma principal, y regresaba mágicamente a su mano tras ser arrojado contra un enemigo. Se creía que el trueno era el sonido de ese martillo destruyendo a sus adversarios. Y se decía que el símbolo del martillo daba protección y fuerza a su portador. Solía aparecer junto a la *sólarhvél* (cruz solar), de aspecto similar al antiguo símbolo conocido como esvástica y del que se decía que atraía buena suerte y prosperidad.

Tal vez el signo más misterioso y poderoso fuera el *aegishjalmur* (yelmo de Aegir), con sus ocho brazos como tridentes espinosos. Se suponía que aseguraba la victoria al portador y que infundía el miedo en los enemigos, como dicen estos versos de la saga *Fáfnismál*: «Con Yelmo de Espanto me estuve ante todos cuando yo sobre el oro yacía; pensábame yo, yo solo, más bravo por muchos que enfrente tuviera».

▲ **Símbolo mágico**
Esto es parte de una losa pintada de casi dos metros de altura que hoy se halla en el muro de una iglesia de Bro, en Gotland (Suecia). Cuenta la leyenda que un pozo cercano era un lugar de sacrificio. La piedra data del siglo v a. C., y este detalle parece una elaborada cruz solar, símbolo de buena suerte ligado a Thor y representativo de la tierra, su relación con el sol y con el cosmos como un todo.

▲ **Detalle de la piedra rúnica** de Rök, en Ostrogotia (Suecia): su inscripción está parcialmente encriptada, tal vez como parte de un ritual mágico.

Las runas

Las primeras formas de escritura usadas por los nórdicos y otros pueblos germánicos eran unos signos angulares tallados, llamados runas. Aparecidas en torno al siglo III, siguieron en uso hasta el XVI o el XVII. Funcionaban como un alfabeto, con 24 runas en su forma más antigua, el futhark antiguo, y 16 en el más reciente, el futhark joven.

Sin embargo, cada runa era algo más que una letra: era un símbolo o pictograma. La propia palabra «runa» significa «letra» y «misterio», y las runas eran un idioma secreto de poder y magia. Así, por ejemplo, la asociada con la T era tiwaz (tyr), el nombre del dios del cielo, y parecía una flecha apuntando hacia arriba. Pero la flecha no era solo un indicador: Tyr era también el dios de la guerra, y la runa se tallaba para asegurar la victoria en combate. La runa asociada con la U era uruz (ur), el nombre del uro, el toro gigantesco hoy extinto que vagaba por Europa, y representaba la fuerza de voluntad.

Se cree que algunas inscripciones rúnicas eran conjuros y que debían ser proferidos con *galdralag* (un ritmo poético determinado) para liberar su poder. Esta forma oral podría ser mucho más antigua que la forma escrita de las runas. Dice la leyenda que estas existieron siempre, y que fueron descubiertas por el dios de la guerra Odín mientras sufría un terrible tormento colgado del árbol mundo Yggdrasil. Las runas fueron talladas en su tronco por las tres Nornas controladoras del destino, y representaban su poder para labrar el sino de todo.

▶ **La piedra de Rök**, datada en el siglo IX, exhibe la inscripción rúnica más larga del mundo.

TAMBORES Y TRANCE
chamanismo finés

▲ Conectar mundos
Para viajar al infierno, regido por Loviatar, diosa del chamanismo, un chamán debía batir un tambor para abrir el *lovi* (término que significaba tanto «puerta» como «vagina») que conducía allí.

La región ocupada hoy por Finlandia fue poblada durante 11 000 años por los pueblos finés y sami, que migraron allí siguiendo a las manadas de cérvidos cuando las placas de hielo de la última glaciación se retiraron. Ambos pueblos eran cazadores-recolectores, que creían en *haltijat* (espíritus animales) y practicaban el chamanismo desde hace al menos 10 000 años. Sus chamanes (los *noitat* —luego *tietäjät*— fineses y los *noaidi* samis) eran figuras de gran poder y conocimientos mágicos, incluso fuera de sus territorios: siempre que aparece un finés en las sagas nórdicas, es un signo de lo sobrenatural. Se decía que Finlandia era tierra de magos, brujas, gigantes y trols.

Hace unos 5000 años, las culturas finesa y sami divergieron cuando los fineses pasaron de la caza del ciervo a la agricultura; sin embargo, el chamanismo persistió en ambas, aun después de la cristianización de Escandinavia. Los *noaidi* samis sobrevivieron hasta el siglo XIX, cuando las iglesias confiscaron sus últimos tambores sagrados.

Almas perdidas
Los fineses creían en Tuonela, un inframundo al que iban los espíritus de los muertos, localizado bajo el suelo o bien en algún lugar muy al norte. Se creía que un chamán podía viajar en trance a Tuonela para encontrarse con los espíritus y adquirir su sabiduría. Los chamanes emprendían su viaje espiritual mediante el *joik* (canto invocador) y el tambor. Pero debían embaucar a la barquera para que los llevara a través del río Tuonela… y tener cuidado de no ser atrapados allí en el cuerpo de un lucio gigante.

Los fineses creían que una persona tenía tres almas: *heinki* (fuerza vital), *luonto* (espíritu guardián) e *itse* (personalidad). *Luonto* e *itse* se podían separar del cuerpo y, por tanto, podían perderse o quedar varadas en el más allá. Se creía que esta era la causa de la desgracia y la enfermedad. Los chamanes cantaban conjuros y realizaban rituales dirigidos a sanar a la gente o a revertir la mala suerte fortaleciendo los espíritus débiles o encontrando a los perdidos.

Tietäjät y *noaidi* contribuyeron también a preservar las culturas orales finesa y sami. En 1835, Elias Lönnrot recopiló los cantos y poemas conservados de los *tietäjät* en el *Kalevala*, el poema épico nacional finlandés, y con ello creó un registro de sus tradiciones mágicas.

EN CONTEXTO

Culto del oso

Los fineses paganos veneraban a los animales que cazaban, como el alce y el oso. De hecho, consideraban al oso tan sagrado que su nombre no podía pronunciarse. La palabra finesa actual para «oso», *karhu* (pelo duro), es uno de los eufemismos que usaban en su lugar. Los fineses creían que el oso procedía del cielo y que podía reencarnarse. Cada vez que mataban uno y lo consumían, debían celebrar la *Karhunpeijaiset* para alentar el retorno de su alma. Después de comerse su carne, enterraban los huesos y colocaban el cráneo a los pies de un pino sagrado.

Amuleto hecho con la uña sagrada de un oso: traía buena suerte y ayudaba al espíritu del portador a hallar el camino a casa.

> «… y traen cosas deseables
> para ellos desde regiones lejanas
> por medios asombrosos.»

HISTORIA NORWEGIAE (c. 1500), SOBRE EL CHAMANISMO SAMI

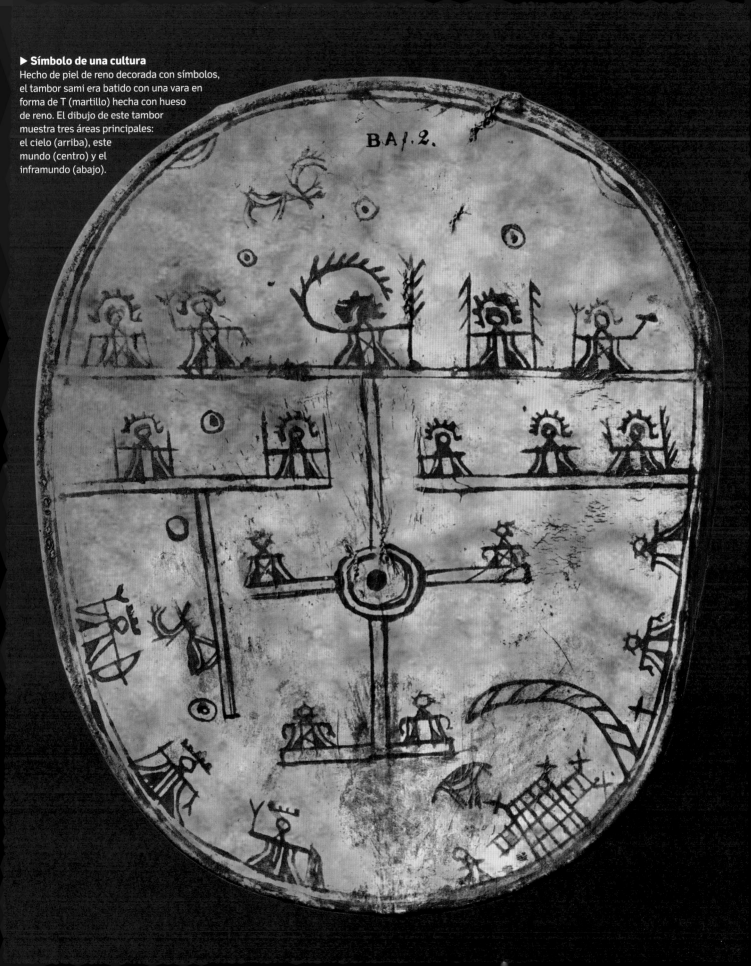

▶ Símbolo de una cultura

Hecho de piel de reno decorada con símbolos, el tambor sami era batido con una vara en forma de T (martillo) hecha con hueso de reno. El dibujo de este tambor muestra tres áreas principales: el cielo (arriba), este mundo (centro) y el inframundo (abajo).

BA/.2.

RELATOS DE LOS DRUIDAS
mitos y magia celtas

▲ Caldero de Gundestrup
Este enorme cuenco de plata está datado entre 150 y 1 a.C. Fue hallado en Dinamarca, pero su decoración es rica en simbolismo céltico: aquí, el dios Cernunnos, adorado por los celtas en Galia, aparece con cornamenta y con las piernas cruzadas; otros relieves representan el sacrificio de toros. Algunos estudiosos opinan que el caldero pudo ser utilizado en rituales druídicos.

Extendido en origen por toda Europa, en la Edad Media el pueblo celta ya solo habitaba en Irlanda, Escocia, Gales, Cornualles y la Bretaña. Los antiguos celtas desarrollaron un rico acervo de mitos y magia pero, al ser una sociedad principalmente oral, su cultura y sus tradiciones solo sobrevivieron a través de los escritos de la Grecia y la Roma clásicas y en relatos registrados por escribas cristianos medievales. No existen relatos escritos de primera mano por los propios celtas, por lo que a veces es difícil distinguir entre sus verdaderas creencias y prácticas, lo que fue malinterpretado o añadido por los que las registraron, y lo que formaba parte de la mitología celta.

Druidas

Históricamente, es probable que los druidas fueran hombres sabios, maestros o sacerdotes, pero en ocasiones son descritos como poseedores de poderes mágicos. Al parecer, su magia y sus creencias estaban enraizadas en la naturaleza, y los ritos druídicos se realizaban con frecuencia en bosques sagrados.

Según el autor romano Plinio el Viejo, los druidas obtenían su poder del jugo del muérdago blanco, que también otorgaba fertilidad; además, sacrificaban animales: describió la matanza de dos toros blancos como parte de una ceremonia druídica para la recolección de muérdago. Autores romanos como

«Los druidas –así llaman a sus magos–
no consideran nada más sagrado que
el muérdago y el árbol en que crece.»

PLINIO EL VIEJO, *HISTORIA NATURAL*, LIBRO XVI (*c.* 77–79 D. C.)

él o Julio César son la fuente de gran parte de
los informes sobre los druidas, pero historias
similares aparecen en relatos galeses e irlandeses
de origen celta. Los eruditos cristianos empezaron
a recogerlos a partir del siglo VIII, como en el *Libro
de Leinster* o el *Libro de Dun Cow*, ambos del siglo XII.
En tales mitos, los druidas eran a veces magos con
poder sobre la naturaleza. En un cuento cristiano,
cuando san Patricio llegó a Irlanda, un druida trató
de desacreditarlo convocando una tormenta de nieve,
pero Patricio la dispersó con la señal de la cruz.

Mitos irlandeses

Particularmente ricos en tradición celta, los mitos
irlandeses presentan relatos fantásticos sobre bardos,
doncellas y guerreros como Cú Chulainn, que tenía
poderes sobrenaturales. También hablan de los Tuatha
Dé Danann, una raza de seres mágicos que podían
ser tanto antiguos dioses irlandeses como pobladores
iniciales de la isla. Los relatos estaban
llenos de proezas y armas mágicas,
como la lanza del dios artesano Lugh,
que se lanzaba a sí misma y nunca
se perdía. Muchos mitos irlandeses
hablaban también de metamorfosis,
reflejando la creencia céltica en la
interconexión de las cosas: viejas
brujas a las que se ofrecía ayuda se
convertían en damiselas, y magos
que transformaban a sus enemigos
o a ellos mismos en animales.

Entre las criaturas más aterradoras
de la mitología celta se halla la *banshee*,

presente en mitos irlandeses,
escoceses y normandos. La *banshee*
(*bean si*) irlandesa, que rondaba los
túmulos funerarios, era descrita
como una mujer de abundante
cabellera y ojos enrojecidos por
el llanto. Se creía que anunciaba
la muerte con sus terribles lamentos.

Tierra de hadas

En Irlanda, los mitos celtas dieron lugar a la creencia
en otros mundos, como Tír na nÓg: la Tierra de
la Eterna Juventud. Accesible a través de túmulos
mágicos (*sí*), estaba poblada por los *aos sí*, que se
suponía que eran Tuatha Dé Danann condenados al
inframundo tras su derrota por los celtas. Se decía que
los *aos sí* eran fieros protectores de su tierra. La gente
trataba de no enfurecerlos y solía referirse a ellos
como la Buena Gente (*Fair Folk* o *Fairies*, es decir, Hadas).

▲ **Las bayas sagradas**
Esta ilustración del siglo XIX
es una figuración de la
recogida ritual del muérdago.
Plinio describió este rito: «Un
sacerdote, engalanado con
una vestidura blanca, sube al
árbol y con una hoz dorada
corta el muérdago, que se
recoge en un sayo blanco».

▶ **Ossian convoca a los espíritus**
Esta pintura, inspirada en las «traducciones»
del poeta James Macpherson de supuestos
fragmentos de poemas antiguos, representa
a Ossian (Oisín), bardo mítico irlandés que
se decía que visitó Tír na nÓg.

► El poder de las estatuas

Al erudito bizantino del siglo XI Juan Escilitzes le preocupaba la destrucción de estatuas en los siglos previos, y describió a Juan VII el Gramático, que lideró esa iconoclastia, como un hechicero maligno. Aquí, Escilitzes lo representa entregado a la *stoicheiosis*: la magia de las estatuas.

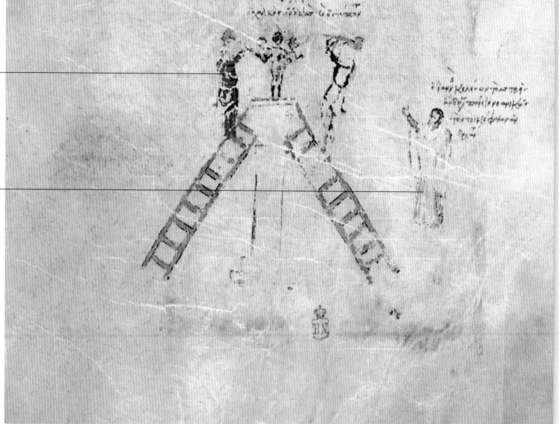

Personas subidas a escaleras para destruir la estatua

Juan el Gramático conjura los poderes de la estatua

EL CRISTIANISMO Y LO OCULTO
magia bizantina medieval

Tras la conversión al cristianismo del emperador romano Constantino, a inicios del siglo IV, Bizancio (la actual Estambul), la ciudad más rica y grande de Europa, se hizo cristiana. La mayoría del pueblo tenía una fe sólida, y creía en el poder de los iconos, las reliquias y los santos cristianos para realizar milagros. Se sabe de personas que se encadenaron en una iglesia con la esperanza de curarse de su enfermedad.

Magia popular

Durante un tiempo, los magos paganos convivieron con el clero cristiano. La ciudad estaba llena de estatuas paganas que se creían embrujadas por espíritus malévolos, que podían ser manipulados mediante un tipo de magia llamada *stoicheiosis* para identificar a maridos infieles, conseguir condenas contra criminales o incluso limpiar las calles por la noche. Los bizantinos eran además firmes creyentes en la magia apotropaica, esto es, la que protege de las influencias malignas. Portaban amuletos y realizaban rituales para desviar la maldición del mal de ojo. Algunos grababan piedras, o tejían o pintaban una imagen protectora en el dobladillo de sus prendas.

Ciertas piedras también eran valoradas por su efecto medicinal; por ejemplo, se decía que el sardónice –un tipo de ónice– ayudaba a prevenir los abortos.

Algunos clérigos empezaron a adoptar una línea más dura. El emperador León IV emitió un edicto para acabar con la tolerancia hacia los conjuros y amuletos mágicos benignos en la década de 770. Un siglo después, el patriarca Juan VII el Gramático, acusado de practicar *stoicheiosis*, lideró una oleada de iconoclastia (destrucción de iconos y estatuas). *Ghitevtai* (vendedores de objetos e imágenes sagrados para usar como amuletos) y *hekantontarchos* (magos que embaucaban con argucias) fueron empujados progresivamente a la clandestinidad.

Magia cortesana

A pesar del estatus oficial del cristianismo, la magia se consideraba aceptable, e incluso era utilizada por la élite en la corte imperial. Se decía que varios

▲ **Piedra curativa**
Este amuleto del siglo IX mezcla cristianismo y magia. Representa a la hemorroísa curada milagrosamente por Cristo. La piedra misma, una hematites, se creía que protegía contra las hemorragias menstruales absorbiendo la sangre.

MIGUEL PSELLOS (c. 1017–1078)

Conciliador de creencias

En la Bizancio medieval la magia era una fuente de fascinación y una ayuda práctica en todos los niveles de la sociedad, y muchos eruditos estudiaron la historia de las prácticas ocultas paganas. Uno de los más famosos fue el monje griego Miguel Psellos, consejero de políticos de alto rango e historiador eminente. A pesar de sus creencias cristianas, tuvo un gran interés académico por las artes oscuras, que él llamó «ocultas» y «prohibidas». Se interesó en especial por la astrología y el poder de las piedras. Sus escritos son la principal fuente de conocimiento sobre la magia bizantina.

Miguel Psellos (izda., con el emperador Miguel VII) fue un gran estudioso bizantino de las artes ocultas.

▲ Tabla astronómica
Este círculo con los signos
del zodiaco y el carro solar
en el centro se basa en el
Almagesto de Ptolomeo,
erudito griego del siglo II,
la obra definitiva sobre
astronomía durante 1300
años. Su libro de astrología,
Tetrabiblos, fue igual de
influyente en Bizancio.

emperadores y emperatrices se entregaron a
las prácticas mágicas… si bien ese vínculo fue
señalado en ciertos casos por autores posteriores
que pudieron buscar desacreditarlos.

Según el monje y estudioso Miguel Psellos, la
emperatriz del siglo XI Zoe asesinó a su esposo
Romano III para casarse con su joven amante Miguel,
y luego utilizó amuletos y pociones mágicas en un
intento desesperado por quedarse embarazada. Se

dice que el patriarca Juan VII
el Gramático se interesó por lo
oculto, mientras que el noble Alejo
Axuco fue acusado de consultar a una
go-es (hechicera); fue encerrado de por vida en un
monasterio por utilizar pociones para impedir que la
emperatriz María de Antioquía tuviera un hijo, pero
esos cargos pudieron ser inventados por sus enemigos.

Astrología y adivinación

Bizancio fue hogar de grandes astrólogos, como
Hefestión en el siglo VI, pero la astrología ocupó un
espacio ambiguo en el mundo bizantino. Algunos
clérigos la estudiaron para determinar el calendario
litúrgico, pero el estudio de las estrellas para predecir
el futuro se consideraba una práctica ocultista. Pese

> «… estatuas que conocían el futuro y lo predecían por suertes, por profecía, por sueños […] que hacían enfermar a la gente y la curaban.»

AUTOR ANÓNIMO SOBRE LA *STOICHEIOSIS*, EN EL *ASCLEPIO* (SIGLO III)

a ello, la corte utilizaba astrólogos como guías. Fue famosa, en el siglo XI, la lectura de las estrellas del erudito Simeón Set, que le llevó a predecir de forma correcta la muerte de Roberto Guiscardo, conquistador de la Italia bizantina. Set selló una carta con estas palabras: «Un gran enemigo de Occidente, que ha causado bastantes problemas, morirá súbitamente».

Ya en el siglo XII, la princesa, erudita, médica y escritora Ana Comneno incluyó referencias astrológicas en su obra histórica *Alexiada*. Pero el cerco ya se estaba cerrando: en el mismo siglo, el historiador Nicetas Coniata condenaba al emperador Manuel I por creer en la lectura de las estrellas como si fuera la palabra de Dios, y clamaba contra los «astrólogos perniciosos».

Solo superada por la astrología, la lecanomancia consistía en buscar patrones en un cuenco o jofaina con agua o en las ondas creadas por una piedra al dejarla caer en él. La idea procedía de la antigua Babilonia, y se popularizó en Bizancio, cuya corte usó a lecanomantes con frecuencia. Había otros muchos métodos de adivinación, la mayoría de ellos tomados muy en serio, como la hipomancia (interpretación del relincho de los caballos), la palmomancia (basada en los movimientos involuntarios del cuerpo) o la hepatoscopia

▶ **Sueño imperial**
Uno de los grandes emperadores bizantinos, Basilio I, nació en una familia de campesinos en Macedonia; pero su madre soñó que un día él ceñiría la corona. Su profecía se cumplió, como ilustra este manuscrito del siglo XI del erudito Juan Escilitzes.

(lectura de augurios en el hígado de animales). El más extraño de todos era la interpretación de los *engastrimythoi* (literalmente, hablantes en el vientre), médiums que hacían predicciones con voces extrañas mientras estaban en estado de trance o posesión.

Interpretación de sueños

Los manuales de sueños bizantinos se llamaban *Oneirocritica*, por el libro del mismo título escrito en el siglo II por el erudito griego Artemidoro. La interpretación de los sueños era muy popular y la mayoría la consideraba legítima, ya que, según se decía, los sueños eran enviados por Dios. De hecho, muchos manuales fueron escritos por patriarcas de la Iglesia como Nicéforo o Germano. Un texto del siglo X sobre los preparativos para un viaje imperial recomendaba incluir un manual de sueños como parte del equipaje habitual.

▲ **Adivinación en el agua**
Este cuenco bizantino de cristal, del siglo X, fue elaborado para la práctica de la lecanomancia (la interpretación de patrones en el agua). Es pequeño –tiene 17 centímetros de alto–, perfecto para concentrar la mente del adivino.

LO DIVINO Y LO MARAVILLOSO

magia e islam temprano

Tras la muerte de Mahoma en 632, el islam se expandió más allá de los pueblos árabes. Allí donde llegaba, mucha gente abrazaba sus creencias y seguía el Corán. Sin embargo, las viejas costumbres no desaparecían de inmediato y, mientras que la administración y la educación se hacían principalmente islámicas, las antiguas prácticas mágicas preislámicas perduraban en todo el imperio.

Por otra parte, siguiendo el mandato de Mahoma de «buscad el saber, aunque hayáis de ir a China», el mundo islámico se convirtió en un centro neurálgico de erudición. La ciudad de Bagdad devino un núcleo de traducción de obras antiguas, en su mayor parte griegas, pero también procedentes de Persia, India y China. Así llegaron a la ciudad y al mundo islámico, junto a los textos de ciencia y filosofía, otros de magia antigua, entre ellos los atribuidos a Hermes Trismegisto (pp. 134–135) y Zaratustra (pp. 30–31).

Protección contra los demonios

Los musulmanes invocaban la intervención de Dios para protegerles de los *shayatin*, peligrosos espíritus antiguos, grupo de demonios que incluía a ángeles caídos y *jinns* (genios) maliciosos. El Corán habla de ellos como tentadores de la mente, pero para mucha gente eran reales y peligrosos. Lo mismo podía decirse de otra creencia procedente de tiempos antiguos, el mal de ojo: maldiciones y conjuros que provocaban desgracias.

Talismanes y cuencos mágicos

El Corán desaprobaba los talismanes de los árabes paganos, pero eso no impidió que los primeros musulmanes recurrieran a sus poderes para protegerse de los *shayatin* y del mal de ojo. La concesión hecha por los seguidores del islam era que los talismanes llevaran inscritas frases del Corán. De hecho, algunos podían llegar a ser coranes en miniatura. Salomón era reconocido como profeta en el Corán y a la vez como mago antiguo, y su sello de la estrella de seis puntas aparecía a menudo en los talismanes.

Una forma particular de magia apotropaica (protectora), sobre todo hacia el siglo XII, fue el cuenco mágico: simples cuencos de arcilla usados para sanar todo tipo de afecciones. Normalmente

▼ **Espíritus mágicos**

Los *jinns* (genios) eran espíritus metamorfos de una tradición anterior al islam, pero el Corán los asumió como parte de la creación de Dios. La mayoría no eran benignos ni malignos, pero unos pocos eran *shayatin*, demonios peligrosos, como el elefante azul representado en esta copia de un manuscrito de Zakariya al-Qazwini (siglo XIII).

◄ **Pendiente salomónico**

Esta estrella decorativa representa probablemente el Sello de Salomón. Se dice que Yahvé se lo concedió para que controlara a los *jinns*.

«… fueron los demonios quienes enseñaron a la gente la hechicería […] aunque no podían perjudicar a nadie sin el permiso de Dios.»

CORÁN, SOBRE LOS *SHAYATIN*

▲ Protección contra los demonios y el mal de ojo
Este talismán del siglo XII era un pergamino con textos del Corán
que se llevaba en una caja de amuletos a modo de colgante.
El texto ofrece protección para «el corazón del que lo lleva».

llevaban inscritas no solo frases del Corán, sino también signos mágicos procedentes de Persia o incluso de China, junto con símbolos del zodiaco y los planetas. Muchos tenían asimismo imágenes de animales como escorpiones o serpientes.

Estudiosos de lo oculto

En el mundo islámico temprano, la magia no era tan solo algo ordinario; el trabajo de traducción suscitó un gran interés académico por ella. Los eruditos distinguían entre *sihr* (magia) y *kihana* (adivinación), pero ambas categorías se solapaban.

Para algunos, la *sihr* solo incluía trucos de magia como tragar sables. El jurista del siglo X Abu Bakr al-Jassas insistía en que la magia

no era más que ignorancia. Pero, para muchos otros, la *sihr* era un auténtico poder oculto capaz de invocar *jinns* o incluso de devolver la vida a los muertos. El estudioso más famoso de la magia fue el autor del siglo XII Ahmad ibn Ali al-Buni, que en *Lum'a al-nuraniyya* («Luces brillantes») exponía las propiedades ocultas de los 99 nombres de Dios y aconsejaba sobre cómo podían aprovechar los amuletos el poder sobrenatural de esos nombres.

Escritura mágica

Para muchos de los primeros seguidores del islam, letras y números tenían poderes mágicos, y algunos magos se hicieron grandes expertos en *'ilm al-huruf*, la ciencia de las letras. Esta implicaba el estudio de las propiedades ocultas de las letras árabes y sus nombres asociados. En un método de adivinación llamado onomancia, se asignaba un número a cada letra de un nombre o frase concretos,

▼ **Adivinación por puntos**
Los primeros geománticos buscaban patrones en puñados de tierra esparcida. Pero en el siglo XII los adivinos ya podían girar los diales de un instrumento como este para crear patrones aleatorios de puntos, que luego interpretaban.

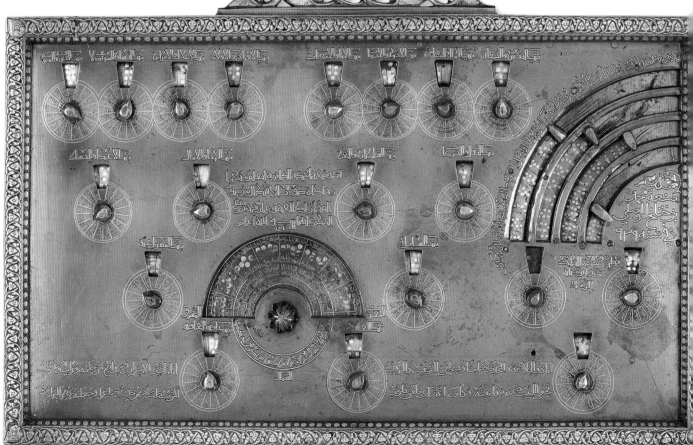

> «No se debe imaginar que el secreto de las letras pueda ser descubierto con la ayuda del razonamiento; solo puede ser alcanzado a través de la visión y con la ayuda de la interpretación divina.»

ATRIBUIDO A **AHMAD IBN ALI AL-BUNI** (SIGLOS XII–XIII)

y luego se establecía su valor numérico sumando el valor de cada letra. Se creía que esto desentrañaba significados ocultos y permitía hacer predicciones.

Con el cálculo por nueve se predecían los ganadores y perdedores de una competición o batalla averiguando el valor de cada nombre, dividiéndolo por nueve y buscando los números resultantes en un gráfico. Se usaban técnicas similares para intentar conocer el desenlace de una enfermedad o un viaje, o las posibilidades de que se produjera un determinado suceso. Otra técnica era el *jafr*, que combinaba las letras de uno de los 99 nombres de Dios con las de un objetivo deseado para ayudar a hacer que sucediera.

La escritura misma se consideraba dotada de una magia poderosa, además de ser un instrumento de adivinación. Se decía que el uso de las letras adecuadas otorgaba el poder de controlar a los *jinns*. Se dedicaron muchos tratados a los alfabetos mágicos, la escritura secreta y las letras de culturas antiguas, como el *Kitab shawq al-mustaham fi ma'rifat rumuz al-aqlan* («Libro del deseo del amante enloquecido por el conocimiento de los enigmas de escritos antiguos»), atribuido al erudito del siglo X Ibn Wahshiyya, que fue uno de los primeros historiadores que empezó a descifrar los jeroglíficos egipcios.

Cuadrados mágicos

Un aspecto de la magia islámica que atrajo una atención continuada fue el *wafq*, el cuadrado numérico mágico. Pudo llegar de China, pero fue adoptado por el mundo árabe, en especial a partir del

siglo XII, y aparece en muchos manuales de magia islámica. El más sencillo y antiguo era el *buduh* de 3 × 3, en el que los números 1 al 9 se organizan de tal forma que cada fila, columna y diagonal suma 15.

La idea ha seguido fascinando a los matemáticos, que con frecuencia han intentado crear cuadrados mayores. Pero, en el mundo islámico temprano, el interés se centraba en las propiedades mágicas del cuadrado y en su capacidad para evitar males. De hecho, el cuadrado de 3 × 3 se consideraba tan poderoso que solo escribir o pronunciar el nombre *buduh* podía ser suficiente para curar dolores de estómago o hacer invisible a su usuario.

▲ **Números encantados**
En el centro de este sello metálico figura el cuadrado mágico *buduh*, con sus nueve números dispuestos para sumar 15 en cualquier dirección. Lo flanquean los nombres de cuatro arcángeles.

EN CONTEXTO

Alquimia árabe

El objetivo de la alquimia, *al-kimiya* en árabe, era convertir una sustancia en otra. Para el erudito del siglo IX Al-Razi, nadie era un auténtico filósofo hasta haberlo logrado; se comparaba con el poder creador de Dios. La empresa definitiva era la conversión de un metal base en oro, dándole vida eterna. Los alquimistas eran herméticos, por si sus técnicas caían en manos de quienes buscaban riqueza, no sabiduría. A menudo rechazados luego como charlatanes, sentaron las bases de la química. El más grande, Jabir ibn Hayyan (conocido como Geber), dio al mundo un modelo de laboratorio, la destilación y los ácidos fuertes.

Sabio alquímico representado en un libro sobre los sueños del alquimista Al-Tamimi, del siglo X.

EL PODER DE LOS PLANETAS
astrología y magia astral árabes

La magia astral (vinculada a estrellas y planetas) tenía una larga tradición, pero se desarrolló sobre todo entre los eruditos árabes y persas del mundo islámico temprano. Común a todas sus raíces era la creencia en la existencia de un plano celestial o astral entre los planos divino y humano: era el dominio de estrellas y planetas, y de las doce casas del zodiaco que representaban el movimiento de las estrellas a lo largo del año. Los magos astrales creían que cada ser sobre la tierra era influido por un poder astral particular, por lo que intentaban leer los patrones estelares como guía y buscaban medios para aprovechar la influencia de las estrellas.

La astrología se practicaba a muchos niveles en la sociedad árabe, desde el mercado hasta la corte. Inicialmente se consideró una práctica ocultista, en conflicto con el islam. Pero a medida que se desarrollaba la astronomía, por ejemplo, para poder establecer la dirección de La Meca y las horas correctas para la oración, el estudio del plano astral llegó a verse como una parte legítima de la ciencia natural. En el siglo IX, Al-Kindi fusionó astrología y ciencia en su *Kitab al-shu'a'at* («Sobre los rayos estelares»), al sugerir que la influencia de las estrellas llegaba a través de los rayos que emiten.

El *Picatrix*

La traducción de textos árabes al latín a partir del siglo XII tuvo una enorme influencia en las ideas europeas sobre magia y ciencia. El libro más famoso de magia astral fue el *Ghayat al-hakim*. Escrito probablemente en el siglo X o XI, fue traducido al latín en el siglo XIII con el nombre de *Picatrix*. En él se explicaban los vínculos naturales entre los planetas e intangibles como los colores y las fragancias,

◀ **Astrolabio para medir las estrellas**
Desarrollados por astrólogos y astrónomos islámicos, los astrolabios se utilizaron para medir el tiempo, para determinar la distancia y la altura de objetos, para medir la latitud y para leer horóscopos. Este fue creado para el sultán Al-Ashraf ibn al-Adil *c.* 1227.

► **Horóscopo natalicio**
Este horóscopo del príncipe Iskandar, nieto del conquistador mongol Tamerlán, muestra la posición exacta de estrellas y planetas en el momento de su nacimiento, el 25 de abril de 1384.

y se ofrecían recetas mágicas, como esta para el aborrecimiento entre enamorados: «Dos meticales [un metical son 4,7 gramos] de sangre de perro negro, un metical de sangre de cerdo y uno de los sesos, y medio metical de sesos de burro, se mezcla por fusión y se toma».

Predicciones astrológicas

Una actividad clave de los astrólogos era la confección de horóscopos para determinar la cambiante influencia de los astros a medida que se movían. Los cálculos de los movimientos planetarios eran matemáticamente complejos, por lo que los astrólogos solían ser estudiosos respetados. En la astrología islámica primitiva había cuatro categorías de horóscopos: natalicios (mapas de las influencias presentes en el momento de un nacimiento);

nacionales o dinásticos; de elecciones (para decidir si era buen momento para hacer algo), y de interrogaciones (para responder a preguntas específicas sobre temas diversos, desde el diagnóstico de enfermedades a la búsqueda de objetos perdidos).

Se creía que una forma de aumentar la influencia astrológica era crear talismanes con distintos materiales asociados a factores astrales específicos. La idea era elegir el material adecuado, normalmente un metal, y luego crear el talismán en el momento preciso en que la influencia se calculaba como más potente.

◄ **Historias en las estrellas**
Este manuscrito de *c.* 1300 se atribuye a Albumasar. Contiene discursos ilustrados sobre muchos temas, incluidos los demonios, las fases de la luna y los signos del zodiaco, como este sobre al-Saratan (Cáncer).

EN CONTEXTO

Magia astral moderna

El *Picatrix* fue ampliamente estudiado en Occidente desde la Edad Media, entre otros por eruditos renacentistas como Cornelio Agripa y Marsilio Ficino y por muchos movimientos mágico-místicos del siglo XIX. En décadas recientes, el interés se ha renovado entre los nuevaeristas, deseosos de explorar la noción de proyección astral (p. 287): la idea de que es posible entrenar el alma para pasar al plano astral de las estrellas y los planetas y sus poderes asociados.

Talismán moderno hecho según las instrucciones del *Picatrix*.

Objetos protectores

El uso de objetos protectores, a menudo llamados amuletos, se remonta a los primeros tiempos de la humanidad. Ya sean vestidos, portados o colocados en el hogar o en un sitio sagrado, se les atribuye el poder de alejar el mal de ojo, la energía negativa, los espíritus malignos o incluso la enfermedad. A algunos se les atribuye poder por sí mismos, mientras que otros con connotaciones religiosas obtienen su supuesto poder mediante la bendición sagrada y la fe del portador.

Las conchas de cauri se vinculan con la fertilidad y la predicción del futuro

▶ **Las máscaras mukenga** se usan en los funerales de miembros de alto rango del pueblo kuba de África occidental. Esta está decorada con conchas de cauri, usadas como amuleto por todo el mundo desde tiempos antiguos.

Las coronas dan a la Virgen y el Niño un estatus real

▲ **Las imágenes de la Virgen** son consideradas por muchos cristianos como protectoras, y se ponen en las casas y algunos las llevan consigo cuando viajan. Esta procede de la República Checa.

▲ **Las venus prehistóricas** son de las primeras estatuillas portátiles. Elaboradas por cazadores-recolectores en Europa, posiblemente para favorecer la fertilidad, representan a mujeres con grandes pechos y caderas.

▲ **La cruz** es, para muchos cristianos, algo más que un emblema de su religión: se cree que aleja el mal. También se dice que es el símbolo religioso más temido por los vampiros.

▲ **Una pata de conejo** es un objeto que se considera venturoso. La creencia en su capacidad de atraer la suerte se extiende desde la Europa céltica a los seguidores del hudú afromericano en EEUU.

▲ **La rana** era un símbolo de fertilidad debido a su abundante progenie. Las mujeres conservaban adornos de ranas como este del antiguo Egipto para facilitar el parto y para renacer en el más allá.

▲ **Las imágenes de escorpión** eran un fetiche judío medieval. El esbozo de un escorpión, acompañado de unas palabras, se podía enrollar y colgar del cuello a modo de amuleto protector.

▲ **Las tallas zuñi** eran fetiches con formas animales de este pueblo indígena de Nuevo México. Los zuñi llevaban estos objetos para atraer la suerte y protegerse de peligros cuando salían a cazar.

El pináculo reproduce en miniatura el de una catedral

«Ventanas» labradas en el oro

La reliquia es un hueso de un pie, supuestamente de san Sebastián

▲ **Los escarabeos** se dejaban sobre el corazón (el único órgano conservado) de los muertos momificados en el antiguo Egipto. Se creía que facilitaban el viaje al más allá.

Ganesh es el dios hindú de la suerte. Con su cabeza de elefante, sigue siendo popular como amuleto, pues se cree que garantiza el éxito de su portador eliminando obstáculos materiales y espirituales.

▲ **La aldaba** en la puerta de una iglesia garantizaba el derecho de asilo a cualquiera que llamara. Las aldabas representaban a menudo cabezas monstruosas con pesados aldabones.

▶ **Las reliquias cristianas** son los restos físicos de santos, conservados en un recipiente (relicario). Son objetos venerados, y los cristianos antiguos podían hacer largos viajes para verlas. A algunas de ellas se les atribuían poderes curativos milagrosos, y se usaban en ceremonias para rogar a Dios que alejara, por ejemplo, la peste.

▲ **El ojo de Horus**, o *udyat*, era enterrado con los faraones del antiguo Egipto para protegerlos en el más allá. Con cierta similitud visual, el *nazar* u ojo turco protege del mal de ojo en el mundo musulmán.

▲ **El *jamsa*** (también llamado mano de Fátima) protegía del mal de ojo, y pudo aparecer en Egipto o Cartago, donde se asociaba con la diosa principal, Tanit.

◄ Palabras en su esencia
Esta página del Pentateuco del duque de Sussex (c. 1300) muestra la primera palabra (que significa «habló») del *Bamidbar* (Números) rodeada por caballeros y monstruos. La ubicación central y la rica decoración reflejan la importancia de las palabras.

YO CREO COMO HABLO
magia y misticismo judíos

Aunque casi toda la magia es condenada en el Tanaj (la Biblia hebrea), en época medieval era practicada en todos los niveles de la sociedad judía, hasta por los rabinos. Incluso algunas de las historias del Tanaj presentan a caudillos israelitas realizando actos de magia: en el relato de Moisés, por ejemplo, Aarón arroja su vara frente al faraón y esta se transforma mágicamente en una serpiente (p. 28). El Talmud de Babilonia, texto sagrado judío, también contiene referencias a la magia bajo la forma de conjuros, encantamientos y uso de amuletos.

El idioma del encantamiento

La palabra ocupaba un lugar central en la magia judía medieval. Según la tradición judía, el hebreo era una lengua de origen divino y sus letras tenían poder creador. Así, en el Tanaj, Yahvé trae el mundo a la existencia simplemente pronunciando palabras. Algunos judíos creían que la combinación correcta de palabras y letras podía hacer magia y usarse para cualquier cosa, desde vencer a demonios hasta hacer profecías. Las letras de los nombres de Dios y de los ángeles se consideraban muy poderosas. Algunos conjuros se creaban sobre expresiones religiosas: en un texto, se añadían palabras mágicas a una oración cotidiana para crear conjuros con objetivos específicos, como alzar a los muertos. La poderosa relación entre palabras mágicas y religiosas persistió durante siglos, especialmente en la tradición mística judía conocida como Cábala (pp. 88–89, 136–139).

Los estudiosos de la magia judíos estaban muy influidos por el estudio del arameo: la lengua cotidiana de Israel en el periodo del Segundo Templo (539 a. C.–70 d. C.) y la del Talmud. Hay quien afirma que la palabra mágica más famosa de todas, «abracadabra», procedería del arameo *avra k'davra*, que significa «yo creo como hablo».

Libros de magia

Muchas mujeres judías estaban versadas en la magia usada para ocuparse de problemas cotidianos como la enfermedad o la infertilidad. Por contraste, rabinos y otros eruditos –típicamente varones– practicaban la magia aprendida, que durante la época medieval se fue recogiendo en grimorios. Libros como *Sefer ha-Yashar* (Libro del justo), *Raza Rabba* (El Gran Secreto) o *Sefer ha-Razim* (Libro de los secretos) ofrecían fórmulas para realizar actos como sanar, estimular el amor, atraer la suerte, causar dolor o expulsar demonios.

Talismanes y amuletos

Muchos pueblos judíos medievales creían en los *shedim*, espíritus malignos que atraían el sufrimiento; una figura muy temida era Lilit, que hacía presa sobre

▲ **La estrella mágica**
El Sello de Salomón (la estrella de seis puntas de David), representado aquí en el Códice de Leningrado (el texto completo más antiguo conocido del Tanaj, de *c.* 1010), se consideraba un poderoso símbolo mágico.

Arcilla viviente

En la tradición judía, los gólems eran criaturas traídas mágicamente a la vida a partir de la arcilla entonando los nombres de Dios. Pero como no habían sido creados por Él, carecían del don de la palabra; aún hoy, «gólem» se usa a veces como sinónimo de estúpido. Así como algunos magos se dice que crearon gólems para hacer trabajos domésticos, una famosa leyenda de Praga del siglo XVI relata cómo el Maharal creó uno para detener los ataques antisemitas. Se suponía que los gólems tenían la palabra *emet* («verdad») grabada en la frente, y que podían ser reducidos a polvo borrando la primera letra (*met* significa «muerte).

El mítico gólem de Praga del siglo XVI, recreado en una estatua actual.

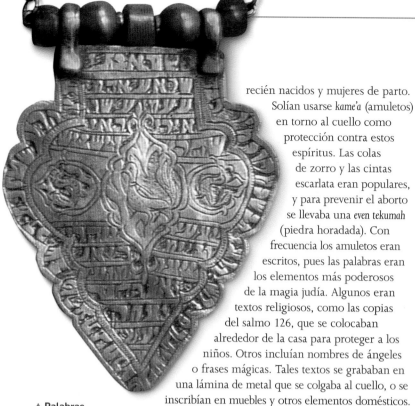

▲ Palabras protectoras
Los amuletos judíos medievales, como este, tenían palabras mágicas inscritas en el metal. Se colgaban al cuello para alejar a los espíritus malignos o para atraer buena suerte al portador.

recién nacidos y mujeres de parto. Solían usarse *kame'a* (amuletos) en torno al cuello como protección contra estos espíritus. Las colas de zorro y las cintas escarlata eran populares, y para prevenir el aborto se llevaba una *even tekumah* (piedra horadada). Con frecuencia los amuletos eran escritos, pues las palabras eran los elementos más poderosos de la magia judía. Algunos eran textos religiosos, como las copias del salmo 126, que se colocaban alrededor de la casa para proteger a los niños. Otros incluían nombres de ángeles o frases mágicas. Tales textos se grababan en una lámina de metal que se colgaba al cuello, o se inscribían en muebles y otros elementos domésticos.

Un talismán especialmente poderoso era el Sello de Salomón, el símbolo con forma de estrella que los autores medievales afirmaban que había sido grabado por Dios en el anillo del rey, y que se suponía que le había otorgado el poder de controlar a los *shedim*. La estrella podía tener cinco o seis puntas, y se decía que la forma en que los triángulos se entrelazaban confundía a los demonios.

La Cábala

La palabra «cabalístico» se usa a menudo para describir algo secreto o misterioso, pero su raíz —Cábala— es una corriente de pensamiento místico judío que aspira a entender y conectar con lo divino, e incluso a influir en ello. Surgió en 1230 con un libro llamado *Zohar*. El rabino español que descubrió este texto afirmó que eran las enseñanzas milenarias de un sabio del siglo II. Se creía que el *Zohar* revelaba significados ocultos —aspectos de lo divino— en la Torá (los primeros cinco libros del Tanaj), y que el cuidadoso estudio de esos significados permitiría al lector lograr la unión mística con Dios.

El lado teológico y académico de la Cábala fue sumamente importante en el pensamiento judío durante los siglos siguientes. Sin embargo, había otro aspecto, conocido como «Cábala práctica», que aspiraba a influir en el mundo, y no solo a acercarse a lo divino. A partir del siglo XIV, los seguidores de la Cábala práctica llevaron a cabo la idea de usar los nombres de Dios y los ángeles para hacer amuletos o como parte de sus encantamientos, y también incorporaron otras tradiciones ocultas judías, como la oniromancia (adivinación por los sueños) y ciertas ideas sobre los demonios. Así, por ejemplo, el libro cabalístico del siglo XV *Sefer ha-Mashiv* (Libro del viento de Dios) explica cómo utilizar encantamientos para invocar a demonios, ángeles e incluso a Dios.

Conjuros de amor judíos

Igual que otras muchas culturas, en la época medieval el pueblo judío recurrió con frecuencia a la magia como ayuda en el amor, usando amuletos, rituales y palabras mágicas. La inscripción en un amuleto podía invocar a amantes de la Tanaj, como Abraham y Sara o Isaac y Rebeca, para favorecer el amor. Y a la inversa, para acabar con el amor la inscripción podía invocar a Eva o a Amnón, que violó a su hermanastra Tamar. Algunos utilizaban metáforas, como palabras relacionadas con el ardor, para estimular el deseo. Un conjuro aconsejaba a los amantes en potencia rellenar una cáscara de huevo con su sangre, escribir sus nombres con ella en la cáscara y luego enterrarla: se prometían resultados inmediatos.

Abraham le dice a Sara que Dios les ha prometido un hijo, en esta ilustración de un manuscrito inglés del siglo XIV. Esta pareja era aludida a menudo en los conjuros amorosos.

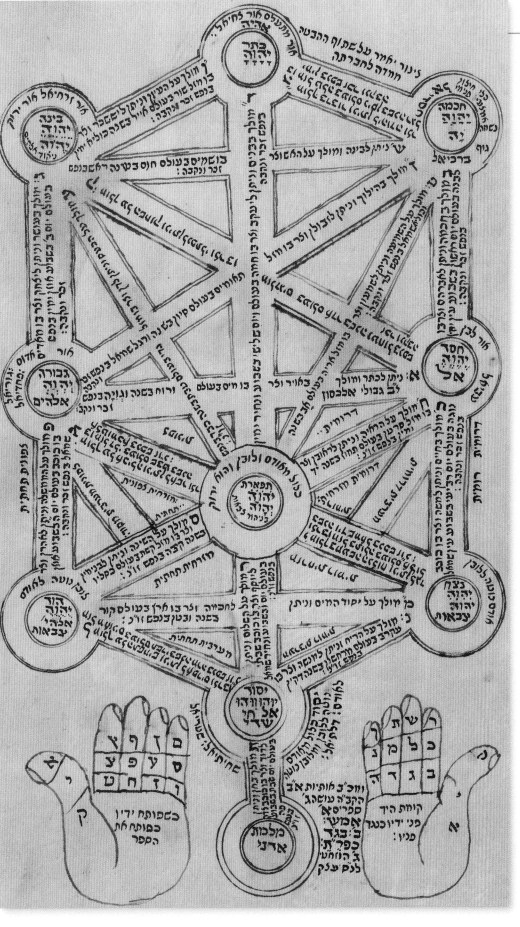

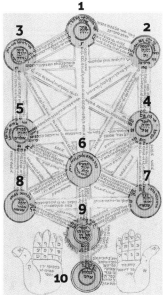

CLAVE

1 *Kéter* (Corona)

2 *Jojmá* (Sabiduría)

3 *Biná* (Entendimiento)

4 *Jesed* (Misericordia)

5 *Geburá* (Fuerza)

6 *Tiféret* (Belleza)

7 *Netsaj* (Victoria)

8 *Hod* (Gloria)

9 *Yesod* (Fundamento)

10 *Maljut* (Reino), a veces identificada con la *shejiná* o presencia divina

◀ **Árbol de la Vida**

Este es un ilan (llamado a menudo Árbol de la Vida) del siglo xv: un diagrama que muestra las conexiones místicas entre las diez *sefirot* (emanaciones), que representan diversos aspectos de Dios. Los estudiosos de la Cábala profundizaron en estos diagramas en busca de la unión espiritual con Dios, que algunos pensaban los ayudaría a influir en el mundo material.

ALFABETOS ANGÉLICOS
la difusión de los *charaktêres*

▲ Erudición mágica
Como otros textos cabalísticos medievales, el *Sefer Raziel ha-Mal'aj* (Libro del ángel Raziel), del siglo XIII, contiene símbolos mágicos y otros elementos místicos, incluidos los *karaqtiraya* y los Sellos de Salomón aquí mostrados.

La escritura era la esencia de la magia judía medieval, ya fuera en forma de conjuros, maldiciones o palabras protectoras sobre amuletos. Signos y símbolos eran una parte crucial de la magia escrita: mantenían el secreto y, según se creía, recogían la esencia de la magia antigua.

Algunos signos y símbolos fueron desarrollados por los propios magos judíos, pero la mayoría fueron importados de otras culturas. La importación más conocida son los *karaqtiraya* (transliteración al hebreo de *charaktêres*, una antigua palabra griega para designar unos símbolos similares a letras, formados normalmente por líneas rematadas por pequeños círculos), de los que se creía que tenían un poder místico intrínseco. Aunque aparecen a menudo en los textos cabalísticos medievales, su origen precede en al menos 700 años al surgimiento de la Cábala en el siglo XIII. Se cree que los *karaqtiraya* entraron en la tradición mágica judía hace unos 1500 años. No hay certeza alguna sobre su origen; algunos, por ejemplo, especulan que proceden de los jeroglíficos egipcios y otros hablan de la escritura cuneiforme mesopotámica, pero la fuente más probable está en los textos mágicos griegos. Algunos de los signos recuerdan a los encontrados en los papiros mágicos y joyas griegos (pp. 32–35), mientras que otros parecen ser letras griegas y hebreas rematadas con círculos.

Dado que se creía que la reproducción exacta de la escritura mágica era vital, estos signos fueron conservados a lo largo de los siglos, perdurando de una forma que los idiomas en evolución constante nunca lograron. No obstante, en la época medieval se había perdido la historia de su origen. Los *karaqtiraya* son tan similares a letras que los eruditos judíos que los estudiaban intentaron decodificarlos como parte de un alfabeto, dándoles equivalentes en hebreo. A lo largo de la Edad Media, estos estudiosos desarrollaron los *karaqtiraya* en diversos alfabetos, cada uno asociado con un ángel, como Metatrón, Gabriel o Rafael.

Códigos secretos

El pueblo judío no fue el único que absorbió signos y alfabetos mágicos: los *charaktêres* también entraron

---

EN CONTEXTO

Símbolos y sellos

Las tradiciones islámica, judía y cristiana se influyeron mutuamente en la Edad Media, y los *charaktêres* aparecen en las tres. Su influencia también es visible en símbolos ocultistas posteriores, que solían combinar elementos de varias tradiciones. El compendio de demonología del siglo XVIII aquí ilustrado (dcha.) se inspiró en una ecléctica mezcla de fuentes, e incluye varios sellos mágicos. Cada uno de ellos va asociado a un demonio, según la tradición árabe medieval de que los demonios podían ser vencidos o controlados con sellos escritos. Los mostrados aquí están etiquetados como «caracteres» y –aunque sirven para nombrar demonios en lugar de ángeles– algunas de sus formas revelan claramente la influencia de los *charaktêres*.

Este compendio, que afirma resumir «todo el Arte Mágico», incluye sellos para demonios como Belcebú.

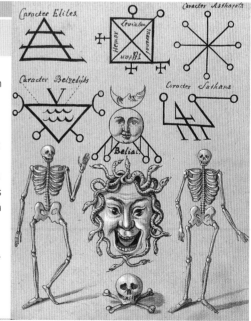

en los mundos
cristiano y musulmán.
Pensadores cristianos como
san Agustín y Cesáreo de Arlés los
condenaron en los siglos V y VI como demoníacos,
pero tales condenas no impidieron que la gente los
grabara en amuletos o los transmitiera en textos
mágicos. También aparecen junto a palabras y
símbolos cristianos en amuletos de, por ejemplo,
la Bizancio medieval. En los textos árabes de la Alta
Edad Media se los vinculaba a las constelaciones.

Los alfabetos angélicos sobrevivieron más allá
del periodo medieval, y los *karaqtiraya* judíos fueron
estudiados por Enrique Cornelio Agripa, famoso
ocultista alemán del siglo XVI, a quien –aunque

más tarde renegara de sus obras de magia
como locuras de juventud– se le atribuyen varios
alfabetos angélicos, entre ellos el llamado alfabeto
celestial, el Malachim (de *mal'aj*, la palabra hebrea
para «ángeles» o «mensajeros») y el Transitus
Fluvii («cruce del río» en latín). Los tres parecen
influidos por los *karaqtiraya*. También en el siglo XVI,
el alquimista inglés John Dee y su socio Edward
Kelley crearon un alfabeto celestial, que decían
les fue revelado por espíritus angélicos que se les
aparecieron en visiones.

▲ **Cruce de culturas**
Los signos y símbolos
mágicos se prestaron y
volvieron a prestar entre
unas culturas y otras,
como muestra este
amuleto bizantino del
siglo X u XI que incluye
charaktêres, el Sello de
Salomón y un texto en
griego antiguo.

MAGIA POPULAR EUROPEA
la tradición mágica común

A partir del siglo V, el cristianismo se extendió por Europa y las religiones paganas fueron relegadas a las sombras. La Iglesia medieval asociaba la magia con el paganismo y los demonios, pero en Europa sobrevivió, e incluso prosperó, una tradición mágica compuesta por una variedad de prácticas realizadas por gentes muy diversas, entre las cuales se contaban físicos y hasta eclesiásticos, cuya relación con el cristianismo fue a menudo compleja. A diferencia de la alta magia estudiada por los eruditos, las prácticas mágicas comunes eran accesibles también a la gente corriente, para la cual ofrecían soluciones a problemas cotidianos como los relativos a las relaciones personales, las enfermedades y las cosechas perdidas.

La magia de las palabras

A lo largo de la Edad Media se recurrió a palabras mágicas, conjuros y encantamientos para asuntos muy diversos, desde garantizar un viaje seguro a atraer la enfermedad o la muerte sobre una persona. En general se creía que las palabras tenían más poder pronunciadas en voz alta que escritas. La gente podía llevar amuletos con palabras mágicas escritas en ellos, pero principalmente como recordatorio de las palabras de poder que debían ser proferidas.

Los conjuros solían hacerse en verso, lo que facilitaba su canto. Muchos hechizos anglosajones fueron registrados en libros médicos porque se consideraban una manera legítima de tratar la enfermedad. Pero la gente podía recurrir con la misma facilidad a un hechizo para evitar el robo o la pérdida de una cosecha que para detener una hemorragia nasal. Un famoso ensalmo anglosajón,

Runas misteriosas

▲ Protección rúnica
El anillo Bramham Moor fue encontrado en Yorkshire (Reino Unido) y data del siglo IX. Nadie ha podido descifrar las runas inscritas en él, pero se cree que son mágicas.

▶ Extracción de la piedra de golondrina
Esta ilustración de la *Anatomía de la melancolía* de Robert Burton muestra la extracción de un celidonio (piedra del estómago de la golondrina, con supuestas propiedades mágicas). La piedra se envolvía en paño de lino y se ataba al cuello para curar fiebres o alejar el mal de ojo.

el *Wiđ færstice*, se usaba para eliminar un dolor agudo; las palabras del mismo suponían que el dolor lo provocaba la lanza de una mujer o las flechas invisibles de elfos.

El poder de los objetos

En la magia común se creía en el poder de elementos aparentemente prosaicos como piedras, plantas y animales. Las tradiciones académicas y religiosas recogidas, por ejemplo, en lapidarios (libros que listan las virtudes de las piedras para la magia y la medicina) y bestiarios (colecciones de historias moralizantes sobre animales) también entraron en la cultura oral.

También se consideraba que ciertas plantas tenían poderes naturales. Se utilizaban para hacer pociones mágicas o amuletos, o se creía que tenían poderes si eran recolectadas en ciertos momentos mientras se decían determinadas palabras, o si se colocaban en ubicaciones concretas. Así, se creía que la artemisa recogida antes del amanecer y metida en el zapato de una persona evitaba el agotamiento. Algunos objetos mágicos eran muy extraños: una cura para el dolor de muelas implicaba llevar colgado al cuello un diente arrancado a una calavera. Los anillos imbuidos de poderes celestiales se podían usar para proteger al portador de los demonios o de alguna enfermedad.

Predicciones

La gente consultaba a expertos en adivinación para saber lo que le deparaba el futuro. Esta implicaba buscar signos y patrones en la naturaleza: en el comportamiento de animales o el vuelo de las aves (auguración), o arrojando piedras o huesos (cleromancia). Para los expertos (con frecuencia curanderos; p. 124), estas eran artes avanzadas que requerían años de estudio. La gente común solía

▲ **La joya de Middleham**
Gente rica y culta, como la propietaria de este amuleto de oro del siglo xv, también usaba piedras y conjuros. Este amuleto mezcla iconografía cristiana y palabras de la Misa con elementos mágicos, como el anagrama «Ananizapta», supuesto conjuro contra la epilepsia. Se decía que el zafiro azul curaba afecciones como úlceras y jaquecas.

«Este poderoso amuleto, de fama antigua, se ata como un brazalete en el brazo izquierdo.»

MARBODIO DE RENNES, *DE LAPIDIBUS* (SIGLO XI)

▲ Señor del bosque
Este broche eslavo del siglo VIII representa a Veles (o Voloh), dios de la magia y la música, con rostro humano y cuernos, que se ha señalado como uno de los orígenes del nombre *volkhv* del sacerdocio pagano eslavo.

emplear métodos más básicos, como la predicción del tiempo recurriendo al saber popular: «Aurora rubia, o viento o lluvia».

Había incontables métodos de adivinación, como la quiromancia (lectura de manos), la oniromancia (interpretación de los sueños) y la numerología. La astrología también prosperó, mayormente practicada por gente rica y culta, ya que exigía un conocimiento especializado y observaciones de estrellas y planetas. La astrología popular utilizada por la gente corriente se basaba en signos celestes más accesibles –normalmente, las fases de la luna– para predecir los mejores días para realizar determinadas actividades.

Magia eslava

En el mundo eslavo, la creencia en la magia estaba muy arraigada en el paganismo y pervivió hasta el final de la Edad Media. Muchos eslavos se resistieron a la cristianización hasta que les fue impuesta por las cruzadas bálticas del siglo XII. Los eslavos adoraban a un dios supremo, pero también creían en deidades menores. Además, su mundo estaba poblado por espíritus mágicos: del agua (como *mavkas* y *rusalki*), el bosque (*lisovik* y *leshi*) y el campo (*polievik*). Los espíritus del hogar (*domovik*) y los ancestros tenían

una consideración especial, ya que se creía que ayudaban a predecir el futuro y ofrecían protección.

Brujas, chamanas y sabias desempeñaban un papel de especial prominencia en la magia eslava, y ofrecían adivinación, protección contra los malos espíritus y hechizos sanadores. El sacerdocio eslavo, que admitía tanto hombres como mujeres, recibía el nombre de *volkhv*, procedente de *volk* («lobo» en ucraniano) y relacionado con el dios ruso de la magia, la música y el inframundo acuático, así como con la *völva* escandinava (p. 65).

En Rusia se creía que los *volkhvi* descendían de magos y brujas que podían transformarse en lobos y osos, mientras que a las brujas de los Balcanes, en especial de Serbia, Macedonia y Bulgaria, se les atribuían dragones como antepasados. En la Ucrania actual se dice que aún sobreviven descendientes de los *volkhvi*, y por tanto portadores de sangre embrujada.

La bruja también aparece en la mitología mágica eslava, nada menos que en la figura extraordinaria de Baba Yagá, descrita como una feroz vieja salvaje con aterradores poderes mágicos, a veces maligna y otras benigna. Baba Yagá aún aparece en muchos cuentos de hadas rusos, en los que vuela sobre un almirez cuya mano blande, y vive en lo profundo del bosque en una choza alzada sobre patas de gallina.

▶ Bruja buena y mala
En vez de cabalgar un palo de escoba, la Baba Yagá del folclore ruso se sienta sobre un almirez y usa su mano como un remo; aquí, para dar caza a una chica. Baba Yagá es una figura ambigua, tanto hada madrina como bruja maligna.

«Pues una vez [Oleg] había
preguntado a los hechiceros y
adivinos: "¿De qué he de morir?"»

PRIMERA CRÓNICA ESLAVA, SOBRE LOS *VOLKHVI* (c. 1113)

▲ **Magia animal**
Muchos animales tenían
asociaciones mágicas; el
ciervo, por ejemplo, solía
vincularse con la velocidad,
la fuerza o la virilidad. Un
manuscrito del siglo XIV
aconsejaba el uso de testículos
de ciervo como afrodisíaco.

SIMPATÍA, SANTOS, HIERBAS Y HUMORES
magia y medicina

▼ Adivinación médica
El caladrio, legendaria ave blanca como la nieve que frecuentaba las cortes reales, se usaba también para la adivinación: si apartaba la vista del paciente, este moriría; si lo miraba fijamente, el enfermo se recuperaría y el ave se alejaría volando, llevándose milagrosamente la enfermedad.

La medicina medieval era un campo heterogéneo en el que la magia competía con la ciencia, al tiempo que los médicos desarrollaban procedimientos quirúrgicos más sofisticados y empleaban mayor variedad de remedios herbales. A medida que el conocimiento médico aumentaba y los métodos se profesionalizaban, prácticas previamente relegadas a curanderos y sanadores locales se hicieron más respetables.

Autores cristianos como Agustín de Hipona (siglos IV–V) habían considerado la enfermedad un castigo divino por el pecado, por lo que su curación estaba igualmente sujeta a la gracia de Dios. Agustín condenaba la adivinación y prácticas médicas como

el uso de amuletos supuestamente curativos.

Médicos profesionales

A partir del siglo IX empezaron a aparecer en Europa occidental traducciones de textos médicos árabes que incorporaban la obra de médicos de la antigüedad grecorromana, como la del griego Hipócrates, que desarrolló la teoría de los cuatro humores c. 400 a. C.. Según esta teoría, la enfermedad era provocada por el desequilibrio en el cuerpo de sangre, flema, bilis amarilla y bilis negra; y la restauración de ese equilibrio devolvía la salud.

Hipócrates sentó las bases de la instrucción médica medieval, y hacia 1075 se fundó en Salerno (sur de Italia) una escuela médica, que inició la tarea de formar personal cualificado. Estos nuevos doctores, celosos de su autoridad y su estatus, se esforzaron en expulsar a los practicantes tradicionales; ya en 1140, el rey Roger II de Sicilia exigía que curanderos y médicos tuvieran licencia profesional. Sin embargo, solo los ricos podían permitirse consultar a médicos licenciados. Pese a los avances en la educación, la medicina popular y la creencia en sus propiedades mágicas estaban muy arraigadas y eran difíciles de erradicar.

Curaciones milagrosas

Aparte de la ciencia o la magia, en ocasiones la gente recurría a la religión para evitar o curar la enfermedad. Se dice que Carlomagno (siglos VIII–IX), rey de los francos, poseía un relicario que contenía fragmentos de la Vera Cruz y cabellos de la Virgen María para protegerse de la enfermedad y el peligro. Las creencias cristianas contribuyeron

◄ **Hierbas saludables**
Un boticario recoge hierbas en esta ilustración del *Tacuinum sanitatis*, un herbario y manual de la vida sana del siglo XI. Las hierbas tuvieron un papel clave en la medicina popular, y el evidente efecto de su uso mereció la aprobación general del clero.

también a la explicación sobre cómo actuaban ciertos métodos: a mediados del siglo XII, por ejemplo, la abadesa Hildegarda de Bingen escribió que el diablo odiaba las gemas –a las que se atribuían propiedades curativas– porque le recordaban a la Ciudad de Dios. En un entorno así, en el que creyentes de todos los estratos sociales rezaban habitualmente a los santos pidiendo curaciones –por ejemplo, a santa Apolonia, a la que, según la tradición, sus torturadores romanos le arrancaron los dientes, y que se convirtió en santa patrona de los que sufrían dolores de muelas–, la línea entre las prácticas cristianas aceptables y la magia médica era muy fina.

Medicina tradicional

Los pobres no podían acceder a médicos instruidos: dependían de curanderos que ofrecían remedios herbales para afecciones que iban desde los dolores de parto a los forúnculos o el dolor de muelas.

Las prácticas de la medicina tradicional incluían el uso de la magia simpática (o empática): el curandero buscaba en la naturaleza algo similar a la dolencia e intentaba expulsar

▼ **Cura para ojos cansados**
Esta página de un herbario inglés del siglo XI ilustra el meliloto y la camomila. El texto recomienda hacer con ellos una pasta y untarla sobre los párpados como remedio para los ojos cansados.

«¿Y qué es de aquellos […] que entonan conjuros sobre enfermos, niños y animales? ¿Acaso no pecan ellos?»

GUILLERMO DE RENNES, *APPARATUS AD SUMMAM RAYMUNDI* (c. 1241)

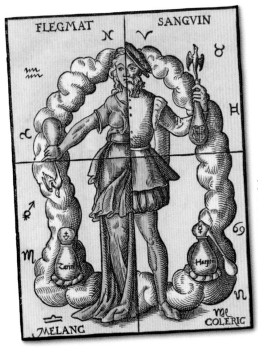

▲ Humores corporales
Antiguamente, la medicina profesional intentaba restaurar el equilibrio de los cuatro humores corporales (flema, sangre, bilis amarilla y bilis negra), asociados en esta ilustración a los distintos temperamentos y a los signos zodiacales. Esta práctica médica era muy distinta de los métodos de sanación y los hechizos rurales.

«Ni el primer día de mayo ni el último de septiembre o abril se deberá verter sangre ni comer ganso.»

REGIMEN SANITATIS SALERNITANUM (*c.* SIGLOS XII–XIII)

la enfermedad con ello. Así, por ejemplo, una cura para la ictericia consistía en una poción elaborada machacando lombrices de tierra en orina rancia, en la creencia de que el color amarillo de los ingredientes actuaría contra el tono amarillento que la enfermedad provoca en la piel del enfermo.

Según los curanderos —a un mundo de distancia de los profesionales médicos—, cinco hojas de ortiga proporcionaban valor, y el muérdago evitaba que un hombre fuera condenado en juicio. El *Leechbook de Bald*, texto médico inglés del siglo XI, describe una cura para la disentería: desenterrar la raíz de una zarza mientras se rezan nueve padrenuestros, añadir artemisa a la raíz y hervir las plantas en leche hasta que la mezcla se vuelva roja. Por su parte, el *Lacnunga* («Curaciones»), recopilación similar, culpaba de muchas enfermedades a las travesuras de los elfos.

Amuletos y hechizos siguieron siendo usados ampliamente. Mientras que el teólogo Tomás de Aquino (siglo XIII) los condenaba en la *Summa Theologiae*, considerando que los textos contenidos en amuletos o grabados en talismanes apelaban a menudo a los demonios, otros eran más receptivos. Incluso algunos médicos universitarios creían que tales métodos podían ser efectivos: un ejemplo fue Arnau de Vilanova (*c.* 1300), quien afirmaba haber utilizado un talismán astrológico para curar al papa Bonifacio VIII de piedras en el riñón.

Astrología médica

Para la medicina medieval era habitual recurrir a la astrología. Médicos, e incluso eclesiásticos, aceptaban que los cuerpos celestes ejercían cierta influencia sobre las personas. De hecho, a fines del siglo XIII, los médicos formados en la universidad debían haber

estudiado astrología médica. Cuando el rey Felipe VI de Francia convocó a los médicos de París en 1348 para que aportaran una explicación de la peste negra, su informe concluyó que la pandemia fue provocada por una conjunción de tres planetas en el signo de Acuario tres años atrás. Los médicos consultaban habitualmente horóscopos para encontrar los días auspiciosos para realizar operaciones o tratamientos; hasta el punto que, en 1437, se produjo una acalorada controversia en la Universidad de París sobre el día de enero propicio para la aplicación de lavativas.

▼ Exorcizar la enfermedad
San Francisco de Asís cura a una mujer expulsando al demonio que provoca su enfermedad. Junto a la medicina profesional, se creía que exorcismos, oraciones e invocaciones a los santos tenían el poder de curar enfermedades.

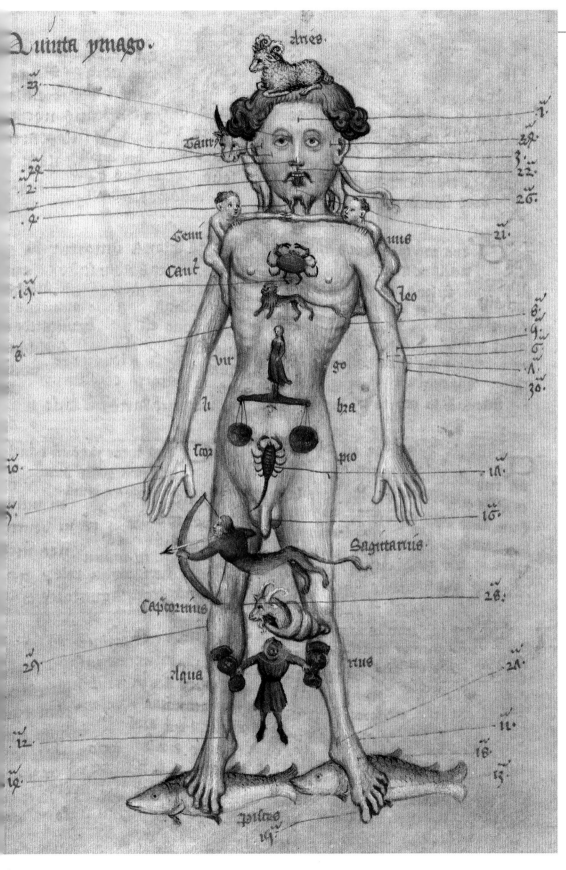

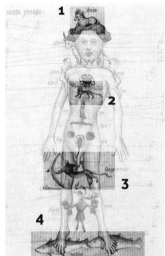

CLAVE

1 Aries preside la cabeza y los ojos.

2 Leo controla el corazón, la columna y la espalda.

3 Sagitario gobierna caderas, riñones, pelvis y muslos, así como el hígado y el nervio ciático.

4 Piscis rige sobre los pies.

◀ **Signos del zodiaco**
Los diagramas zodiacales eran un elemento recurrente en las obras médicas medievales, como este del *Liber cosmographiae* (1408) de John Foxton, que muestra las distintas partes del cuerpo asociadas a los signos del zodiaco que se supone las rigen; como la cabeza, gobernada por Aries, representado por un carnero.

La leyenda de la mandrágora

No hay planta con mayor reputación de mágica, incluso de demoníaca, que la mandrágora. Su larga raíz contiene el alcaloide atropina, que puede causar mareo, taquicardia y alucinaciones. Se decía que las brujas la añadían a sus pociones para alcanzar un estado similar al trance o como ayuda para volar. Más prosaico, el erudito romano Plinio recomendaba masticarla antes de una operación quirúrgica para mitigar el dolor, y en época medieval fue muy valorada como hierba medicinal.

Sin embargo, gran parte de su estatus mágico se debe a su forma extrañamente humanoide. La antigua idea griega de que las plantas podían afectar a partes del cuerpo a las que se parecían perduraba en la Edad Media. La forma de la mandrágora se asociaba con el cuerpo tanto del varón como de la mujer, por lo que era demandada como afrodisíaco y como cura para la esterilidad. Además, la gente llevaba amuletos hechos con su raíz para atraer la suerte en general.

La leyenda más famosa vinculada a la mandrágora decía que, al extraerla, la raíz podía proferir un alarido tan terrible que mataría a quien lo oyera. Quienes necesitaban conseguirla eran advertidos para que ataran la raíz a un perro de manera que este la arrancara y sufriera así el destino fatal; en esta ilustración, el perro es atraído con un cuenco de agua. Leyendas posteriores mantenían que la mandrágora crecería donde se había ahorcado o enterrado a un criminal, alimentada por su semen y su orina; tal idea le valió el apodo de «hombrecito del patíbulo».

> ### «Si una maldición matase cual grito de mandrágora…»
>
> **WILLIAM SHAKESPEARE**, *ENRIQUE VI* (1589–1592)

PODER DIVINO Y ESPÍRITUS MALIGNOS
magia y cristianismo medieval

▲ **Inventor de la magia**
Zaratustra (o Zoroastro) fue un antiguo líder espiritual persa, a quien el autor romano Plinio el Viejo se refiere como el inventor de la magia. La Iglesia cristiana veía con malos ojos ese título. En esta miniatura de 1425 es representado junto a dos demonios.

Al mismo tiempo que trabajaban para extender el cristianismo, los clérigos medievales intentaban mostrar la superioridad del poder divino sobre los espíritus del mal. Reconociendo el ansia popular por la ayuda sobrenatural, la Iglesia ofrecía santos, milagros y oraciones en lugar de chamanes, magia y conjuros. Los santos, en concreto, representaban el contrapunto de los magos como guardianes y protectores de la humanidad.

Práctica diabólica

La magia era vista en general como una amenaza para el cristianismo. Los clérigos la consideraban maligna e intentaban erradicarla. Los practicantes de magia empezaron a ser demonizados como proveedores de *sortilegium* (brujería) o *maleficium* (práctica maligna), y se decía que deformaban los ritos cristianos para hacer la obra del Diablo.

En su *Admonición general* de 789, Carlomagno exigía que magos y encantadores se arrepintieran o hicieran frente a la muerte. Pero, al parecer, no fue muy eficaz: en 829, el Concilio de París constataba la existencia de ilusionistas que podían confundir la mente y de *malefici* (malhechores) que podían invocar tormentas y granizo y predecir el futuro. Irónicamente, gran parte de lo que se sabe hoy sobre la magia medieval temprana procede de los escritos de estudiosos eclesiásticos que intentaban definir esa amenaza, como las *Etimologías* de Isidoro de Sevilla (siglo VII).

El poder de las reliquias

Con el tiempo, la gente empezó a creer que los símbolos cristianos tenían sus propios poderes apotropaicos (podían prevenir las influencias malignas o la mala suerte), y se empezaron a llevar imágenes cristianas como la cruz para protegerse del mal, en especial de la enfermedad y la pobreza, igual que antes se llevaban símbolos paganos.

El culto a las reliquias ofrecía una protección adicional. En los siglos XI y XII, los peregrinos se desviaban de su ruta para visitar reliquias sagradas, ya fuera el dedo de un santo o un fragmento de

---

SAN AGUSTÍN DE HIPONA (353–430)

Condena de la magia

San Agustín, obispo de Hipona (o Hippo Regius, en la actual Argelia), fue uno de los pensadores cristianos más influyentes de todos los tiempos. Aunque no todos aceptaron sus ideas, expresadas en libros como *La ciudad de Dios*, estas dominaron la doctrina cristiana durante más de mil años. Decidido a separar el cristianismo del paganismo, adoptó una línea dura contra la magia, que consideraba enseñanza del Diablo y práctica de demonios. Según él, hacer magia era hacer un pacto con el Diablo: una afirmación que, mucho después, se usaría para condenar a las brujas.

la Vera Cruz. A dichas reliquias se les atribuían poderes milagrosos, y surgió un mercado negro de falsificaciones. Algunos eclesiásticos condenaron ese culto, mientras que otros como Tomás de Aquino sostenían que honrar las reliquias era honrar a Dios.

Ayuda angélica

La creencia en el poder de los ángeles custodios desató un debate similar sobre las buenas y las malas prácticas. La devoción a los ángeles incluía prácticas como la oración, el ayuno o la meditación ante imágenes para purificar el alma con el fin de establecer un canal de comunicación con los ángeles. Según algunos teólogos, rezar a los ángeles en busca de ayuda no difería mucho de invocar a espíritus paganos. Otros dieron a la devoción angélica el respetable título de teúrgia. El popular *Ars notoria* del siglo XII, guía anónima que se suponía basada en escritos del rey Salomón, explicaba cómo buscar la ayuda angélica para obtener un conocimiento sobrehumano de las artes liberales, la filosofía y la teología.

▶ **Caja sagrada**
Los relicarios eran recipientes de reliquias, ya fueran restos físicos de un santo u objetos asociados a él. Este relicario francés, ricamente decorado, muestra a Cristo en el centro y a María Magdalena a la izquierda.

▲ **Santos mártires**
Esta pintura representa el martirio de Cosme y Damián, dos santos taumaturgos cuya historia aparece a menudo en los libros sobre santos que empezaron a reemplazar a los relatos populares paganos.

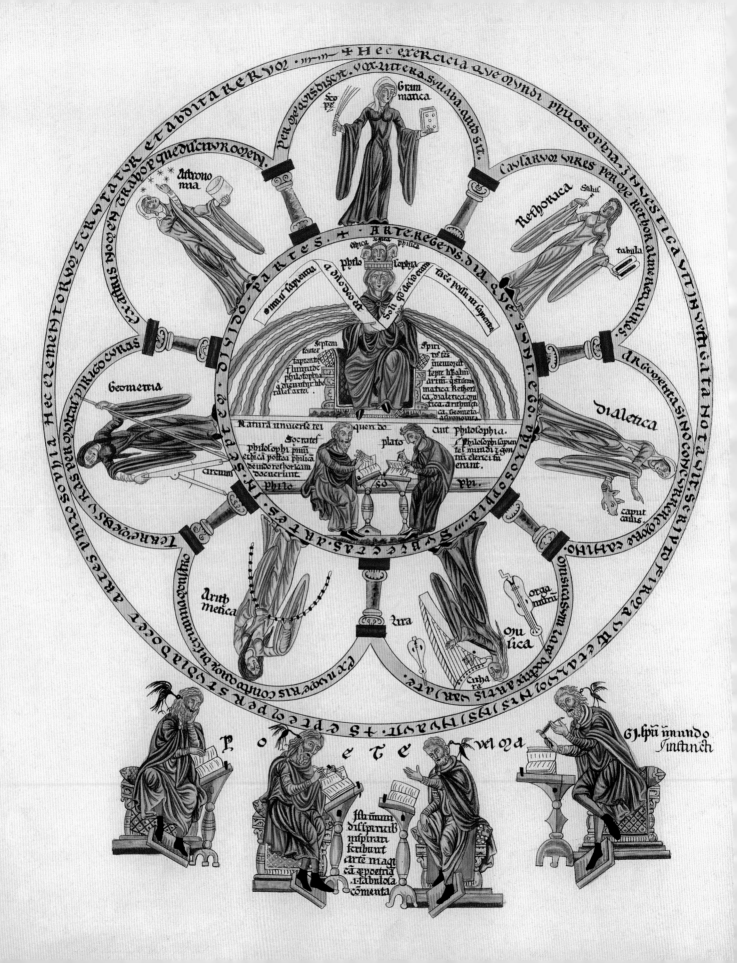

SAN ALBERTO MAGNO (1193–1280)

Justificación de la astrología

Alberto Magno fue un destacado filósofo y teólogo que difundió la idea de que todos los seres humanos tienen libre albedrío. Auténtico polímata, también fue experto en astronomía y música, y supuestamente en alquimia, famoso por su *De mineralibus*, uno de los primeros textos importantes sobre mineralogía. Se dice que descubrió la piedra filosofal: la piedra milagrosa que podía convertir un metal básico en oro (pp. 148–151). Alberto creía que el uso de la astrología y el estudio de los poderes mágicos de plantas y piedras eran formas de la ciencia natural, muy alejadas de la maligna invocación de demonios que caracterizaba la necromancia. En el siglo XX fue declarado santo patrón de las ciencias naturales.

Textos árabes

En el periodo altomedieval no existía el concepto de magia como objeto de estudio sistemático. En el siglo XII, la traducción al latín de textos árabes sobre el tema causó un gran impacto en el mundo cristiano. Los eruditos traducían a menudo libros sobre ciencias ocultas como alquimia, adivinación y magia junto con obras de materias más convencionales, como las matemáticas. De esta forma, la magia se convirtió en parte integral de la materia académica, como la astronomía y la geometría.

Muchos traductores se interesaron por libros árabes de magia que ofrecían una visión reveladora sobre el funcionamiento del cosmos, y algunos desarrollaron sus propias teorías. Según Domingo Gundisalvo, filósofo y lingüista toledano, la magia era una ciencia natural: un área legítima de indagación científica que proporcionaba la comprensión de misterios como el poder aparentemente mágico de los imanes.

La idea de la magia como ciencia natural, junto con la filosofía natural, se afianzó entre algunos intelectuales. Para ellos, si los efectos de la magia eran observables, eran reales y naturales, aun cuando solo fueran entendidos y dominados por unos pocos.

◄ **El círculo del saber**
En este diagrama del saber de una enciclopedia compilada por la abadesa Herrada de Landsberg (Alsacia) en el siglo XII, la filosofía está en el centro, rodeada por las siete artes liberales. Magos y poetas, excluidos del círculo, están sujetos a la inspiración del mal (los pájaros negros sobre sus hombros). A lo largo del siglo, los académicos buscaron elevar el estatus de la magia.

Algunos estudiosos se especializaron en áreas concretas de la magia de la naturaleza. Autores de lapidarios (manuales sobre el poder de las piedras) como Alberto Magno afirmaron que la magia de las gemas era una cualidad natural otorgada por Dios. El lapidario de Peterborough (siglo XV), con mucho el más extenso y exhaustivo, lista las propiedades ocultas de 145 piedras. Tales ideas inspiraron a la gente corriente a incorporar minerales en objetos como talismanes, anillos y cuchillos, a los que se dotaba de poderes mágicos mediante inscripciones o conjuros, para garantizar la salud o proteger de la enfermedad.

Obra del Diablo

El debate filosófico y teológico se endureció hacia finales de la Edad Media. Los clérigos demonizaban a astrólogos y alquimistas y condenaban la magia por considerarla un pacto con el Diablo. La Iglesia se escindía en movimientos heréticos y, en 1230 se estableció la Inquisición para protegerla de las voces discrepantes. Los practicantes de magia, especialmente los académicos, se arriesgaban a ser acusados de *sortilegium*, y por ello se hicieron más sigilosos, pero su mismo secretismo despertaba la sospecha.

▼ **Naturalmente mágicas**
Este manuscrito inglés del siglo XIII, el *Liber additamentorum* («Libro de las adiciones»), del monje benedictino Mateo de París, está ilustrado con dibujos de joyas con piedras preciosas engastadas, que la gente usaba por sus poderes protectores.

Cristales y gemas

La humanidad se ha sentido siempre atraída por la belleza de gemas y cristales, y les ha atribuido poderes mágicos y sanadores. La primera referencia escrita al uso de cristales para la magia aparece en Sumeria antes de 3000 a.C., y los antiguos egipcios usaban lapislázuli, turquesa, cornalina, esmeralda y cristal de roca en rituales para obtener protección y salud… como hacen hoy los sanadores de la New Age.

Los granates significan regeneración

Este color oscuro de la piedra se conoce como jade imperial

El elefante es un símbolo de buena suerte en China

▲ **Jade** Se creía que tenía poderes calmantes y protectores, y ya se usaba como agente curativo en 10000 a.C. El término «jade» hace referencia a dos minerales: nefrita y jadeíta; este jarrón chino es de nefrita.

▲ **Rubí** Asociado con la energía, la acción, la esperanza y el aumento de la motivación y la pasión. También se decía que fortalece el corazón, tanto física como emocionalmente.

▲ **Zafiro** Vinculado al tercer ojo (signo de iluminación en tradiciones orientales y en la New Age). Los primeros papas los usaban en sus anillos de sello para indicar que guardaban secretos sagrados.

▲ **Ágata** Usada ampliamente en sanación y magia, asociada a la salud, la inteligencia y la longevidad. Está formada por cristales microscópicos de cuarzo (sílice) y se puede tallar con facilidad.

▲ **Esmeralda** Vinculada a la diosa griega del amor, Afrodita (Venus para los romanos), aún se dice que trae el amor a la vida de quien la usa.

▲ **Citrino** Es una variedad de cuarzo. Su color lo asocia con el poder del sol, y se vincula con la energía positiva, los nuevos comienzos y la fuerza de voluntad.

Color rosa producido por impurezas en el núcleo

▲ **Turmalina** Se decía que propiciaba la compasión y la paz. Además, si se calienta o se frota, emite una carga eléctrica, cualidad muy valorada por los alquimistas.

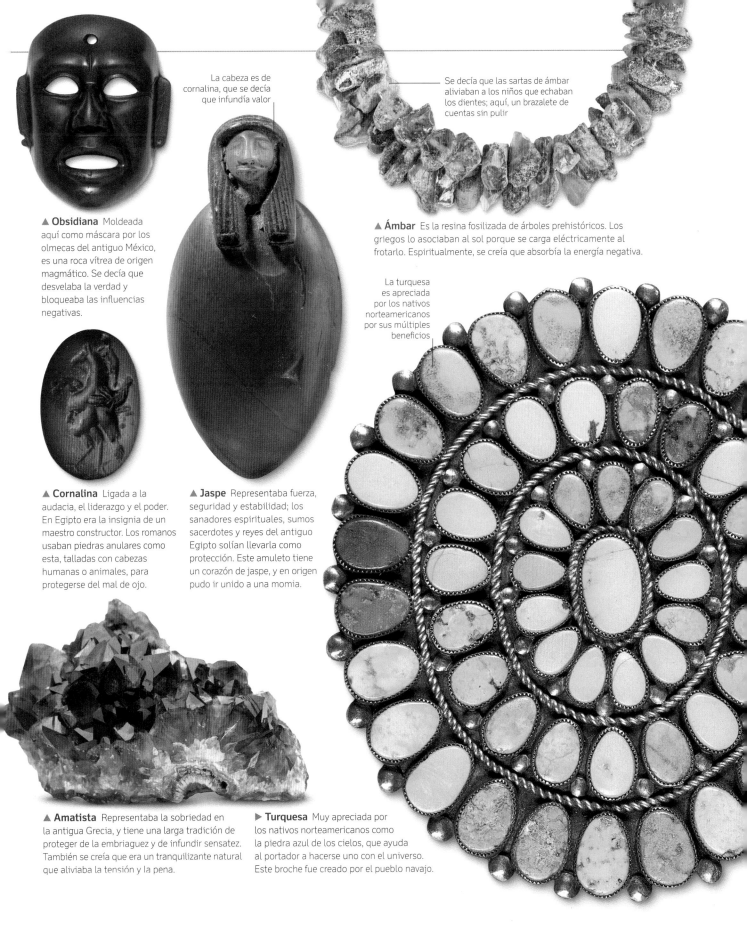

La cabeza es de cornalina, que se decía que infundía valor

Se decía que las sartas de ámbar aliviaban a los niños que echaban los dientes; aquí, un brazalete de cuentas sin pulir

▲ **Obsidiana** Moldeada aquí como máscara por los olmecas del antiguo México, es una roca vítrea de origen magmático. Se decía que desvelaba la verdad y bloqueaba las influencias negativas.

▲ **Ámbar** Es la resina fosilizada de árboles prehistóricos. Los griegos lo asociaban al sol porque se carga eléctricamente al frotarlo. Espiritualmente, se creía que absorbía la energía negativa.

La turquesa es apreciada por los nativos norteamericanos por sus múltiples beneficios

▲ **Cornalina** Ligada a la audacia, el liderazgo y el poder. En Egipto era la insignia de un maestro constructor. Los romanos usaban piedras anulares como esta, talladas con cabezas humanas o animales, para protegerse del mal de ojo.

▲ **Jaspe** Representaba fuerza, seguridad y estabilidad; los sanadores espirituales, sumos sacerdotes y reyes del antiguo Egipto solían llevarla como protección. Este amuleto tiene un corazón de jaspe, y en origen pudo ir unido a una momia.

▲ **Amatista** Representaba la sobriedad en la antigua Grecia, y tiene una larga tradición de proteger de la embriaguez y de infundir sensatez. También se creía que era un tranquilizante natural que aliviaba la tensión y la pena.

▶ **Turquesa** Muy apreciada por los nativos norteamericanos como la piedra azul de los cielos, que ayuda al portador a hacerse uno con el universo. Este broche fue creado por el pueblo navajo.

PALABRAS DE PODER
manuales mágicos

▲ La magia de Salomón
Esta es una página del *Tratado mágico de Salomón*, que, según dice, contiene instrucciones sobre magia dadas por el rey bíblico a su hijo Roboam. Las primeras versiones de este libro datan del siglo XIV. Lleva por subtítulo «El arte de la higromancia»; esto es, la adivinación por el agua.

Durante la Edad Media se crearon numerosos manuales de magia, que más tarde serían llamados grimorios. A veces se alude a ellos como Libros de las Sombras, término usado en principio para los grimorios wiccanos.

Según la distinción de la Iglesia medieval, estos manuales trataban tanto de la magia «natural» como de la «demoníaca». La Iglesia consideraba la primera, en cuanto aprovechamiento de los poderes ocultos de las hierbas para la curación, como un uso legítimo de las maravillas naturales creadas por Dios; pero afirmaba que la magia demoníaca, como la necromancia, procedía del diablo. Con todo, los textos que han sobrevivido en Europa sobre ambos tipos de magia son principalmente de autores eclesiásticos.

Fuentes antiguas
La mayor parte de los manuales medievales europeos de magia estaban escritos en latín, el idioma internacional de los eruditos de la época. En origen, algunos fueron escritos en árabe por estudiosos islámicos, o en hebreo por judíos. Para aportar autenticidad a los textos, era frecuente que sus autores mantuvieran que procedían de fuentes mucho más antiguas, o que fueron escritos por personajes de la antigüedad con acceso a secretos mágicos perdidos durante la expansión del

cristianismo y el islam. Era aún mejor si se trataba de un personaje bíblico, pues ello confería legitimidad religiosa al texto. Diversos libros de magia afirmaban retóricamente estar basados en los escritos del rey Salomón; asimismo, el abad alemán del siglo XV Tritemio poseía un libro supuestamente escrito por Simón el Mago, que aparece en el Nuevo Testamento haciendo milagros, y que fue denunciado por los líderes de la Iglesia como hereje cuya magia tenía orígenes demoníacos.

▶ Encantamientos de sabiduría
Estos diagramas en rojo de una copia del *Ars notoria* muestran el orden de ciertos encantamientos (el texto en negro), consistentes en oraciones y nombres exóticos. Si se pronunciaban de manera correcta, se suponía que liberaban el poder del conocimiento.

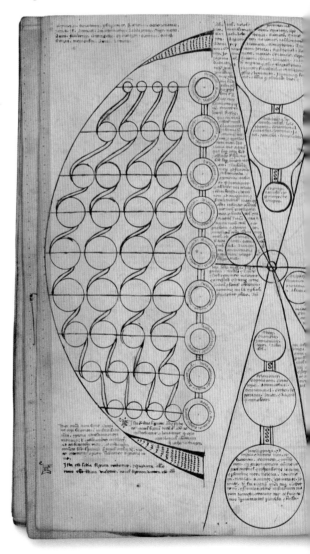

«Este es el libro por el que cualquiera puede ser salvado y llevado a la vida eterna.»

LIBER IURATUS HONORII (SIGLO XIII)

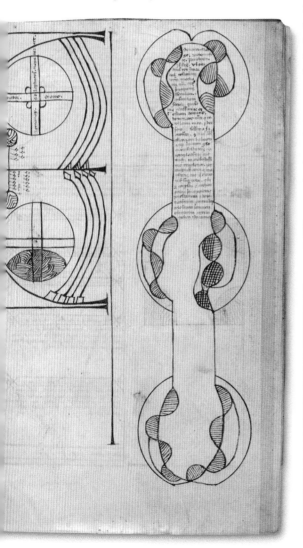

Arte notoria

El manual mágico más famoso era el *Picatrix* (pp. 82–83) –libro sobre magia astral de origen árabe–, pero había otros títulos notables. Uno de ellos era el *Ars notoria* (Arte notoria), título colectivo de un conjunto de textos que, supuestamente, ofrecían a su usuario un atajo a la excelencia y la sabiduría académicas: magia angélica cristiana. El *Ars notoria* incluía técnicas para mejorar la memoria, y oraciones para pedir a los ángeles que concedieran al interesado poderes intelectuales como el dominio de lenguas. Los primeros textos del *Ars notoria* datan del siglo XII, y conservaron su fama a lo largo de toda la Edad Media, y aun después.

El Grimorio de Honorio

El *Liber iuratus Honorii* o «Grimorio de Honorio», escrito más tarde que el primer *Ars notoria* y probablemente influido por él, es parte de un grupo de manuscritos «salomónicos» –sus autores afirmaban tener vínculos con el rey Salomón– que contenía oraciones para invocar el poder de los ángeles. Sus páginas iniciales declaran que fue creado después de que un consejo de magos eligiera a un autor que registrara el conocimiento angélico. Compuesto de 93 capítulos, cubre temas diversos, desde cómo capturar a ladrones a cómo invocar a «los espíritus malignos de la tierra». No se conoce su origen ni su autor: un legendario Honorio de Tebas para unos; el papa Honorio III para otros. Su nombre se ha vinculado también al alfabeto tebano (p. 145) usado por los ocultistas renacentistas y luego por los wiccanos: un ejemplo de la práctica continuada de dar autenticidad mediante la atribución de ideas a personajes famosos.

EN CONTEXTO

El futuro de los grimorios

Los libros de magia, incluido el famoso *De occulta philosophia* del filósofo ocultista alemán Enrique Cornelio Agripa, fueron de los primeros en imprimirse tras la invención de la imprenta en el siglo XV. Los grimorios, como se llaman actualmente, han seguido siendo populares desde entonces, aun cuando desde el siglo XVIII quedaron al margen de la corriente dominante por el desarrollo de la ciencia y el racionalismo. En el siglo XX siguieron apareciendo nuevos grimorios, si bien muchos afirman estar basados en originales más antiguos; por ejemplo, el *Grimorio secreto de Turiel* (1927), procedente supuestamente de una transcripción del siglo XVI de un texto muy anterior.

Ilustración de un grimorio de demonología de 1775, que afirma estar basado en un original de 1057.

Magos, reyes y dragones

Hacia finales del siglo XII, autores franceses empezaron a crear para las élites los llamados romances caballerescos. Cargados a menudo de magia, se centraban en las misiones de caballeros heroicos que vivían según un código de lealtad, honor y amor cortés. Muchos de los ejemplos más famosos hablaban del rey Arturo.

Aludido en la leyenda galesa, el rey Arturo pudo ser un rey britano del siglo VI que obtuvo una victoria sobre los invasores sajones. Pero la historia de Arturo como se conoce hoy día se debe a la *Historia de los reyes de Bretaña* (1136), escrita por el clérigo inglés Godofredo de Monmouth. Esta inspiró muchos romances artúricos, como los del poeta francés Chrétien de Troyes, el primero en incluir el fatídico amor entre Lanzarote y la reina Ginebra.

Los relatos artúricos están llenos de magia: hablan de espadas encantadas, de castillos que se desvanecen, de la búsqueda del Santo Grial (del que se dice que tenía poderes milagrosos, incluida la concesión de la eterna juventud) y del mago Merlín. Godofredo de Monmouth ya presentó a Merlín en su *Prophetiae Merlini* (1135), inspirándose en el legendario profeta y bardo galés Myrddin. En su interpretación de la leyenda de Merlín, la visión del rey britano Vortingern de la lucha entre un dragón rojo y otro blanco (en la imagen) representaba la batalla entre britanos y sajones, y la victoria era del blanco (los sajones). Godofredo también dio a Merlín un adversario mágico: la hechicera Morgana le Fay.

> «Ay del dragón rojo, pues su muerte está próxima: el dragón blanco se apoderará de su cueva.»
>
> MERLÍN, EN *PROPHETIAE MERLINI* DE MONMOUTH (1135)

INVOCAR A LOS DEMONIOS Y LOS MUERTOS

necromancia medieval

La necromancia es la magia de los muertos. La palabra deriva de *nekros*, «cadáver» en griego, y *manteia*, «adivinación», y al principio se utilizaba para referirse a una manera de adquirir conocimiento de los muertos. En la época medieval pasó a designar la invocación de espíritus para adivinar el futuro, devolver la vida a un muerto, obtener conocimientos ocultos o usarlo como arma.

Creencias anteriores

Para los antiguos griegos, la necromancia era el ritual necesario para que una persona viva entrara en el inframundo. En la *Odisea*, Odiseo sigue el ritual detallado por la hechicera Circe para visitar el inframundo y averiguar lo que pasará durante su regreso a Ítaca. Los griegos no creían que los muertos supieran más que los vivos, pero en otras culturas se creía que eran omniscientes. En la Biblia, la bruja de Endor invoca al espíritu del profeta Samuel para el rey Saúl, y Samuel predice la muerte del rey, lo que sucederá ese mismo día.

▲ **Demonios y almas**
Este detalle de un manuscrito francés del siglo XIII representa a unos demonios que toman las almas de los muertos y las meten en un caldero.

▶ **Necromántico en acción**
En esta letra M iluminada de una copia manuscrita de 1481 de la *Historia natural* de Plinio el Viejo, un necromántico traza un círculo y coloca en su interior una botella de aceite, una campanilla y un manual de magia ritual.

Siglos después, hacia 600 d. C., el erudito Isidoro de Sevilla creía que los espíritus de muertos que invocaban los necrománticos no eran tales, sino demonios. La necromancia medieval –también referida como nigromancia (literalmente, «magia negra»)– era considerada un arte ilícita, y definida como el acto de invocar espíritus y demonios. Los propios necrománticos insistían en que ellos no hacían pactos con el Diablo, sino que usaban el poder de Dios para controlar a espíritus y demonios.

Interés creciente por el ritual

A partir del siglo XII, las traducciones al latín de textos árabes como el *Picatrix* (pp. 82–83) estimularon el interés académico por la magia ritual. El *Manual de Múnich de magia demoníaca* describía la forma de trazar círculos en el suelo y rellenarlos con símbolos: el círculo proporcionaba un espacio protector para el necromántico. Pero el poder mágico demoníaco podía tener un precio, y a veces debía sacrificarse un animal para comunicarse con los muertos.

PAPA SILVESTRE II (945–1003)

El papa mago

Hacia 1120, Guillermo de Malmesbury afirmó que el papa francés Silvestre II (dcha., hablando con el Diablo) había sido un mago negro. Un siglo después, en *Crónica de papas y emperadores*, Martín de Opava lo describió como un necromántico que había vendido su alma al diablo. En realidad, Silvestre (Gerberto de Aurillac) fue uno de los mayores eruditos de su época e introdujo los numerales árabes y el astrolabio en Europa. También era experto en música y construyó varios órganos.

«Nigromantes con cuyos hechizos se aparecen los muertos resucitados y adivinan y responden preguntas.»

SAN ISIDORO DE SEVILLA, *ETIMOLOGÍAS* (*c.* 600–625)

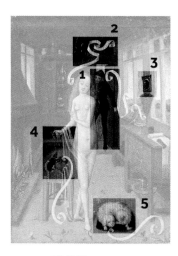

CLAVE

1 El hombre que observa a la mujer (la cual lo ignora) es demasiado servil para ser el Diablo; es más probable que sea un sirviente.

2 Los pergaminos encantados están en blanco, listos para escribir conjuros en ellos.

3 Los espejos se asocian a menudo con las brujas.

4 La mujer vierte unas gotas de una poción sobre un corazón.

5 El perro faldero es un familiar (compañero y ayudante) adecuado para alguien rico.

▶ **Amor y condenación**
El cuerpo femenino desnudo era, a ojos medievales, un signo de la lascivia de la mujer y de su vulnerabilidad a la tentación demoníaca. Aquí, la desnudez de la mujer puede indicar maestría en la magia amorosa.

UN PACTO CON EL DIABLO
la brujería bajo escrutinio

Según la mitología surgida en torno a la brujería en la Edad Media, los brujos, ya fueran hombres o mujeres, rechazaban la fe cristiana y hacían un pacto voluntario y servil con el Diablo. Se decía que algunas mujeres tenían relaciones sexuales con él a cambio de poderes mágicos. Los pactos eran formales, a veces bajo la forma de contratos escritos, y estos se usaron a menudo como prueba principal en muchos procesos judiciales. Además, las brujas hacían *maleficium* (magia maléfica) y se comportaban de forma antinatural; por ejemplo, volando. Podían convertirse en lobos, tenían marcas en el cuerpo e incluso practicaban el incesto o el canibalismo. Estas supuestas conductas variaban de un lugar a otro, según las tradiciones locales.

Opiniones divididas

En los primeros tiempos del cristianismo, la brujería era vista como un vestigio peligroso de épocas paganas. De hecho, *c.* 400, san Agustín insistía en que la brujería era una ilusión: no existía. En 643, Rotario, rey de los lombardos, promulgó un edicto en el que se leía: «Nadie ose matar a una sirvienta o esclava extranjera por bruja, porque no es posible ni deben creerlo las mentes cristianas». Sin embargo, dos siglos después las opiniones estaban divididas. Por una parte, los obispos reunidos en el Concilio de París (829) decidieron que la brujería era tan

peligrosa que debía ser castigada con la muerte. Poco después, Kenneth I de Escocia establecía que todos los hechiceros y brujas debían ser quemados en la hoguera. Por otra parte, el *Canon episcopi* (906) aún declaraba que la brujería era una ilusión y establecía, por ejemplo, que cuando las mujeres afirmaban volar sobre escobas por la noche, ello se debía a trucos mentales del Diablo.

Apuntando al débil

A medida que avanzaba la Edad Media, las acusaciones de brujería aumentaban. No obstante, pocos de los acusados, ya fuera hombre o mujer, practicaba forma alguna de magia, y menos aún la brujería de la forma entendida por eruditos y hombres de la Iglesia: como una conspiración entre humanos y demonios para derrocar al cristianismo y, por tanto, como un crimen aún peor que el simple *maleficium*. Los acusados solían ser gente pobre y vulnerable, alguien visto como un enemigo que podía perjudicar a la comunidad o bien algún excluido, como un vagabundo o un mendigo. Los acusados eran invariablemente procesados.

▲ **Caminos de los impíos**
Una bruja invoca a un demonio con tres cabezas animales en esta xilografía de la *Cosmografía* de Sebastian Munster (*c.* 1550), la primera obra en alemán que intentó describir la totalidad del mundo.

ALICE KYTELER (1263–DESPUÉS DE 1325)

Bruja rica

En 1324, Alice Kyteler, de Kilkenny (Irlanda), representada aquí como bruja en una estatua moderna en la Kyteler's Inn de su ciudad natal, fue la primera mujer juzgada como hereje por brujería, y la primera acusada de adquirir poderes mágicos por tener tratos carnales con el Diablo. Alice se hizo rica casándose cuatro veces, y tomando en cada caso el control de los negocios de sus maridos. Los cargos por brujería fueron presentados por sus hijastros, que mantenían que había

usado poderes demoníacos para seducir a sus padres. Fue condenada, pero la gran influencia de sus contactos le permitió huir del país y nunca se la volvió a ver. En cambio, su criada Petronilla de Meath fue acusada de complicidad y quemada en la hoguera por hereje el 3 de noviembre de 1324. Los estudiosos encuentran el caso interesante no solo por la brujería, sino también por la forma en que muestra cómo las mujeres de la época podían dirigir negocios.

▲ Bailar con el Diablo
Se suponía que las brujas bailaban con el Diablo en sus aquelarres, como se representa aquí en el *Compendium maleficarum* (1608) de Francesco Maria Guazzo.

▶ Juicio por fuego
Con sus esfuerzos por convertir a herejes, santo Domingo de Guzmán inspiró a los dominicos para convertirse en los más fervientes cazadores de brujas del medievo. Aquí, los libros de santo Domingo sobreviven al fuego, y los heréticos arden.

formaban parte de una visión cada vez más misógina de la mujer, como modelo de castidad y santidad en los romances cortesanos o como malvada seductora que utilizaba el sexo para embaucar y explotar a los hombres. Las representaciones de mujeres desnudas se vincularon a menudo con el poder demoníaco.

Herejía e Inquisición

La teoría de la misoginia es una explicación del aumento de la persecución de mujeres como brujas durante el medievo tardío. Otro factor fue la guerra de la Iglesia contra la herejía, esto es, la creencia que contradice la doctrina oficial. Grupos heréticos como valdenses y cátaros ganaron tantos seguidores en el siglo XII que, en 1233, el papa Gregorio IX otorgó a la Inquisición amplios poderes para investigar, acusar, juzgar y castigar a los herejes. Durante los siglos siguientes la Inquisición se ganó una reputación temible: la tortura se usaba de forma rutinaria para obtener confesiones, y los acusados de herejía que se negaban a confesar eran quemados en la hoguera.

La magia se consideraba ahora más que una amenaza para la Iglesia, porque parecía tener mucho en común con la herejía. Ambas se calificaban como obra del Diablo, e implicaban ignorancia y exceso de orgullo, artificio y engaño. Los herejes empezaron a ser sospechosos de brujería y los brujos, de herejía.

En 1390, el Parlamento francés de París aprobó una ley contra la brujería, y encontró enseguida cuatro culpables: primero, Marion du Droiturière y Margot de la Barre; luego, Macette de Ruilly y Jeanne de Brigue. Las cuatro fueron acusadas de brujería y quemadas en la hoguera. Las cuatro —como la sirvienta irlandesa Petronilla de Meath, la primera mujer quemada por brujería en las islas británicas (p. 115)– fueron condenadas sobre la base de confesiones obtenidas bajo tortura. El uso de la tortura contra mujeres y hombres acusados de brujería no tardó en convertirse en la norma.

Estas primeras víctimas de la ofensiva contra la brujería fueron todas acusadas de usar sus poderes mágicos para manipular a varones. Sus condenas

EN CONTEXTO

Mujer, lujuria y brujería

En su *Malleus maleficarum* (1487), el inquisidor alemán Heinrich Kramer vinculó explícitamente mujeres y magia satánica. Kramer creía que toda brujería procedía de la lujuria, y que las mujeres eran especialmente propensas a la brujería por sus apetitos sexuales, su debilidad espiritual y su «propensión natural al mal». Tiempo después el libro sería prohibido por la Iglesia y Kramer, censurado.

Esta pintura del siglo XIX muestra cómo una mujer acusada de brujería es arrastrada ante los inquisidores.

La caída de los templarios

En 1307, Felipe IV de Francia hizo que los líderes de una poderosa orden de monjes guerreros, los caballeros de la Orden del Temple, fueran arrestados, torturados y quemados en la hoguera. En el juicio se presentaron pruebas de idolatría. Poco después, el papa Clemente V disolvía la orden, y desde entonces su nombre estuvo rodeado por rumores de rituales satánicos secretos.

La orden de los templarios fue fundada c. 1119 por el caballero francés Hugo de Payns para proteger a los peregrinos que viajaban a Tierra Santa. Su cuartel general estaba en el Monte del Templo de Jerusalén, que se creía la ubicación del Templo de Salomón. La pertenencia a esta fuerza de élite era muy selectiva, con ritos de iniciación tan secretos que se decía que revelarlos era castigado con la muerte. Como primeros banqueros de Europa, los templarios eran también muy ricos. Los peregrinos les dejaban sus bienes y luego viajaban con un comprobante de depósito que podían usar para retirar fondos en ruta.

No obstante, la riqueza y el secretismo de los caballeros templarios espoleó el resentimiento y la desconfianza. Fueron acusados de herejía y a su alrededor creció el mito: que escupían sobre la cruz y que adoraban al dios caprino Baphomet y al Diablo bajo la forma de un gato negro. Más tarde se especuló con que habían descubierto conocimientos antiguos en el Templo de Salomón –una información tan explosiva que podría derribar a la Iglesia–, y hasta con que estaban en posesión del Santo Grial y de la Sábana Santa.

> «Dios no está complacido. Tenemos enemigos de la fe en el reino.»
>
> **FELIPE IV**, ORDEN DE DETENCIÓN DE LOS TEMPLARIOS (13 DE OCTUBRE DE 1307)

ERUDITOS

Y

AQUELARRES

1500–1700

Introducción

La magia del Renacimiento, continuadora de la medieval, se dividió a menudo en las formas alta y baja. La alta magia incluía experimentos académicos con la alquimia (que buscaba la conversión de metales básicos en oro), mientras que la baja magia abarcaba tradiciones populares como la de los curanderos locales que proporcionaban hechizos para protegerse, por ejemplo, de las verrugas. Las prácticas podían ser benéficas o perniciosas. Las actitudes europeas eran a menudo simplistas y arbitrarias a la hora de decidir qué era malo. En una época de expansión colonial, los colonizadores europeos cristianos malinterpretaban a menudo las tradiciones indígenas como hechicería herética y maligna. En México, por ejemplo, el ocultismo tradicional azteca entrelazaba aspectos buenos y malos: sutilezas ignoradas por los colonizadores españoles que aplastaron el Imperio azteca en 1521.

Esta fue la época en que se fijó el estereotipo tan familiar hoy de la bruja maléfica. Los siglos XVI y XVII fueron testigos de la fase más intensa, con diferencia, de legislación, persecución y procesos contra la brujería: desde los juicios de brujas del arzobispo de Tréveris a finales del XVI y las cazas de brujas del autonombrado General Cazador de Brujas británico Matthew Hopkins en la década de 1640, hasta los infames juicios de 1692–1693 en Salem (Massachusetts). En Europa se ejecutó a miles de personas –tanto mujeres como hombres– por supuesta brujería, aunque la Inquisición española (el órgano judicial establecido para erradicar la herejía), en pleno auge en la época, fue escéptica sobre las brujas y se concentró en la persecución religiosa de quienes se desviaban de la doctrina católica.

El Renacimiento estimuló en Europa una búsqueda intelectual que entrelazaba diferentes áreas de conocimiento, cuestionando el puesto del hombre en el universo, su relación con Dios y el funcionamiento del mundo natural. Esa urdimbre incluía ideas que hoy serían calificadas como ocultistas o mágicas: las principales

El prestidigitador (p. 128)

La vida humana y el universo (p. 135)

El Árbol de la Vida (pp. 136–137)

corrientes filosóficas del momento se entretejían con hebras mágicas como el hermetismo, la magia natural y protociencias como la alquimia, que tuvo su edad de oro en el Renacimiento y dio origen a la química moderna.

La magia natural, basada en diversas exploraciones teóricas y experimentales sobre la naturaleza del cosmos, contrastaba con la magia ceremonial, que tenía una orientación práctica e implicaba rituales y símbolos misteriosos. Florecieron el rosacrucismo y una variedad de Cábala cristiana occidental. Visitantes de toda Europa acudían al museo-laboratorio romano del cabalista alemán Athanasius Kircher para

maravillarse con sus demostraciones aparentemente mágicas de magnetismo y admirar especímenes de supuestas sirenas.

En el Renacimiento se produjeron tanto la Reforma protestante como su respuesta católica, la Contrarreforma. La Iglesia católica era política y socialmente poderosa; los reyes creían ser designados por Dios, y títulos como el de emperador del Sacro Imperio Romano otorgaban un poder inmenso. Y muchas figuras eminentes, protestantes y católicas por igual, consultaban a los versados en lo oculto cuando veían amenazada su posición.

«La montaña más alta, los libros más viejos, las gentes más extrañas, allí encontraréis la piedra [filosofal].»

ATHANASIUS KIRCHER Y JOHANN STEPHAN KESTLER, *PHYSIOLOGIA KIRCHERIANA EXPERIMENTALIS* (1680)

Misterios de la alquimia (p. 150)

Brujas ejecutadas (p. 180)

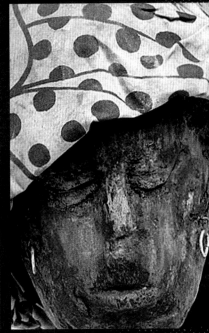

Monigote de bruja (p. 183)

CURANDEROS
prácticas populares

▲ Medicina y magia
A medida que la ciencia avanzaba en el Renacimiento, los curanderos eran vistos como charlatanes peligrosos cada vez más. Esta portada de una publicación de 1651 muestra a un paciente tratado por un médico mientras un ángel impide intervenir a una curandera.

Históricamente, la magia se ha dividido a menudo en alta magia, culta; y baja magia, popular o tradicional. Esta distinción fue válida entre los siglos XV y XVII. La magia popular, basada en creencias tradicionales, empleaba hierbas y animales de los que se decía que poseían poderes especiales y encantamientos protectores. Se solapaba con la brujería benigna y el curanderismo y, hasta cierto punto, con la magia culta superior.

En la magia popular tenían un papel clave sus practicantes, los curanderos o sanadores. Miembros bien conocidos de sus comunidades, su modesta magia ayudaba a los vecinos en problemas cotidianos como conseguir esposa, eliminar verrugas, mejorar los cultivos o protegerse de algún conjuro maligno.

El curanderismo abarcaba la herbología y la partería, así como algunas prácticas prestadas del cristianismo; por ejemplo, un conjuro asociado a la hierba verbena rezaba: «Bendita seas verbena, que creces en la tierra / porque en el monte del Calvario, te encontraron por vez primera». La magia popular era común en toda Europa, y entre sus practicantes estaban los *klok gumma* (Suecia), los visionarios *táltos* (Hungría) o los *benandanti* (Italia).

Persecución y problemas
Muchas prácticas populares renacentistas provenían de la Edad Media. Pero en el siglo XVI las incursiones en lo espiritual empezaron a considerarse, cada vez más, como una amenaza a la autoridad —la del

Estado y la de la Iglesia—, y la legislación intentó controlarlas. Obviamente, el objetivo primario era lo percibido como brujería dañina, y es cierto que algunos curanderos siguieron las artes oscuras; pero las prácticas benignas también podían ser condenadas. Aun así, y a pesar de las fluctuantes amenazas a lo largo del siglo XVI, las prácticas de curanderismo prosperaron en muchos aspectos.

Esta época contempló algunos sucesos terribles a nivel mundial, desde pestes pandémicas en los siglos XV y XVI hasta terremotos e inundaciones catastróficos —como la inundación de San Félix de 1530 en Flandes y Zelanda (Países Bajos)—, así como las hambrunas entre los colonos de América del Norte en el siglo XVII. Además, es probable que la magia popular aportara cierto consuelo a los más pobres de la sociedad, para los cuales la dureza de la vida era brutal.

Círculos mágicos
Una herramienta empleada en la magia ritual por algunos curanderos, y más entre los practicantes de magia culta, eran los círculos mágicos. Llamados también «círculos de invocación», eran un símbolo protector y de invocación de espíritus, y se solían trazar en el suelo en torno al practicante de magia a modo de protección.

▶ El sello de los secretos
Diseñado para controlar las fuerzas mágicas, este círculo aparece en el manual de un curandero del siglo XVII; se decía que representaba «el sello de los secretos del mundo».

«Si los hombres han perdido algo, si padecen algún dolor o enfermedad, corren en el acto en busca de los que llaman sabios.»

ANTHONY BURGESS, *CXLV EXPOSITORY SERMONS* (1656)

▲ **Círculo mágico**
El doctor Fausto, en una ilustración de la obra teatral de Christopher Marlowe (escrita *c.*1590), invoca a un demonio desde el interior de un círculo mágico. De origen humilde, el inteligente ocultista Fausto hizo un pacto fatal con el Diablo para aumentar su poder.

Magia simpática

Los curanderos renacentistas usaban varios recursos en su magia. Algunos implicaban infundir en objetos o animales supuestos poderes basados en correspondencias y vínculos simbólicos: lo igual por lo igual. Esta es la llamada «magia simpática» (o «empática»), basada en la imitación y la correspondencia. Así, un problema de hígado podía tratarse con una preparación hecha a partir del hígado de un animal; o se podía administrar un tratamiento mientras se relataba una historia metafórica vinculada de alguna forma con la afección que se trataba, pues se creía que eso concentraba la energía apropiada. Otra herramienta empática, usada esta en la práctica popular de la

◄ **Botella de bruja**

Las desgracias solían atribuirse a las brujas. Algunas botellas de bruja contenían alfileres para dañar a la bruja objetivo, y también podían alojar algo perteneciente a la persona supuestamente embrujada.

quiromancia, era la búsqueda de patrones que reflejaran fuerzas mayores en el universo. Las marcas, líneas y formas de la palma de la mano se usaban para leer el carácter de la persona y adivinar su futuro.

Contener el mal

Las prácticas destinadas a protegerse del mal se llaman «magia apotropaica». Para mantener a raya a las fuerzas oscuras se usaban formas antagónicas de magia simpática. Una herramienta para contrarrestar

▼ **Un relato de transferencia**

Esta pintura del florentino Paolo Uccello representa la leyenda del combate del héroe cristiano san Jorge con un dragón, un símbolo del mal. La destrucción de símbolos malignos era una forma común de magia simpática o de transferencia.

Hadas y sabiduría popular

Los curanderos solían invocar y mantener conversaciones con espíritus que, en general, se consideraban hadas. De hecho, las hadas eran un familiar (espíritu ayudante) del practicante de magia, similar en ciertos aspectos a los familiares animales que también usaban a menudo (pp. 186–187). Así, un curandero podía consultar a su hada guía espiritual para descubrir dónde se ocultaba un objeto perdido. Otros seres presentes en la magia popular eran los elfos y criaturas fantásticas como el unicornio (en la imagen); los llamados «cuernos de unicornio» –en realidad solían ser colmillos de narval– se consideraban especialmente poderosos para las prácticas de magia y curanderismo.

El unicornio en cautividad, tapiz holandés datado en 1495–1505.

a las brujas malignas era una botella de bruja, la cual podía contener diversos elementos, cada uno con unos efectos específicos; por ejemplo, una persona podía verter en ella su orina junto con alfileres para hacer que una bruja sintiera dolor al orinar. Otra herramienta de magia simpática era representar a quien se deseaba causar daño con un muñeco al que se clavaban agujas. Tales monigotes se usaron tanto para el bien como para el mal (pp. 182–183) en toda Europa y en ciertos rituales de vudú.

La magia simpática se vinculó al más amplio y cada vez más popular concepto de simpatía universal: la creencia de que el ser humano estaba en estrecha correspondencia con el universo que lo rodeaba. En el Renacimiento esta idea fue promovida por muchos estudiosos de la filosofía natural y el hermetismo (pp. 134–135).

Transferencia de poder

La idea de transferencia era muy importante para los curanderos; por ejemplo, se creía que poner un pollo vivo sobre los bubones causados por la peste transfería de algún modo la enfermedad al ave. Prácticas similares incluían lavar a un niño enfermo con agua que luego se desechaba, en la creencia de que la enfermedad se transfería al agua; o poner una poción curativa en la hoja de la espada de un soldado herido para transmitirle los beneficios curativos.

Encantamientos caseros

Para proteger sus hogares de los espíritus malignos, la gente ocultaba en paredes y chimeneas objetos como gatos momificados, monedas de plata y botellas de bruja. Los gatos eran importantes debido a sus vínculos con las brujas y a su reputación de detectores de demonios. Otro objeto apotropaico eran los zapatos, probablemente porque, moldeados por su portador, se pensaba que contenían su espíritu, y además su forma era adecuada para atrapar demonios. También se marcaban símbolos protectores en distintas partes de la casa, como vigas y antepechos de ventana.

▼ **Zapato de la suerte**
Este zapato izquierdo de hombre, de finales del siglo XVII, fue hallado dentro de una pared, entre una ventana y una chimenea, en un edificio de la Universidad de Cambridge. Fue colocado allí probablemente para proteger al rector.

> «Cuando yo era niño, las gentes del condado […] solían complacer a las hadas.»

JOHN AUBREY, *REMAINES OF GENTILISME AND JUDAISME* (1686–1687)

▲ *El prestidigitador*, copia del siglo XVI de una pintura original de El Bosco, hoy perdida.

¿Magia o ilusión?

Los trucos de magia se remontan a la antigüedad, y en la Edad Media se realizaban toda clase de ellos como espectáculo callejero. Los ilusionistas del Renacimiento continuaron con esta tradición, llevando sus ilusiones a mercados, ferias y hogares de la aristocracia y la realeza.

En esta pintura de El Bosco, un espectador, fascinado por el número de un mago, no se entera de que le están robando la bolsa. Las ranas que parecen saltar de su boca y la lechuza que asoma de la cesta del ilusionista pueden simbolizar la herejía, la maldad, el astuto hechizo o la pérdida de la razón. Sobre la mesa y en torno a ella se ven algunos de los instrumentos del prestidigitador, incluidos los del antiguo truco de los cubiletes y las bolitas; aún popular hoy, consiste en hacer desaparecer unas bolas de debajo de un cubilete, que aparecen debajo de otro.

El repertorio de un ilusionista del Renacimiento incluía malabarismos, trucos de cartas y engaños visuales con juegos de manos e ilusiones, como la de aparentar traspasar con un anillo la mejilla de una persona. Dos textos renacentistas contienen parte del material occidental más antiguo publicado sobre trucos de ilusionismo: *De viribus quantitatis* (*Sobre el poder de los números*, 1496–1508) de Luca Pacioli incluía métodos para llevar a cabo trucos usando números, ilusiones y juegos de manos, mientras que *Discoverie of Witchcraft* (*Brujería desvelada*, 1584) de Reginald Scot señalaba la existencia de dichos trucos para vincular la magia con el engaño, y no con la maleficencia, y demostrar que era irracional temer a las brujas (pp. 184–185).

«Los plebeyos lo considerarán un milagro.»

LUCA PACIOLI, *DE VIRIBUS QUANTITATIS* (1496–1508)

EL ESPEJO HUMEANTE
hechicería azteca

▲ Deidad oscura
Se cree que este cráneo humano, cubierto con un mosaico de turquesa y lignito, representa al dios azteca Tezcatlipoca, y que probablemente se llevaba a la espalda como adorno. Ha sido datado en el siglo XV o principios del XVI, en el apogeo de la civilización azteca.

En 1521, los españoles al mando de Hernán Cortés conquistaban el Imperio azteca, que había dominado durante más de un siglo las tierras del centro y sur del México actual. Las creencias aztecas eran una mezcla de distintas culturas mesoamericanas, como la maya, y sus prácticas incluían el culto a deidades, rituales, supersticiones, adivinación y conjuros. A la conquista española siguió la conversión al cristianismo; gran parte de la información existente sobre la cultura azteca fue filtrada a través de la perspectiva de los colonizadores o de nativos convertidos al cristianismo. Una de esas fuentes es la *Historia general de las cosas de Nueva España* (o *Códice Florentino*), escrita por el misionero español Bernardino de Sahagún con la ayuda de indígenas. Sahagún llegó a México justo después de la conquista. Los colonizadores, en general, temían las costumbres que encontraban y las veían como mágicas, pero en realidad constituían la religión azteca; el cristianismo, sin duda, también debió de parecer magia a muchos aztecas.

Dioses y hechiceros
Dos de los principales dioses aztecas eran Tezcatlipoca y Quetzalcóatl. Tezcatlipoca significa literalmente «espejo humeante», lo que dio a esta deidad, con frecuencia representada con su *tezcatl*

▶ Poder doble
Esta serpiente pudo usarse como pectoral durante ritos ceremoniales aztecas. La serpiente de dos cabezas simbolizaba la mala suerte y, en el peor de los casos, la muerte inminente.

—un espejo de obsidiana pulida—, el apodo de «Señor del espejo humeante». Muy utilizado para la magia negra en el México antiguo, el espejo negro se asociaba con fuerzas oscuras y pudo simbolizar el poder omnividente de Tezcatlipoca. El dios aparecía bajo muchos aspectos, tanto benignos como malignos: se asociaba con la magia negra; y también encarnaba, entre otras cosas, el viento y la noche.

El dios Quetzalcóatl adoptó la forma de una serpiente adornada con plumas de quetzal, pájaro sagrado local. En general se creía que serpientes y culebras tenían poderes mágicos y adivinatorios. Entre otras cosas, a Quetzalcóatl se le atribuía la invención del calendario, una herramienta clave en la adivinación azteca. Debido a su asociación con las estrellas vespertinas y la mañana, también simbolizaba la muerte y la resurrección.

Metamorfosis

Según los aztecas, tanto los dioses como los humanos podían metamorfosearse en animales para realizar actos mágicos. La forma animal de Tezcatlipoca era el jaguar. Estos espíritus animales, vistos a menudo como protectores, se llamaban naguales. Esta idea recuerda a la de los «familiares» animales de las brujas, extendida en la magia popular europea de la época (pp. 186–187).

> «Noche, viento, hechicero, Señor nuestro.»

BERNARDINO DE SAHAGÚN SOBRE TEZCATLIPOCA, EN *HISTORIA GENERAL DE LAS COSAS DE NUEVA ESPAÑA* (*c.*1540–1585)

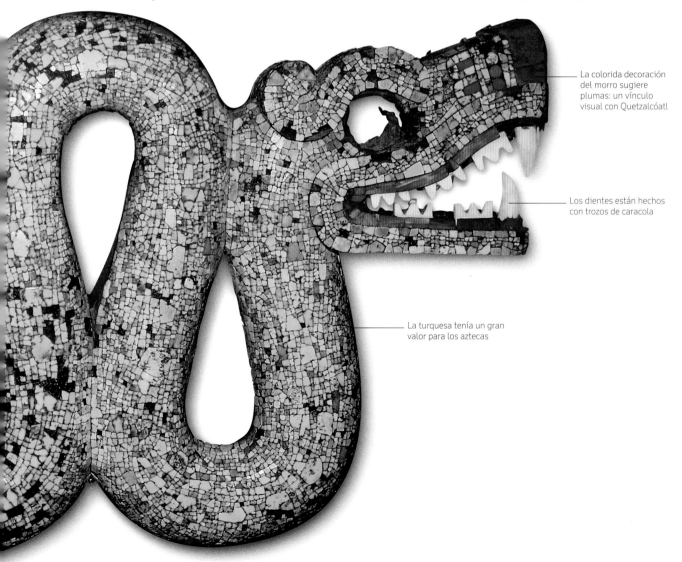

La colorida decoración del morro sugiere plumas: un vínculo visual con Quetzalcóatl

Los dientes están hechos con trozos de caracola

La turquesa tenía un gran valor para los aztecas

Símbolos de
los 20 signos
calendáricos
diarios

Contar los días

El sistema calendárico relacionado
con el ritual se llamaba *tonalpohualli*
(«la cuenta de los días»); estaba
formado por un ciclo de 260 días, con
subsecciones regidas por varios dioses
y con usos adivinatorios que incluían
la confección de horóscopos. Este ciclo
se componía de 20 periodos de 13 días
cada uno. Cada día del calendario tenía un
número (del 1 al 13) combinado con uno de
los 20 signos diarios, como el lagarto o la lluvia;
así, un día se podía identificar como «1-Lluvia» o
«13-Lagarto». Cada combinación se repetía una vez
cada 260 días. Los días afortunados o aciagos (según
las características del número, el signo diario y el
dios asociados a ellos) se consideraban vitales para
todo tipo de cosas, como sembrar u ofrendar a los
dioses. Asimismo, podía predecirse el destino de
una persona según el día en que nació. Los días
con el número 13 se consideraban favorables debido
al vínculo con los 13 dioses principales aztecas, y un
nacimiento en 1-Viento o 1-Lluvia se asociaba con la
posibilidad de convertirse en un peligroso hechicero.

Como muchos filósofos y practicantes de magia
del Renacimiento europeo, los aztecas daban gran
importancia a la astrología y la astronomía. La
observación del cielo y el control preciso del tiempo
alimentaban un complejo sistema calendárico de
ciclos interdependientes, incluido un zodiaco de
20 signos, central en la magia y los rituales.

Instrumentos divinos

La cultura azteca estaba llena de practicantes de
magia, como *teixcuepani* (ilusionistas), *temacpalitotique*
(hechiceros-ladrones), *tlacatecolotl* (hechiceros llamados
«hombres-lechuza»), *ticitl* (médicos-adivinos) o
tonalpouhqui (augures). Muchos objetos se consideraban
dotados de poderes especiales o mánticos, como los
granos de maíz, que se tiraban al suelo para luego
interpretar los patrones que formaban, o los palitos
lanzados para determinar qué dios era responsable
de una enfermedad. De hecho, los aztecas creían

◀ **Adivinación con maíz**
En esta ilustración del Códice Magliabecchiano (siglo XVI), un
adivino, supervisado por el dios del viento, lanza unos granos
de maíz sobre un paño para leer sus patrones. La adivinación
con maíz también podía implicar lanzar los granos en agua.

«Yo soy la fuerza del mundo [...] yo soy el que sabe cómo volar.»

CANTO RITUAL AZTECA

en afecciones mágicas enviadas por los *tlacatecolotl*, y a los maldecidos se les podían administrar alucinógenos como el peyote para ayudar al *ticitl* a identificar la maldición.

¿Hechicería o satanismo?

Una conocida figura de la mitología azteca es la *tlahuipuchtli* (hechicera luminosa) Malinalxochitl, quien, según la creencia, causaba muertes horribles a sus enemigos. Los habitantes actuales del pueblo de Malinalco, supuestamente fundado por ella, aún arrastran reputación de magos.

Para los aztecas, el sacrificio ritual de humanos y animales era una parte central y honorable de la satisfacción a los dioses. Pero los colonizadores lo consideraron una práctica satánica y bárbara, y con el tiempo, el significado y contexto culturales de la práctica fueron ignorados o malentendidos.

▼ **Rituales venerables**
Esta imagen del Códice Ramírez (o Tovar) representa a tres sacerdotes haciendo ofrendas rituales para prevenir la sequía. El primero (izda.) lleva un incensario donde arde una resina aromática llamada copal, usada a menudo en ceremonias aztecas.

MAGIA FILOSÓFICA
hermetismo, divinidad y universo

▲ Maestro teórico
Hermes Trismegisto (en el centro), representado en el suelo de la catedral de Siena. El supuesto creador del *Corpus hermeticum* es mostrado aquí como contemporáneo de Moisés.

El hermetismo es un conjunto de ideas filosóficas y teológicas que fueron muy debatidas en la Europa renacentista. Uno de sus conceptos centrales era la creencia en un espíritu que unifica el universo y todo lo que hay en él. Un ser humano sería un microcosmos, una miniatura del universo o macrocosmos (la totalidad del sistema).

Nuevas vías para viejas ideas
Muchas ideas renacentistas etiquetadas hoy como herméticas eran, en realidad, platónicas, y procedían del filósofo ateniense a través del romano Plotino, que en el siglo III desarrolló un concepto de unidad como fundamento del universo. Una obra clave de la tradición hermética fue el *Corpus hermeticum*, una colección de textos bizantinos que exploraban la naturaleza mística de la divinidad y el universo, y su relación con la humanidad. Todas estas ideas fueron redescubiertas en la Florencia del siglo XV. Hacia 1460, el estudioso Marsilio Ficino empezó a traducir al latín una versión griega del *Corpus*. Su traducción de 1471 incluía dos tratados: el *Asclepius*, con material sobre la magia ritual, y el *Poimandres*, con pasajes sobre astronomía-cosmología.

El *Corpus hermeticum* adopta la forma de diálogos entre diversos jóvenes y la figura legendaria de Hermes Trismegisto (literalmente, «Hermes el tres veces grande»), considerado a menudo como una amalgama de dos dioses paganos: el egipcio Thot (p. 25) y el griego Hermes. Se decía que el *Corpus* había sido escrito por Hermes Trismegisto y que era el saber del antiguo Egipto, transmitido a Moisés y luego a Platón.

Avances científicos
Ciertas implicaciones prácticas del hermetismo, como poner a prueba la naturaleza a través de experimentos, atrajo a numerosos intelectuales renacentistas interesados por la ciencia. Sus sugerentes nuevas ideas sobre el funcionamiento del universo acabaron entrelazándose con la magia. Filósofos radicales italianos, entre ellos Giordano Bruno (recuadro, abajo) y Giovanni Pico della Mirandola, combinaron hermetismo y filosofía natural, magia natural y otras formas de magia.

GIORDANO BRUNO (1548–1600)

Un pensador libre

Un pensador radical que respondió a los preceptos herméticos fue el controvertido filósofo y ocultista italiano Giordano Bruno, que escribió varios tratados de magia y afirmó que los magos podían hacer más por medio de la fe que los médicos por medio de la verdad. Sus ideas implicaban a menudo la magia natural, como las atracciones y repulsiones naturales entre las cosas, y buscó nuevas verdades sobre las fuerzas de la existencia. La teoría de Bruno sobre un universo infinito y un alma universal incluía ideas que muchos consideraron blasfemas, como la sugerencia de que los milagros de Cristo eran simples conjuros. En 1600 fue ejecutado por el cargo de herejía.

Estatua de bronce erigida en 1889 en el lugar de la ejecución de Bruno en Campo de' Fiori (Roma).

«¿Ves, hijo mío, cuántos cuerpos hemos de atravesar […] a fin de ir aprisa hacia el Uno y Solo?»

CORPUS HERMETICUM

El *Discurso sobre la dignidad del hombre*, de Pico della Mirandola, empezaba con una cita del *Asclepius* de Ficino y fue escrito para acompañar a sus controvertidas *Conclusiones mágicas y cabalísticas* (1486), donde proponía que la naturaleza divina de Cristo podía provenir de la magia y la Cábala (pp. 136–139).

Fuera de Italia, otros científicos-ocultistas del Renacimiento tomaron también préstamos del hermetismo, como los británicos Robert Fludd, que entrelazó astrología y pensamiento hermético; John Dee, consejero de Isabel I; o Isaac Newton, que se interesó por la alquimia. El médico suizo Paracelso, fundador de la medicina moderna, vinculó las enfermedades con la influencia dañina de ciertas estrellas en el universo unificado hermético. Como él, el alemán Cornelio Agripa veía en la magia una clave del sentido de la vida y consideraba a Hermes Trismegisto como una de las primeras autoridades al respecto. El hermetismo también influyó en movimientos ocultistas posteriores, como la Orden Hermética de la Aurora Dorada del siglo XIX (pp. 242–243).

▼ **Unificar el universo**
Este diagrama de Robert Fludd, de *c.* 1617, representa el microcosmos del hombre dentro del macrocosmos del universo. Este incluye el sol, la luna y los planetas, así como seres divinos superiores. En el microcosmos se listan los cuatro temperamentos.

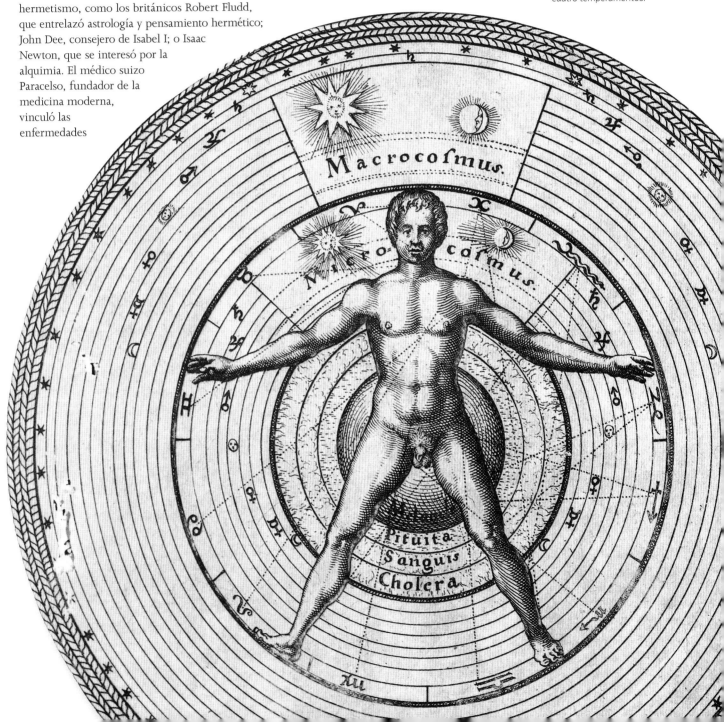

SECRETOS DE LA DIVINIDAD
la tradición cabalística

▼ **Escalera celestial**
Esta xilografía procedente de *Lògica nova*, de Ramon Llull, ilustra su noción de organizar las ideas como una escalera. Ascender por sus peldaños significa elevarse de la vida cotidiana a los dominios celestiales.

Las ideas cabalísticas suelen asociarse con lo oculto y el secretismo; creencias como que los humanos compartimos «chispas» de la divinidad contribuyen a ese aura de conocimiento misterioso. Entre las ortografías de la palabra están Cábala, Kábala y Qabaláh, con frecuencia asociadas con distintas tradiciones, como el judaísmo, el cristianismo, el hermetismo o el ocultismo. En general, en castellano se usa la primera.

Muchas ideas cabalísticas renacentistas procedían del misticismo mágico judío de la Edad Media, que incluía métodos esotéricos como el uso de símbolos (específicamente del alfabeto hebreo) para interpretar el Tanaj (la Biblia hebrea). En países con población musulmana o árabe, como España, surgió una fértil mezcla de tradiciones esotéricas judeoislámicas que dio origen a otras prácticas cabalísticas, como el empleo de símbolos y talismanes arcanos para obtener el conocimiento místico. Signos crípticos, letras y números también están en el núcleo de la Cábala occidental.

La Cábala cristiana
En el Renacimiento floreció una forma cristiana de Cábala coloreada por el hermetismo de la época (pp. 134–135). Los cabalistas cristianos exploraron ideas complejas sobre la unidad del universo, y la Cábala vino a ocupar un puesto clave en la historia de la magia occidental.

Precursora de la Cábala renacentista fue la obra del místico cristiano mallorquín del siglo XIII Ramon Llull (Raimundo Lulio). Hoy algunos interpretan sus teorías en un sentido semicabalístico, incluido su uso de figuras similares a las *sefirot* (p. 89) de la Cábala

▶ **Doctrina esotérica**
Esta es una versión coloreada del Árbol de la Vida que figura en *Las puertas de luz*, de Yosef Chicatella. Las diez esferas del árbol se relacionan con las diez emanaciones que representan la naturaleza divina de Dios y las energías creadoras.

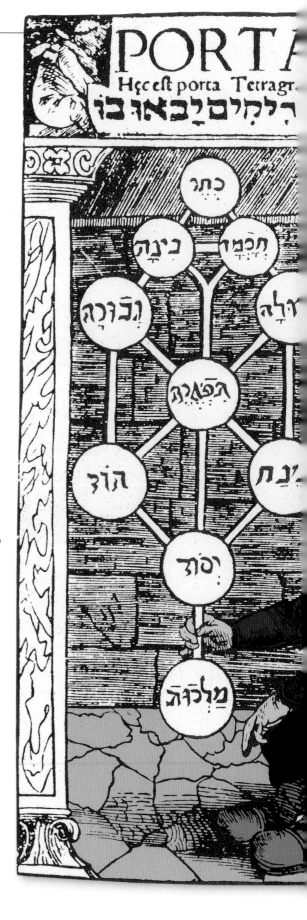

judía. La Cábala cristiana también se vio influida por judíos españoles convertidos al cristianismo, como Pablo de Heredia, cuya *Epístola de secretos* (c. 1486) suele considerarse la primera obra significativa de la Cábala cristiana. Cuando los judíos no conversos fueron expulsados de España en 1492, la Cábala se difundió por Europa.

Entre los cabalistas cristianos del Renacimiento destacan Pico della Mirandola (recuadro, abajo); Johann Reuchlin, autor de *De arte cabalística*; Cornelio Agripa, cuya *De occulta philosophia* vinculaba Cábala y magia; o Paulus Ricius, traductor de *Las puertas de la luz* de Yosef ben Abraham Chicatella (izda.), que contiene la que se supone la primera imagen no judía del Árbol de la Vida. Símbolo extraído de la Cábala judía, el Árbol de la Vida se vincula con la idea hermética de la unidad entre humanidad, divinidad y universo, y con el tetragrámaton hebreo: un vocablo de cuatro letras empleado para expresar el nombre de Dios.

> ## «El mago es ministro de la naturaleza, y no su simple artífice.»

G. PICO DELLA MIRANDOLA, *DISCURSO SOBRE LA DIGNIDAD DEL HOMBRE* (1486)

GIOVANNI PICO DELLA MIRANDOLA (1463–1494)

Padre de la Cábala cristiana

Mirandola fue uno de los primeros en introducir la Cábala en la cultura cristiana occidental. Promovió el interés por la magia ritual dentro del cristianismo, y sus escritos aunaron corrientes como el misticismo judío, el platonismo, el humanismo y el hermetismo. Distinguió la magia natural benéfica –vinculada a las obras divinas– y la filosofía natural de la magia dañina. En 1486 planeaba exponer una recopilación de sus ideas, conocida como *Las 900 tesis*, ante una reunión de académicos de toda Europa, pero la asamblea fue prohibida y sus tesis condenadas por el papado.

CLAVE

1 La luz central emana del tetragrámaton hebreo, transliterado «YHWH», que representa a Dios.

2 Los rayos de luz emanan desde la figura que representa al día y se reflejan en el espejo.

3 El título latino se traduce como «El gran arte de la luz y las sombras». En un juego de palabras, *magna* puede traducirse como «magnético» en lugar de «grande».

4 La figura de la noche está vestida de estrellas.

5 El águila bicéfala es un símbolo del patrón de Kircher, el sacro emperador Fernando III.

▶ **Descifrar lo divino**
La portada del *Ars magna lucis et umbrae* (1646) de Athanasius Kircher mezcla la ciencia de la óptica con lo esotérico y presenta un simbolismo cabalístico.

▶ **Alejar los problemas**
Usada quizá como talismán protector, esta imagen cabalística del siglo XVII muestra en el centro una menorá hebrea –candelabro de siete brazos– formada con palabras. Los brazos simbolizan las siete ramas del conocimiento universal.

Una práctica en desarrollo

Durante el siglo XVII, diversos eruditos empezaron a conectar ramas de la Cábala con ideas filosóficas, científicas o religiosas emergentes. Abraham Cohen de Herrera intentó conciliar Cábala y filosofía, mientras que la *Kabbala denudata* (1677–1684) de Christian Knorr von Rosenroth proporcionó a los cabalistas cristianos una antología de textos de la Cábala judía traducidos al latín.

La ya antigua distinción entre Cábala meditativa y «práctica» (p. 87) persistió, así como la asociación de esta última con la magia. Ello se debía básicamente a su uso de signos, símbolos y palabras —en especial las vinculadas con los nombres de Dios y los ángeles— para interactuar con la divinidad e influir en la realidad, más que como un medio para profundizar en su comprensión. Los cabalistas prácticos aspiraban a que sus rituales y talismanes, como el hecho de grabar el nombre de un ángel en un disco de metal, tuvieran un efecto real.

Desentrañar el universo

El jesuita alemán Athanasius Kircher, de gran erudición y prolífica actividad académica, se ha considerado a menudo el último hombre del Renacimiento. Sus estudios abarcaron la medicina, la egiptología, las matemáticas, la astrología, la numerología y el descifrado de códigos complejos. Atraído por el desvelamiento de los secretos, las maravillas y las grandes fuerzas del universo, emprendió una investigación para interpretar los jeroglíficos del antiguo Egipto, empresa popular entre los interesados en cuestiones esotéricas.

Esto lo llevó a establecer vínculos entre la Cábala y la mitología egipcia. Sus búsquedas esotéricas fueron importantes para la rama hermética de la Cábala debido a su creencia en un conocimiento universal que unificaba a los humanos con el cosmos y que reunía todos los campos del saber. Su versión del Árbol de la Vida se usa todavía en la Cábala occidental.

Declive y pervivencia

Hacia finales del siglo XVII, el interés por la versión cristiana de la Cábala declinó, probablemente debido al auge de la ciencia moderna. No obstante, la Cábala continuó bajo diversas formas, entre ellas las ramas esotéricas del judaísmo y ciertas prácticas ocultistas, y su influencia también pervivió en algunas ramas del hermetismo.

▼ **El Cristo de la Cábala**
Esta ilustración de la *Kabbala denudata* (1677–1684) de Christian Knorr von Rosenroth, cabalista cristiano, representa la cabeza de «Adam Kadmón» o el «Gran Rostro», considerada por muchos cabalistas como una figura universal de Cristo.

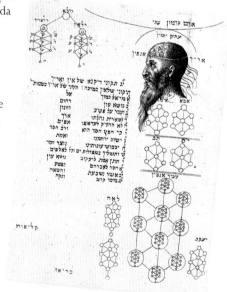

«El mundo está atado con nudos secretos.»

ATHANASIUS KIRCHER, *MAGNETICUM NATURAE REGNUM* (1667)

▲ **Toque divino**
Este fresco de mediados del siglo XVII muestra al rey Francisco I de Francia, abogado del derecho divino de los reyes, ofreciendo su toque sanador a enfermos con escrófulas durante su visita a Bolonia en 1515.

LAS ELEVADAS ARTES DEL RITUAL

magia ceremonial

La práctica de magia ceremonial o ritual ganó impulso en el Renacimiento. En contraste con la magia natural (p. 144), que exaltaba las maravillas innatas de la naturaleza, la magia ritual implicaba el empleo de acciones, ceremonias e instrumentos específicos en un orden establecido, a menudo con el fin de invocar espíritus. Así, en sus prácticas ocultas, un practicante de magia natural podía centrarse en las estrellas en sí mismas, mientras

que un mago ceremonial se aplicaba a la invocación de espíritus astrológicos.

Sanción oficial

Aunque la Iglesia católica era intolerante con cualquier ritual no cristiano o mágico que viera como una amenaza para la ortodoxia, el uso del ritual ya estaba integrado en prácticas aceptadas tanto por la Iglesia como por el Estado. Un rito aceptado oficialmente,

▶ Obsequio de un ángel

John Dee afirmaba que el ángel Uriel le había regalado en 1582 este cristal, donde decía ver símbolos o espíritus que ayudaban a curar enfermedades o predecir el futuro.

con paralelismos con la curación mágica, procedía de la creencia en el derecho divino de los reyes: la idea, que perduró a lo largo del Renacimiento, de que los reyes eran seres semidivinos cuya autoridad procedía de Dios. Muchos monarcas renacentistas abrazaron esta idea. La gente consideraba que reyes y reinas poseían poderes especiales, por lo que creían que ser tocados por ellos, o tocar una moneda que ellos habían tocado, podía curar enfermedades como el bocio o la escrófula (conocida como «mal del rey»). Se celebraban grandes ceremonias rituales en las que cientos de afectados recibían el toque real sanador. El poder del contacto del monarca se consideraba milagroso y, dado que el rey era visto como el representante de Dios en la tierra, tales rituales se presentaban más como religiosos que como mágicos, aunque su naturaleza era ambigua.

Hablar con los ángeles

La taumaturgia (la facultad de obrar prodigios o milagros) fue central en la obra del matemático-ocultista inglés del siglo XVI John Dee. Este también promovió la magia enoquiana, práctica ceremonial que utilizaba una maraña de signos, símbolos y códigos numéricos para invocar y comunicarse con espíritus angélicos como los arcángeles Gabriel y Uriel con el fin de obtener conocimiento. De hecho, Dee afirmaba contactar con la divinidad a través de una práctica basada parcialmente en el apócrifo Libro de Enoc judeocristiano, en el cual Enoc, un ancestro de Noé, era instruido en los misterios del cielo. También había una lengua enoquiana, un alfabeto especial que supuestamente se remontaba a la creación del mundo. Según Dee, para comunicarse con los ángeles empleaba cuadrículas con letras

▶ La mesa más sagrada

Esta es una copia en mármol del siglo XVII de la Mesa Sagrada de madera de John Dee, rellena con las letras enoquianas con las cuales se decía que los ángeles deletreaban sus mensajes para Dee y Kelley. Dee construyó la original en 1582 según las instrucciones angélicas recibidas a través de Kelley.

enoquianas que estos seleccionaban para formar frases. Describió sus conversaciones angélicas en varias obras, incluido su manual de magia *De heptarchia mystica* (1582).

Ver el futuro

John Dee desarrolló complejos sistemas numéricos para sus ritos adivinatorios. El número siete era central, en parte por la tradición de las siete esferas planetarias. Con su socio Edward Kelley actuando como médium, también usaron recursos mánticos como espejos o cristales (cristalomancia) para recibir las enseñanzas de los ángeles.

«Oh, agradable seducción, Oh, deslumbrante persuasión…»

JOHN DEE SOBRE LOS NÚMEROS, PRÓLOGO A LOS *ELEMENTOS* DE EUCLIDES (1570)

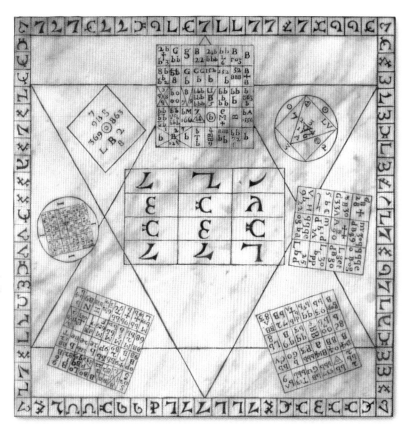

EN LA PRÁCTICA

Goecia frente a teúrgia

En el Renacimiento, autores como Agripa dividían la magia ceremonial en dos tipos: goecia y teúrgia. Mientras que la goecia se suele identificar con la invocación de demonios (fuerzas opuestas a Dios), la teúrgia («acto divino» en griego) se asocia con rituales que atraen poderes benéficos. La teúrgia usa prácticas mágicas como la mántica para invocar la ayuda de espíritus benefactores, a menudo ángeles (representantes de Dios); por tanto, implica la unión de lo humano con lo divino. Sin embargo, fue criticada por las autoridades religiosas, escépticas ante la idea de comunicarse con espíritus angélicos y temerosas de que pudiera tratarse de demonios disfrazados.

El *Sigillum Dei* (**Sello de Dios**), un poderoso símbolo que supuestamente permitía a su portador relacionarse con casi cualquier espíritu.

Las fuerzas de la oscuridad

Para la magia angélica y para la demoníaca se utilizaban distintos tipos de práctica ritual, si bien ambas incluían enfoques de la magia culta académica. Aunque algunos portentos de la magia ceremonial recordaban a los milagros de la Biblia y el cristianismo, los atribuidos a una figura distinta a Dios corrían el riesgo de ser etiquetados como magia demoníaca. La obra de Dee y Kelley fue condenada como tal al menos en una ocasión. A pesar de que Dee asesoró a reyes y nobles de toda Europa sobre cuestiones científicas, filosóficas y ocultistas, en 1555 fue arrestado y encarcelado en Inglaterra por cargos que incluían la brujería, aunque luego fue liberado.

Ciertamente, la magia ceremonial tenía un lado oscuro. Este tenía dos aspectos: uno era la magia intrínsecamente maligna; el otro era la magia que,

según sus practicantes, tan solo se relacionaba con fuerzas oscuras para dominarlas y expulsarlas.

La magia ceremonial compleja, como la de Dee, se inspiraba en la matemática, la alquimia, la cosmología y la astrología de Oriente Próximo para crear complicados rituales, diagramas y talismanes destinados a aprovechar el poder de las estrellas y el cosmos. Estas prácticas podían utilizarse para invocar tanto a demonios como a ángeles, y la línea divisoria entre la magia benigna y la maligna a menudo no estaba clara; quienes se relacionaban con demonios siempre podían decir que pretendían derrotarlos.

La sabiduría y los pecados de Salomón

La forma ritual más frecuentemente asociada con la magia maligna durante el Renacimiento fue la goecia (recuadro, arriba). El término se empleaba normalmente para referirse a las prácticas mágicas destinadas a invocar a demonios, en especial a los asociados con Salomón, el rey israelita bíblico.

En las tradiciones judía, cristiana y musulmana, Salomón era famoso por su gran sabiduría y por haber construido el primer templo de Jerusalén. Las tres tradiciones le otorgaron atributos mágicos, entre ellos, el poder sobre espíritus y demonios. También se dice que perdió la gracia divina

> **«¡Contempla los misterios del Sello de Salomón que presento ante tu poder y presencia!»**
>
> *LLAVE MENOR DE SALOMÓN* (SIGLO XVII)

cuando pospuso la adoración a Dios a los asuntos terrenales. Este conjunto de características lo hacía atractivo para los practicantes de muchas clases de magia ritual, y dio lugar al desarrollo de una forma de magia con rasgos salomónicos.

Sellos y símbolos

Los rituales mágicos salomónicos incluían a menudo símbolos vinculados a un anillo mágico, el Sello de Salomón, del cual se decía que era un obsequio de Dios que concedía al rey poder sobre los demonios. Los

▶ **Cuadrados cósmicos**
Los cuadrados mágicos eran talismanes que usaban la magia astrológica para aprovechar las fuerzas planetarias. En este cuadrado de Júpiter, de 1651, todas las filas suman 34.

símbolos que incluían formas y estrellas con cinco, seis o siete puntas se asociaban comúnmente al anillo de Salomón, y solían estar rodeados por un círculo. Se representaban sobre artefactos conocidos como pentáculos, que supuestamente actuaban como talismanes protectores o tenían la capacidad de convocar o repeler espíritus.

En el Renacimiento circularon muchos libros que se suponían escritos por Salomón o basados en su sabiduría, entre ellos el *Lemegeton* o *Llave menor de Salomón*, un grimorio anónimo de mediados del siglo XVII que daba instrucciones para contactar con espíritus tanto angélicos como demoníacos. La popularidad de estos textos es testimonio del atractivo de esta corriente de la magia ceremonial.

▲ **Convocados del infierno**
En esta imagen del siglo XV, cinco demonios liderados por Belial comparecen ante Salomón y Moisés. Se decía que Salomón influía en los demonios mediante el poder sagrado, pero algunos magos buscaban usar esta influencia para fines malignos.

MAGIA Y CIENCIA TEMPRANA
filosofía natural y oculta

En el crisol de la Europa renacentista se establecieron las primeras distinciones entre superstición, ciencia y seudociencia. En este proceso fueron importantes la filosofía natural (el estudio del mundo natural) y la filosofía oculta (el estudio de los supuestos poderes ocultos en la naturaleza).

En la época medieval, el obispo Guillermo de Auvernia había definido la magia natural como aquella que hacía uso de los poderes inherentes al mundo natural. La filosofía oculta del Renacimiento acompañó y, en ciertos aspectos, sucedió al estudio de la magia natural. Fue un tiempo en que magia, filosofía, ciencia y religión se solapaban, y algunos filósofos naturales también buscaban revelar las causas naturales ocultas de fenómenos que parecían milagrosos o sobrenaturales.

Magia y filosofía natural

Los filósofos naturales estudiaban las fuerzas universales implicadas en aspectos de la astronomía, la alquimia y los seres vivos. Examinaron objetos como el sol, las plantas y las rocas en cuanto a sus propiedades físicas, intentando identificarlas y explicarlas mediante el establecimiento de leyes generales de la naturaleza. Como diría el filósofo Pico della Mirandola (p. 137) en su *Discurso sobre la dignidad del hombre* (1486): «Hay dos clases de magia; una consistente toda ella en obra y poder de los demonios [...] otra que, si bien se examina, no es sino consumada filosofía natural».

Lo oculto como fuerza del bien

La magia estudiada por los filósofos ocultistas, considerada como «buena» y relativamente académica, contrastaba con la magia ceremonial que convocaba a espíritus a través de rituales de teúrgia y goecia (p. 142). Tanto la ciencia como la

▼ **Entre líneas**

Este grabado de *De occulta philosophia* de Agripa, una importante obra de filosofía oculta, muestra las líneas y las áreas de la mano asociadas con los distintos signos del zodiaco. Obras como esta fueron clave para la quiromancia (lectura de manos) en el Renacimiento.

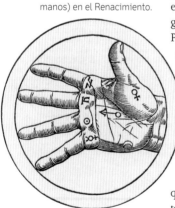

«La magia [...] la filosofía más elevada.»

CORNELIO AGRIPA, *DE OCCULTA PHILOSOPHIA* (1530)

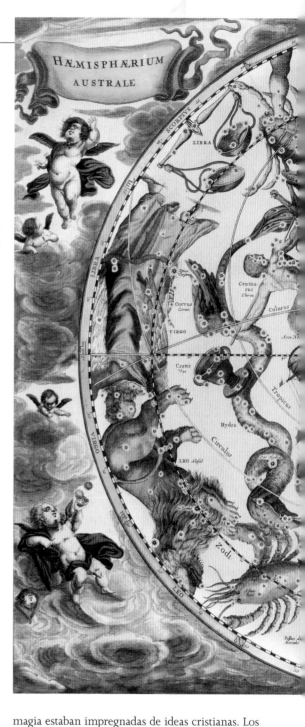

HÆMISPHÆRIUM AUSTRALE

magia estaban impregnadas de ideas cristianas. Los alquimistas, por ejemplo, veían en la transmutación mística de metal en oro un paralelismo con la Resurrección. La Iglesia no se interesaba por áreas como la astrología, pero la mezcla de la religión con otras disciplinas requería un delicado equilibrio y se arriesgaba a acusaciones de herejía. Los filósofos ocultistas, como seguidores tanto del cristianismo como del hermetismo (pp. 134–135), buscaban los principios subyacentes de un orden natural divino.

◀ **Representar el universo**
Este mapa celeste del siglo XVII es obra
del cartógrafo alemán Andreas Cellarius.
La exploración y los estudios astronómicos
fueron capitales en la cultura renacentista:
la astronomía era una importante rama
de la filosofía natural.

EN CONTEXTO

El alfabeto tebano

El llamado alfabeto tebano, un sistema de
escritura con equivalencias con el latino, se
incorporó al mundo ocultista en el Renacimiento.
Atribuido a menudo a Honorio de Tebas, un
misterioso (y posiblemente mítico) autor
medieval, fue publicado por primera vez en la
Polygraphia (1518) de Juan Tritemio. Agripa
lo incluyó en su *De occulta philosophia*: aun
siendo posterior a la *Polygraphia*, se suele
considerar esta como la primera aparición
significativa del alfabeto y la que le dio
relevancia. Históricamente, este alfabeto
se usó a menudo para velar el contenido de
los escritos mágicos, y mucho después sería
adoptado por los wiccanos (pp. 264–267).

El alfabeto tebano según la *Polygraphia* del polímata
Juan Tritemio (siglo XVI).

El escepticismo y lo oculto

Un influyente filósofo ocultista que chocó con las
autoridades cristianas fue el erudito alemán Enrique
Cornelio Agripa, a quien se atribuye la primera
distinción importante entre la magia ritual y las
disciplinas combinadas de la magia y la filosofía
naturales en su *Declamación sobre la incertidumbre y vanidad
de las ciencias y las artes* (1530). Agripa era un escéptico,
lo que en términos filosóficos significa que se
aplicaba a sus estudios con espíritu inquisitivo,
repensando el conocimiento admitido. Promovió
con afán la magia natural e intentó unir distintas
ramas del conocimiento en obras como *De occulta
philosophia*, y creía que la divinidad de Dios lo
sostenía todo, incluida la magia benéfica. Los
italianos Pico della Mirandola y Marsilio Ficino
compartieron también este espíritu de indagación
expansiva influido por el hermetismo, y las ideas
herméticas de Agripa inspiraron a otras figuras
como Giordano Bruno (p. 134).

Ficción y realidad

El solapamiento histórico entre magia, protociencia y seudociencia se debió a que filósofos naturales, filósofos ocultistas y alquimistas trataban sus trabajos como investigaciones serias sobre el universo. Algunos se acercaron a la verdad, al menos en parte. Así, es posible convertir plomo en oro, como esperaban los alquimistas (pp. 148–151), pero es erróneo explicarlo en función del zodiaco o del movimiento de los cuerpos celestes, como hicieron ellos.

La religión también tuvo su papel en la historia de la seudociencia y la protociencia, al ser un ingrediente clave en el pensamiento mágico (en particular en la definición de magia natural). Al contribuir a tal tipo de pensamiento, ayudó además a fomentar el desarrollo inicial de las ciencias naturales.

▲ Los humanos y su mundo
Obra del artista suizo del siglo XVII Matthäus Merian o de un imitador, este paisaje antropomórfico revela un rostro humano al girarlo hacia la izquierda. Los vínculos entre la humanidad y el mundo natural eran importantes para la filosofía, y camuflar formas para explorar alegorías filosóficas fue una ocupación artística muy popular.

A diferencia de los filósofos ocultistas, los filósofos naturales lograron avances en protociencia (formas emergentes de ciencia, como los experimentos alquímicos que formaron la base de la química), aunque no siempre la diferenciaron de la magia natural o de la seudociencia (aportación que afirma ser científica y que resulta no serlo cuando se prueba con los valores admitidos por la ciencia). Buena parte de su trabajo sentó las bases de la Ilustración y la revolución científica moderna; pero hay otra parte que pertenece a la historia de las artes ocultas.

Vivir en armonía

La obra de Paracelso ilustra la intersección entre protociencia, seudociencia y magia natural. Este astrólogo, alquimista, físico, químico y médico suizo fue una figura central tanto en la ciencia médica como en la química temprana, pero también sostuvo opiniones acordes con la filosofía oculta. Recurrió a las creencias herméticas, la Cábala y el rosacrucismo, e hizo importantes investigaciones sobre el lugar de la humanidad en el universo. Tales ideas, a menudo revestidas de complejas alegorías, se reflejan en obras

«La magia es el poder de experimentar y penetrar en cosas inaccesibles a la razón humana. Pues la magia es una gran sabiduría secreta, como la razón es una gran locura conocida.»

PARACELSO, *LIBER DE OCCULTA PHILOSOPHIA* (SIGLO XVI)

artísticas de la época, como las pinturas antropomórficas (imagen, izda.) en que el paisaje forma un rostro humano, lo que evoca tanto la idea cristiana de que el hombre refleja la creación de Dios como la idea hermética de que el ser humano es un microcosmos.

Los estudios de Paracelso se basaban en la observación, la experimentación y la idea de las asociaciones entre las distintas sustancias. Su obra puede considerarse como un ejemplo temprano de la ciencia empírica, aunque él veía sus métodos como un tipo de magia.

El poder de la profecía

La filosofía renacentista contenía una mezcla aparentemente contradictoria de profecía y racionalismo. En una época en que se realizaban los primeros experimentos científicos, los filósofos ocultistas daban instrucciones sobre cómo predecir el futuro. La adivinación astral (buscar el conocimiento leyendo los cuerpos celestes) era popular; los ricos coleccionaban talismanes astrales y aparecieron juegos de adivinación. También se producían solapamientos con la filosofía natural: en *Della celeste fisonomia* (1603), el italiano Giambattista della Porta presentó la adivinación astral en términos más naturalistas. Antes, en su tratado *Magia naturalis* (1558) había explorado cómo los filósofos naturales podían usar el pensamiento filosófico y los experimentos prácticos para probar los misterios de un mundo natural apuntalado por una unidad racional más que por la magia.

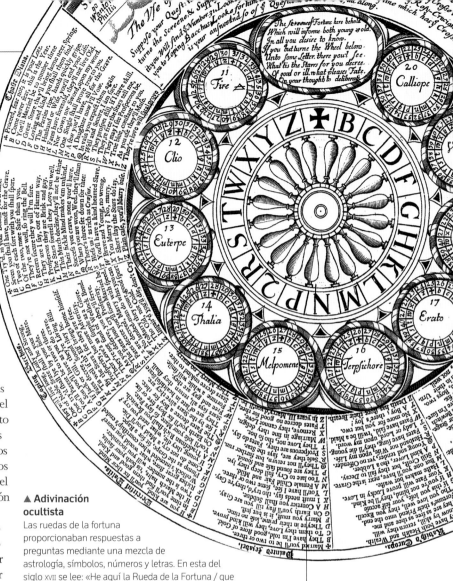

▲ Adivinación ocultista

Las ruedas de la fortuna proporcionaban respuestas a preguntas mediante una mezcla de astrología, símbolos, números y letras. En esta del siglo XVII se lee: «He aquí la Rueda de la Fortuna / que te informará, joven o viejo / de lo que desees saber».

Al girar la rueda se selecciona uno de los resultados que figuran en la franja exterior

ISAAC NEWTON (1642–1727)

La naturaleza de Newton

El físico y matemático inglés Isaac Newton se considera una de las mayores figuras de la revolución científica que comenzó en el Renacimiento y siguió floreciendo durante la Ilustración. Pero es probable que él se viera a sí mismo sobre todo como un filósofo natural. Newton estaba fascinado por la forma en que la religión y prácticas como la alquimia contribuían a la comprensión del mundo natural y sus fuerzas. Creyéndose elegido por Dios para averiguar tales verdades, acometió diversos experimentos alquímicos, y reunió una gran colección de textos sobre la materia, entre ellos el conocido como *Musaeum hermeticum*, que hacía referencia a la piedra filosofal (p. 149), y otro que decía de la alquimia que «su secreto solo puede manifestarse a los hombres elegidos por Dios».

¿FANTASÍA O CIENCIA?
la edad de oro de la alquimia

La historia de la alquimia es una historia de magia frente a ciencia, de secretismo y simbolismo, de búsqueda de conocimiento para lograr la transformación. Los alquimistas exploraron la naturaleza de la materia, persiguieron el santo grial de la conversión de metales básicos en oro, y buscaron la perfección del cuerpo y el alma. El Renacimiento fue una edad de oro para la alquimia. Sus practicantes se basaban en tradiciones que se decían iniciadas en el mundo antiguo, a las que añadieron nuevas capas de conocimiento y simbolismo. Sus obras contribuyeron a la distinción entre la primera ciencia moderna y aportaciones más esotéricas.

Alquimia y química
La alquimia renacentista también estaba vinculada a la de practicantes árabes como Geber (p. 150). La influencia árabe es visible en los propios términos «química» y «alquimia», que a menudo se usaron de forma intercambiable durante el Renacimiento, y cuyo origen mismo se halla en el griego *chymeía* filtrado a través del árabe *kimiya* (transmutación).

Muchos alquimistas del Renacimiento realizaron lo que hoy día llamaríamos investigación científica, sentando las bases del trabajo de laboratorio posterior en áreas como la química y la medicina. No obstante, muchos fueron considerados en su época charlatanes que engañaban a la gente con la promesa de riquezas. A comienzos del siglo XVIII la ciencia moderna ya estaba surgiendo, y el nombre de «alquimista» empezó a utilizarse cada vez más para designar a quien buscaba lo que empezaba a percibirse como objetivos mágicos acientíficos; por ejemplo, la creación de oro. Con frecuencia se ha dicho que la obra del erudito belga Jan Baptista van Helmont representa el paso de la alquimia a la ciencia: él creía en los principios alquímicos, pero también sostuvo que el conocimiento de la naturaleza solo se puede obtener mediante la experimentación.

◀ **Precursora de la química**
Esta imagen de un alambique doble procede del manual de destilación del cirujano y alquimista alemán Hieronymus Brunschwig (siglo XVI). Obra pionera sobre química, sus ideas procedían en gran parte de la alquimia.

Todas las cosas deben cambiar
Transmutación y purificación –convertir algo básico en algo mejor– eran conceptos clave en la alquimia, como lo eran los intentos por crear la esquiva piedra filosofal, siempre envueltos en el secreto. Se creía que la piedra permitía grandes proezas: no solo convertir metales básicos en otros preciosos; también curar la enfermedad o alcanzar la inmortalidad (a través de la panacea universal y del elixir de la vida, respectivamente), así como purificar el alma. Detrás de tales creencias estaba la antigua idea de que todas las cosas tienden de forma natural a la perfección.

Secretos y símbolos
Para lograr sus objetivos, los alquimistas seguían un proceso secreto de múltiples fases, todo él cargado de un simbolismo ligado a la religión, la filosofía natural y la magia popular, y que incluía prácticas rituales y secuencias numéricas, pero también procesos que podríamos adjudicar a la ciencia moderna, como la destilación (imagen p. 148).

▲ **Fijar lo volátil**
Esta ilustración del siglo XVII o XVIII se basa en el texto de *Las doce llaves de la filosofía* (1599), de Basilius Valentinus, el cual detalla doce pasos para crear la piedra filosofal. Las flores podrían simbolizar metales preciosos purificados.

▼ **Tras la Piedra**
El «rollo de Ripley» recibe su nombre del influyente alquimista inglés del siglo XV George Ripley. Los leones rojo y verde representan el azufre y el mercurio, dos ingredientes clave para crear la piedra filosofal.

Paralelismos antiguos

La alquimia arraigó con fuerza en Occidente durante el medievo a través de diversas influencias muy anteriores: se hallan conceptos alquímicos en las tradiciones de China (p. 51), India, Grecia y Bizancio, así como en el mundo musulmán. La alquimia occidental debía mucho a ideas árabes, muchas de ellas procedentes al parecer de un personaje llamado Geber, nombre occidental utilizado para referirse tanto a Jabir ibn Hayyan (gran alquimista árabe del siglo VIII, según la tradición) como a un alquimista europeo posterior.

El alquimista árabe Jabir ibn Hayyan en un grabado de 1584.

Las etapas del proceso destinado a crear la piedra filosofal, también llamado Opus Magnum (Gran Obra), variaban en número y tipo, desde cuatro hasta siete, como en *Splendor solis* (abajo y pp. 152–153), o doce, como en *Las doce llaves* de Valentinus. Los grupos de números asociados con símbolos formaban parte del universo de códigos secretos de la alquimia, muy marcado por la astrología. Se creía que los materiales y procesos alquímicos estaban vinculados con el número, la naturaleza y el funcionamiento de los cuerpos celestes, y los símbolos zodiacales y astrológicos se usaban ampliamente. Por ejemplo, un sistema renacentista presentaba doce «puertas» o etapas, asociadas con los doce signos del zodiaco en el orden siguiente: calcinación (Aries), congelación (Tauro), fijación (Géminis), disolución (Cáncer), digestión (Leo), destilación (Virgo), sublimación (Libra), separación (Escorpio), ceración (Sagitario), putrefacción (Capricornio), multiplicación (Acuario) y proyección (Piscis).

Progresión cromática

Los alquimistas occidentales que buscaban la piedra filosofal querían que sus procesos de laboratorio produjeran colores en un cierto orden. Había cuatro fases, aunque algunos textos mencionan más: *nigredo* o ennegrecimiento; *albedo* o blanqueamiento; *citrinitas* o amarilleamiento (fase menos mencionada); y *rubedo* o enrojecimiento, en que la piedra alcanzaba un color purpúreo que indicaba que la «piedra roja» había sido creada con éxito.

El simbolismo de los textos alquímicos estaba muy ligado a esa progresión de colores; así, por ejemplo, un cuervo podía representar la fase *nigredo*; o un pavo real, con su asombrosa cola desplegada (p. 153), representaría una fase de transición (*cauda pavonis*) marcada por un reflejo irisado.

Como es arriba, es abajo

Los alquimistas renacentistas también debían mucho a las ideas herméticas (pp. 134–135), en especial a las contenidas en un texto llamado *Tabula*

▶ **Renacido**

Las ideas de regeneración y resurrección recorren toda la alquimia. En esta imagen de *Splendor solis* (siglo XVI), un ángel coronado ofrece una prenda a un hombre que se alza de una oscura ciénaga, y cuya coloración negra y roja refleja dos de las etapas del proceso alquímico.

Smaragdina (Tabla Esmeralda). Atribuida tradicionalmente a la figura legendaria de Hermes Trismegisto, hoy en día se cree que es de origen árabe y que procede de los siglos VI–VIII. Fuente de inspiración para los alquimistas, se pensó que su críptico texto contenía secretos alquímicos e ideas herméticas para conseguir el equilibrio entre cada ser humano y el cosmos. Influyó en personajes renacentistas tan eminentes como John Dee, Isaac Newton y Paracelso, cuyas innovadoras contribuciones a la medicina se basaron en dichas ideas de equilibrio. El principio nuclear del hermetismo –la existencia de una fuerza universal unificadora de microcosmos y macrocosmos– se expresa a menudo con la frase «como es arriba, es abajo», que de hecho es un resumen de las palabras de la *Tabla Esmeralda*: «Lo que está arriba es como lo que está abajo y lo que está abajo es como lo que está arriba para la realización de los milagros de la Cosa Una». Para los alquimistas, la «Cosa Una» era una referencia a su objetivo último: la piedra filosofal.

▲ **Grabado críptico**

Anphitheatrum sapientiae aeternae… (1609), del alquimista Heinrich Khunrath, incluye esta fantasiosa imagen de la tabla de piedra verde en la que se suponía que Hermes Trismegisto habría grabado su *Tabla Esmeralda*.

«Si por fuego de carbón el empírico alquimista puede convertir, o cree posible hacerlo, los metales más impuros en perfecto oro…»

JOHN MILTON, *PARAÍSO PERDIDO*, LIBRO V (1667)

silius natus ex me , major est me .

La alquimia en el arte

Como dos de las principales preocupaciones en el Renacimiento, el arte y la alquimia se unieron a menudo en esa época. La alquimia era una golosina para los artistas: un tema colorido, fascinante y mágico, lleno de símbolos exóticos como dragones y aves majestuosas. En la pintura renacentista aparecen todo tipo de imágenes alquímicas, desde las académicas y alegóricas a las más banales.

Las intrincadas y simbólicas pinturas mostradas aquí proceden de *Splendor solis*, un manuscrito alquímico del siglo XVI iluminado con colores y oro. El texto se atribuía al famoso (pero muy probablemente mítico) alquimista renacentista Salomón Trismosín. El nombre del artista —o artistas— que pintó las imágenes sigue siendo objeto de debate.

Splendor solis relata las aventuras de un alquimista que busca la preciada piedra filosofal. En la alquimia había ciertos números recurrentes, en particular el siete: estas imágenes vinculan a siete deidades astrológicas principales —en la parte superior de cada imagen— con siete procesos alquímicos importantes. Las deidades representadas son Saturno (arriba extremo izda.), Júpiter (arriba izda.), Marte (centro izda.), el Sol (abajo izda.), Mercurio (centro), Venus (arriba dcha.) y la Luna (abajo dcha.). Cada redoma contiene el símbolo de una etapa del proceso alquímico: el pavo real representa una fase *(cauda pavonis)* que produce múltiples colores, mientras que la reina blanca (centro) y el rey rojo (abajo dcha.) simbolizan aspectos que deben unirse para producir el objetivo alquímico: la perfección.

«Con ello teñí tres metales en oro fino.»

SALOMÓN TRISMOSÍN (ATRIB.), *SPLENDOR SOLIS* (SIGLO XVI)

SECRETOS DE LA ROSA Y LA CRUZ
rosacrucismo

El rosacrucismo, movimiento secreto que debe su nombre al emblema de una rosa sobre una cruz, surgió a comienzos del siglo XVII. Los rosacruces pretendían que sus seguidores tenían acceso a conocimientos místicos ocultos y podían ofrecer la clave para transformar la sociedad, afirmaciones que hicieron al movimiento objeto de una gran especulación. El rosacrucismo dio lugar a otras órdenes afines que han pervivido durante siglos.

◄ **Símbolo de la sociedad**
El astrólogo y médico inglés del siglo XVII Robert Fludd se interesó por el rosacrucismo y reprodujo su símbolo de la rosa y la cruz en la portada de su libro *Summum bonum* (1629).

Agitación y transformación

En las décadas de inestabilidad que llevaron al estallido de la guerra de los Treinta Años en 1618, muchos europeos se volvieron hacia el milenarismo (la creencia en una inminente y dramática transformación de la sociedad). Temerosos del futuro en un continente ya asolado por las guerras de religión desde la Reforma, se aferraron a las visiones espirituales de eruditos como el médico y ocultista alemán Cornelio Agripa y el alquimista suizo Paracelso.

En esta tensa atmósfera, la aparición de tres manifiestos publicados en Alemania entre 1614 y 1616 causó furor. El primero, *Fama fraternitatis Rosae Crucis*, relataba la historia del monje alemán Christian Rosenkreuz (cuyo apellido se tradujo como Rosacruz; recuadro, izda.) y de la hermandad fundada por él. El *Confessio fraternitatis* y *Las bodas alquímicas de Christian Rosacruz* se basaban en el relato del *Fama* de una sociedad mágica secreta y añadían referencias a la Cábala, los escritos hermenéuticos (interpretativos), la alquimia y otras oscuras fuentes místicas, apelando a aquellos que pensaban que el conocimiento antiguo podía combinarse con el nuevo para iluminar al mundo.

La hermandad del hombre

Los manifiestos rosacruces hablaban de una selecta hermandad masculina que había transmitido el conocimiento durante siglos, pero nadie sabía quién era su autor. Según indicios posteriores, al menos uno de ellos fue escrito por el teólogo alemán Johann Valentin Andreae. Este atacó a los rosacruces en público y despachó sus textos como patrañas, pero en sus escritos admitió haber escrito *Las bodas alquímicas*; aunque esta admisión se hallaba en una obra que no fue publicada hasta 1799, casi 150 años después de su muerte.

CHRISTIAN ROSENKREUZ (c. 1378–1484)

Fundador legendario

El *Fama* declara que Christian Rosenkreuz (Rosacruz), un monje alemán, peregrinó a Tierra Santa y estudió artes místicas y la Cábala en Arabia y Marruecos. A su regreso en 1403 fundó una hermandad dedicada a sanar a los enfermos y transmitir los misterios. Se dice que murió en 1484, a los 106 años, y que fue el hallazgo de su tumba en 1604, supuestamente iluminada por una lámpara que no se apagaba, lo que llevó a los rosacruces a hacer públicos el manifiesto y la sociedad.

Mons philosophorum («Montaña de los filósofos»), la tumba de Rosenkreuz, guardada por un león.

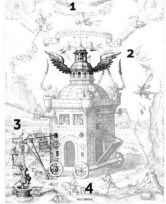

CLAVE

1 El este, identificado como Oriens.

2 Las alas elevan la ciudadela a la cima de la sabiduría y la iluminación.

3 Un hombre tira de una polea para ayudar a elevar la ciudadela sobre el nivel terrenal.

4 El oeste, identificado como Occidens.

◀ **Misterios orientales**
Esta ilustración del *Speculum Sophicum Rhodostauroticum* (1618), del alquimista alemán Daniel Mögling, representa la sabiduría y el conocimiento surgiendo por el oriente para descender sobre la ciudadela que perteneció a la Orden Rosacruz.

Pese a las dudas que rodean a su autoría, el *Fama* fue reimpreso siete veces en tres años y, para 1623, ya había unas 400 publicaciones sobre rosacrucismo. Ese mismo año aparecieron en París dos carteles rosacruces declarando que la hermandad estaba visitando la ciudad, lo que provocó una tormenta de especulaciones sobre su paradero. Muchos grandes intelectuales se interesaron por la orden. El filósofo francés René Descartes, por ejemplo, volvió a Francia desde Alemania en busca de un experto rosacruz. Los intentos de localizar a los rosacruces fueron constantes. Sin embargo, el entusiasmo por

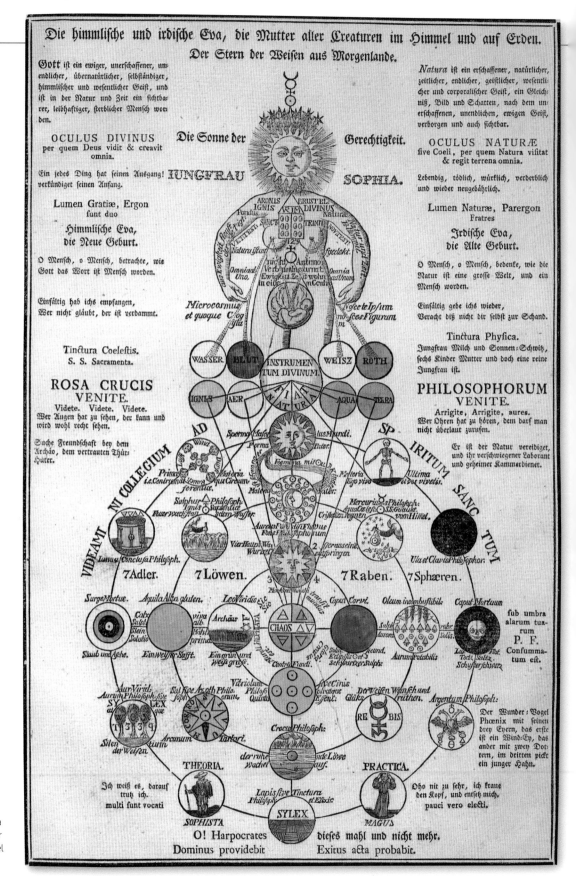

▶ Figura de sabiduría
En esta ilustración de un manuscrito rosacruz de 1785, la figura de Sophia (Sabiduría) se alza sobre una densa red de signos alquímicos, un reflejo de la complejidad alcanzada por el lenguaje de símbolos del rosacrucismo.

la orden se apagó a medida que la guerra se extendía por Europa a partir de 1618: un folleto rosacruz llegó a afirmar que la hermandad se había ido «hacia el este».

Renacer rosacruz

La optimista visión rosacruz de que el mundo podía ser reformado mediante la aplicación de un conocimiento arcano perdió gran parte de su atractivo frente a la Ilustración, que, desde fines del siglo XVII, abanderó el uso de la ciencia moderna para lograr el mismo objetivo. Con todo, en Alemania pervivía la creencia en el poder de la alquimia y la Cábala, y en 1710, Samuel Richter, pastor protestante de Silesia, publicó un breve tratado sobre la «Orden de la Rosacruz de Oro» en el que describía una nueva orden liderada por un *Imperator* en la que cada hermandad poseía un fragmento de la piedra filosofal, objetivo último de la alquimia (pp. 148–151).

Este nuevo rosacrucismo prosperó: se convirtió en una orden secreta basada en logias con un complejo sistema de creencias y ceremonias formales, en las que los aspirantes a iniciados debían responder a un catecismo de 35 preguntas ante un grupo de miembros sentados tras una mesa con un candelabro de siete brazos. Los nueve grados de la orden, que empezaban con *junior* y *theoreticus* hasta llegar a *magister* y *magus*, daban acceso a un nivel cada vez más alto de conocimiento secreto rosacruz, que incluía cómo transmutar el metal básico en oro. Para estos neorrosacruces, el cambio alquímico no era literal; se trataba más bien de una transformación simbólica hacia un plano más espiritual.

Con el tiempo, el rosacrucismo se fusionó en parte con sociedades secretas similares como la masonería y entró en conflicto con otras, como la de los Illuminati, que rechazaban la devoción del rosacrucismo por la alquimia. El renacimiento del interés por lo oculto en el siglo XIX dio un renovado impulso al movimiento rosacruz: se fundaron nuevas órdenes, incluidas ramas estadounidenses como la Rosicrucian Fellowship en Seattle (1909) y la Ancient and Mystical Order Rosae Crucis (AMORC) en Nueva York (1915). Ambas siguen en activo en la actualidad, y admiten miembros adultos tanto varones como mujeres.

◀ Posible vínculo luterano
El parecido superficial entre el sello del reformista protestante Martín Lutero (una cruz sobre una rosa) y el rosacruz llevó a algunos a especular sobre un vínculo entre ambos.

EN CONTEXTO

La sociedad ideal

Las narraciones que imaginaban sociedades ideales se hicieron muy populares tras la publicación en 1516 de *Utopía*, del inglés Tomás Moro. *La nueva Atlántida* (1627), del también inglés Francis Bacon, abogaba por el gobierno de los científicos. Muchos en los márgenes del rosacrucismo siguieron su ejemplo: *Cristianópolis*, del rosacruz Andreae, contemplaba una comunidad ideal en la isla de Caphar Salama, en el Índico. Su sociedad imaginaria se basaría en la piedad individual, la reforma educativa –desde los seis años, los niños serían formados en matemáticas y gramática en internados– y la mejora de la vida de los pobladores a través de la investigación científica.

Cristianópolis: en su obra de 1619, Johann Valentin Andreae enfatizaba la arquitectura ordenada y regular de su ciudad ideal.

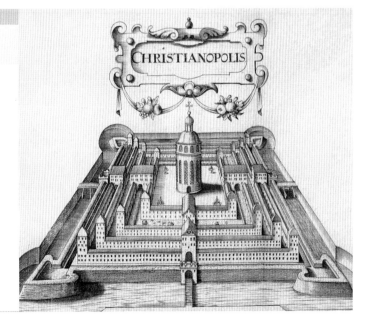

MIRAR A LAS ESTRELLAS
astrología occidental

▲ Patronazgo real

El astrónomo Giovanni Bianchini (arrodillado) presenta su *Tabulae astronomiae* al sacro emperador Federico III. Compilada por primera vez en 1442, su obra proporcionó medidas de la localización de planetas y estrellas más precisas que nunca, y fue una fuente inestimable para los astrólogos.

La astrología, la creencia en que los movimientos de estrellas y planetas influyen en las vidas humanas y los sucesos terrestres, surgió en Babilonia. En la Europa del Renacimiento, la traducción de textos antiguos fomentó el interés por la astrología al mismo tiempo que surgía una nueva disciplina, la astronomía: el estudio científico del universo y los objetos del espacio sin referencia al ser humano. Ambas disciplinas solían considerarse complementarias en la época.

En el siglo I, el griego Claudio Ptolomeo estableció su sistema astrológico, denominado tolemaico, en su obra *Tetrabiblos*. Este sistema fue usado por astrólogos renacentistas como el italiano Luca Gaurico, que se basó en él para publicar horóscopos natalicios de grandes personajes en su *Tractatus astrologicus* (1552). Los astrólogos también se beneficiaron de mecenas como el papa León X o la reina Isabel I de Inglaterra, que recurrió al polímata John Dee para que le aconsejara sobre la mejor fecha para su coronación.

Auge y caída de la astrología

La astrología renacentista influyó en otras disciplinas. El humanista italiano Marsilio Ficino afirmaba en *Tres libros sobre la vida* (1489) que el bienestar físico y espiritual de las personas podía armonizarse con el orden celestial. El astrónomo danés Tycho Brahe creía también en la astrología: al observar una «nueva estrella» en 1572 (en realidad, una supernova) lo interpretó a la luz de los acontecimientos humanos como un augurio de guerra y hambruna. Por su parte, los astrólogos usaron la mayor precisión de las mediciones celestes facilitada por la astronomía para refinar sus sistemas.

En 1647, el astrólogo inglés William Lily revelaba en su *Christian Astrology* numerosas correspondencias entre los objetos astrales y los asuntos terrenales, como que Júpiter estaba relacionado con la tez clara, la modestia, la justicia, los elefantes, los unicornios y el número tres. Por cosas así, la astrología estaba en declive. En 1586, una decretal prohibía las prácticas mágicas y la astrología; y los científicos del siglo XVII rechazaron cada vez más todo lo que tuviera que ver con la magia, incluida la lectura de las estrellas.

▶ Regidos por Júpiter

En astrología, los distintos planetas rigen áreas particulares de la vida. En *De sphaera* (1470), Leonardo Dati muestra la benignidad de Júpiter sobre panaderos, vendedores de grano y pescaderos.

EN CONTEXTO
Ciencia nueva

La Ilustración debilitó el asimiento de la astrología sobre la ciencia. Isaac Newton (a pesar de ser un aplicado alquimista) formuló la teoría de la gravedad y desvió la opinión académica de la cosmología tolemaica (según la cual la Tierra era estacionaria y el centro del universo) hacia una visión del mundo basada en la ciencia. La noción astrológica de las relaciones predecibles entre las estrellas y los planetas y la fortuna de las personas fue sustituida por la creencia en que el universo funcionaba según un conjunto de leyes científicas fijas.

Ilustración de *Astronomicum Caesareum* (1540), obra de astrología tolemaica de Pedro Apiano.

> «Príncipe sapientísimo, a vos no os resulta ajeno cuán provechosa es la astrología para los hombres.»

GIOVANNI BIANCHINI, *TABULAE ASTRONOMIAE* (SIGLO XV)

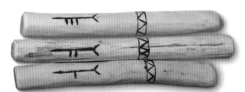

▲ **Varas ogámicas célticas** grabadas con símbolos ogam (letras de un alfabeto irlandés temprano unidas por una línea continua). En un juego hay 26 varas, 25 con símbolos y una sin ellos. Para una adivinación se sacaban al azar tres varitas de un saco.

▶ **Los péndulos** se usan en una forma antigua de adivinación denominada palomancia. El significado de la dirección en que se inclina el péndulo es predeterminado por el usuario. Normalmente, el inquiridor hace una pregunta y el péndulo se mueve hacia una respuesta afirmativa o negativa.

La superficie pulida es reflectante y ayuda al adivino a tener visiones

▲ **Los dados astrológicos**, que se lanzan para ser interpretados, son tres: uno con los signos del zodiaco (izda.); otro con el Sol, la Luna y los planetas (dcha.); y otro numerado del 1 al 12 para las doce casas zodiacales.

▲ **La Merkabá** es un símbolo de energía divina: en hebreo, *mer* significa luz; *ka*, espíritu; y *ba*, cuerpo. Adopta la forma de una estrella de ocho puntas (dos pirámides combinadas). En adivinación se hace oscilar como un péndulo o se hace girar colgado en una montura.

▲ **La bola de cristal** revela secretos o visiones del futuro a quien sabe escrutar o mirar en su interior. Estas bolas se han utilizado en adivinación durante milenios, y atrajeron a famosos practicantes, como John Dee, alquimista de Isabel I de Inglaterra.

▲ **Las cartas del *I Ching*** son una versión moderna del antiguo libro oracular chino (pp. 52–53). El patrón de líneas dentro del círculo inferior izquierdo reproduce las varitas de milenrama que eran los instrumentos mánticos originales.

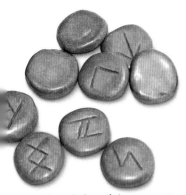

▲ **Las piedras rúnicas** van en juegos de 24, cada una con un símbolo rúnico al estilo nórdico antiguo. El adivino invita al inquiridor a elegir una o más piedras sin mirar y luego interpreta la selección.

▲ **El lanzamiento de dados** procede de la astragalomancia, un antiguo método de adivinación. En origen, los dados eran tabas u otros huesecillos de oveja o cabra. Se trata de interpretar los números que salen.

▲ **Las varas de zahorí** revelan agua oculta o depósitos minerales al moverse en respuesta a movimientos subconscientes de las manos del zahorí. En el pasado se usaban ramitas en horquilla, pero hoy suelen emplearse varillas en forma de L.

▲ **La lectura de hojas de té** (taseografía) es tan antigua como el consumo del té, y sigue siendo popular. Para hacer la lectura, el adivino interpreta el patrón de las hojas que quedan en el fondo de la taza.

▲ **Los tableros de espiritismo** (a menudo llamados ouija) se supone que deletrean mensajes de espíritus de ultratumba a medida que el puntero se desplaza por las distintas letras. En realidad, los participantes lo mueven de forma subconsciente.

Recursos mánticos

La lectura de patrones y signos para adivinar el futuro es una de las formas más antiguas y extendidas de práctica ocultista. Muchos métodos son populares aún hoy, reinventados y actualizados para las necesidades modernas, en particular por los seguidores de la New Age. Las distintas culturas han elegido distintos signos para interpretar, y los estudiosos han identificado muchos tipos de mánticas (prácticas adivinatorias), desde la abacomancia (que emplea ábacos y tablas con respuestas) a la xilomancia (que usa ramas o su corteza).

▲ **Los espejos de adivinación** tienen una larga historia, y aún se usan como instrumento para invocar espíritus con la idea de que estos pueden ofrecer conocimiento del pasado, del futuro o de sucesos que se producen en otro lugar en el presente.

EL PODER DE LA PREDICCIÓN
almanaques y calendarios

En los siglos XVI y XVII, los almanaques eran más comunes que los libros académicos sobre astrología. A diferencia de las agendas actuales, contenían información práctica, desde fiestas religiosas, días festivos y días de mercado, hasta datos más específicamente astronómicos, como las horas de salida y puesta del sol, y predicciones astrológicas sobre el clima, los cultivos o la política. Aunque sus orígenes se remontan a las tablillas de presagios babilónicas del siglo I a. C., el uso de almanaques no se generalizó hasta la invención de la imprenta, cuando pudieron producirse y distribuirse de forma barata y rápida. Johannes Gutenberg, inventor de los tipos móviles, publicó el primer almanaque impreso en 1448. Estos se extendieron con rapidez por Francia y Alemania, y en la década de 1490 llegaron a Inglaterra, cuando el astrólogo italiano Guglielmo Parrone produjo allí uno. A inicios del siglo XVII habían alcanzado las colonias norteamericanas: en 1639 se imprimió *An Almanac for New England* en asociación con la Universidad de Harvard.

Locos por los almanaques

Los almanaques tuvieron una gran acogida; solo entre 1664 y 1666 se vendieron en Inglaterra un millón. Los *Calendarios del pastor* publicados en Francia desde fines del siglo XV estaban destinados a las gentes humildes, pero el encanto de sus secciones proféticas hacía que la aristocracia los adquiriera también, y una copia llegó a abrirse camino hasta la biblioteca del rey Francisco I. Los almanaques también trataban temas de más enjundia, en particular predicciones que se

▲ Recordatorio rúnico
Este almanaque de madera noruego del siglo XVI está escrito en rúnico. Incluye una lista de fiestas religiosas, las onomásticas diarias y los días importantes para el calendario agrícola, como el inicio del invierno.

▶ Consejo agrícola
Este almanaque inglés del siglo XVI contiene las onomásticas diarias y predicciones sobre el efecto de los signos del zodiaco (aquí Libra y Escorpio) sobre la agricultura y la vida rural.

EN CONTEXTO

Vaticinios funestos

En 1474, el matemático y astrónomo alemán Johannes Müller publicó *Ephemerides*, una serie de tablas de la posición de los cuerpos celestes. Tras su muerte se dijo que un poema profético hallado entre sus papeles predecía calamidades para 1588. Los astrólogos vincularon las predicciones de Müller con sus propios temores sobre una rara conjunción de Saturno y Júpiter habida en 1583. Al cabo, no obstante, los desastres predichos por Müller no sucedieron.

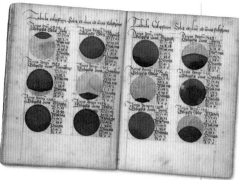

Tabla de las fases lunares en *Ephemerides* de Johannes Müller, más conocido como Regiomontano.

explayaban sobre la fecha del fin del mundo. Tales especulaciones florecían en épocas de gran agitación social, cuando las diatribas políticas se podían disfrazar como predicciones astrológicas. En Inglaterra, el *Merlini Anglicus Ephemeris* de William Lilly tuvo una amplia difusión durante la guerra civil inglesa (su primer almanaque apareció mediada la guerra, en 1645). Lilly se hizo tan famoso que en 1666 fue arrestado tras el Gran Incendio de Londres, ya que había predicho una conflagración y fue sospechoso de haberlo provocado.

Nostradamus

Aún más famoso fue el médico y astrólogo francés Nostradamus (Michel de Nostredame). Comenzó a producir un almanaque anual en 1550, y su reputación como profeta se disparó tras predecir la muerte del rey Enrique II en un torneo en 1559. Sus predicciones fueron recogidas en las *Profecías*, escritas en unas oscuras cuartetas poéticas que enmascaraban su significado. Se ha llegado a decir que estos versos predijeron sucesos como la Revolución francesa o los atentados del 11-S de 2001.

Los almanaques científicos del siglo XVII, con tablas astronómicas cada vez más precisas, atraían a compradores de mente científica, mientras que, en el extremo opuesto del mercado, continuaban proliferando almanaques populares y tradicionales como el *Almanaque del Viejo Moore*, que, publicado por primera vez en 1764, aún se publica anualmente.

▼ **Crónica del futuro**
Las predicciones contenidas en las *Profecías* de Nostradamus todavía encuentran cierta aceptación en la actualidad.

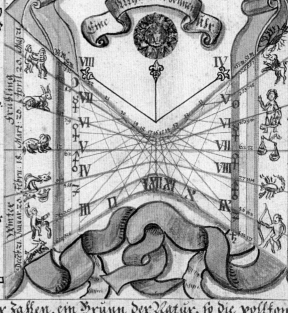

▲ Página del *Calendario mágico* (1620) de Johann Theodorus de Bry con tablas de correspondencias mágicas y cosmológicas.

La clave de todo conocimiento

La larga ascendencia de los libros de magia se remonta a las tablillas de presagios mesopotámicas (p. 19) y los papiros mágicos griegos (p. 32), y se prolonga a lo largo de la Edad Media. Su existencia sugiere un deseo de dejar un registro físico de conocimientos arcanos. Durante el Renacimiento, la llegada de la imprenta hizo posible la producción y difusión a mayor escala de ese conocimiento en libros de magia, o grimorios (aunque este término no se generalizaría hasta el siglo XVIII). Estos podían ser desde grandes volúmenes encuadernados en piel hasta panfletos mal cosidos, pero el conocimiento contenido en ellos otorgaba una cualidad casi mágica a los mismos libros.

La reputación de los títulos más populares fue alentada por su asociación (casi siempre falsa) con eruditos conocidos. Por ejemplo, el *Heptamerón*, publicado por primera vez en 1559, se atribuía al estudioso del siglo XIII Pietro d'Abano; y el *Libro cuarto de filosofía oculta*, también publicado en 1559, afirmaba falsamente ser obra del filósofo ocultista Cornelio Agripa, muerto 24 años antes. El más difundido de todos fue la *Llave de Salomón (Clavicula Salomonis)*, que empezó a circular en el siglo XIV. Este libro contiene una mezcolanza de conjuros y encantamientos supuestamente compuestos por el rey bíblico; y, según informes de juicios de la Inquisición, tuvo una gran difusión en España e Italia durante el Renacimiento.

«Este libro trata desde […] cómo evocar espíritus […] a prolongar la vida 300 años.»

PHILIPPUS HOMAGIUS, EN UNA COPIA DE 1617 DEL *ARBATEL* (1575)

INCOMPRENSIÓN DE LOS SIGNOS LOCALES
encuentros coloniales

Desde finales del siglo XV, la influencia europea en zonas de América, África y Asia donde antes florecieron creencias indígenas condujo a choques culturales. Los colonizadores consideraron con frecuencia las religiones tradicionales como magia y sus rituales como culto al diablo, y persiguieron a sus practicantes.

Portugueses en África

En 1483, el explorador portugués Diogo Cão se adentró en el reino de los kongo, en el oeste de África, y halló creencias profundamente distintas del cristianismo. Cão y los misioneros que lo siguieron describieron los nkisi (p. 167), objetos que los africanos creían habitados por espíritus, como feitiços (fetiches), y el término se convirtió en una etiqueta genérica para los artefactos mágicos africanos.

Esta sobresimplificación de un complejo panorama religioso fue característica de la reacción europea frente a la espiritualidad nativa. Los nganga kong, adivinos-sanadores que protegían a los vivos de los espíritus malignos y curaban enfermedades, fueron tachados de hechiceros por los europeos, y su práctica de controlar a los bakisi (espíritus) utilizando nkisi los llevó a ser acusados de culto satánico.

Españoles en América

En América Central y del Sur, los españoles encontraron sistemas religiosos con jerarquías y templos públicos. Los misioneros franciscanos llegados a México en 1524 se horrorizaron al oír hablar de sacrificios humanos: los pueblos mesoamericanos creían que sus dioses se habían sacrificado para asegurar el bienestar de la humanidad y ahora exigían a cambio ofrendas de sangre. Los españoles calificaron esos sacrificios públicos como idolatría y las creencias personales en la adivinación y los espíritus como brujería.

A los misioneros les preocupaban sobre todo los practicantes nativos de artes mágicas, como los nahualli, de los que se decía que se convertían en pumas o jaguares, y los tlahuipochin, nigromantes respetados por su poder de escupir fuego. Pero, pese a las violentas persecuciones —en 1562, el franciscano Diego de Landa torturó hasta

▼ **Cura herbal**
Esta ilustración del Códice De la Cruz-Badiano (1553), obra de un médico azteca, muestra un remedio herbal para los dolores cardíacos: la hierba *nonochton*, cuyos pétalos se trituraban en agua y se bebían como un zumo. Los colonizadores solían mostrarse escépticos ante la medicina local.

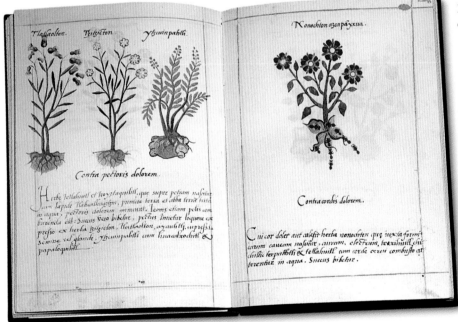

«El *nahualli* […] se llama brujo, que de noche espanta a los hombres y chupa la sangre a los niños.»

BERNARDINO DE SAHAGÚN, EN *HISTORIA GENERAL DE LAS COSAS DE NUEVA ESPAÑA* (c. 1540–1585)

▲ Fanatismo incendiario

En esta ilustración de la *Historia de Tlaxcala* (1591), de Diego Muñoz Camargo, frailes españoles incendian un templo azteca. Las figuras demoníacas que escapan al infierno subrayan la idea de los españoles de que los templos nativos eran centros de adoración satánica.

la muerte a 158 mayas sospechosos de ser magos–, las prácticas religiosas nativas continuaron. Las gentes locales siguieron consultando a los *tonalpouhque* (adivinos), que podían augurar el porvenir de una persona a partir de su fecha de nacimiento en el calendario sagrado de 260 días; a chamanes que usaban alucinógenos para acceder al mundo espiritual, y a curanderos. Con el tiempo, los santos cristianos y sus imágenes se mezclaron con las deidades locales en un culto que ha llegado hasta hoy.

Prácticas nativas norteamericanas

En América del Norte se dio una incomprensión similar. Por ejemplo, los curanderos locales fueron confundidos con *yee naaldlooshii* –«cambiapieles», es decir, hombres que supuestamente habían logrado un profundo conocimiento espiritual que usaban para hacer el mal adoptando formas de animales– por los europeos, que etiquetaron todos sus actos como magia negra. El sentido nativo de la unidad espiritual con el mundo, por la que cada criatura tiene su propio espíritu, también fue malentendido por los europeos, que pensaron que los nativos rezaban literalmente a árboles, rocas y animales.

La incomprensión hacia la población local se produjo desde el principio: poco después de la

Cabeza de madera tallada con rasgos estilizados

El añadido de plumas remite a elementos celestes como el viento, la lluvia, el trueno y el fuego, y también al poder de volar

El cuerpo pudo contener sustancias cargadas mágicamente por el *nganga* para dotar de poder al objeto

El bulboso cuerpo de arcilla podía servir como recipiente

◄ Habitada por espíritus

El pueblo kongo, de África occidental, creía que sus estatuillas *nkisi* almacenaban energía cargada espiritualmente que podía ser activada clavándoles objetos metálicos, como clavos.

The flyer.

▶ **Escenas del Nuevo Mundo**
Esta acuarela de un «prestidigitador indio» es obra de John White, gobernador de la primera colonia inglesa en América del Norte, Roanoke, establecida en 1587.

fundación de Jamestown, la primera colonia inglesa en Virginia, en 1607, su líder John Smith supuso que los powhatan que participaban en un rito de tránsito a la pubertad estaban sacrificando a sus propios hijos. Tales malentendidos han seguido hasta nuestros días.

Pueblos del norte helado

Los europeos entraron en contacto con los inuit de Groenlandia y el Ártico canadiense en el siglo XVI, cuando enviaron navegantes a buscar el Paso del Noroeste, una vía navegable que uniría el Pacífico y el Atlántico. El duro entorno de los inuit favorecía la necesidad de cooperación y la creencia en *inua*, fuerzas espirituales que controlaban sus paisajes helados.

Los *angakkuq* (sanadores espirituales) inuit, similares a los chamanes de Siberia, mediaban con el mundo espiritual y guiaban a sus comunidades en los ritos necesarios para asegurar el favor de los *inua*. Se consideraba especialmente importante apaciguar a la Vieja del Mar, conocida en Groenlandia como Arnakuagsak, creadora de criaturas marinas de las que los inuit dependían para su supervivencia, como las focas. Se decía que, si la Vieja se enfadaba, podía alejar a esos animales de la gente, provocando hambruna y sufrimiento.

Esta visión del mundo no fue comprendida del todo por los misioneros cristianos cuando empezaron a evangelizar a los inuit en la década de 1890. La creencia de estos en criaturas de venganza como los *tupilaq*, creados por un hechicero a partir de partes de animales e incluso de cadáveres de niños, era considerada como una especie de brujería por estos misioneros.

▲ **Encuentros violentos**
Esta pintura representa un choque entre inuit y marinos ingleses de la expedición de Martin Frobisher en Bloody Point, en la isla de Baffin, en 1577. Las escaramuzas sangrientas intensificaron la incomprensión de las creencias nativas y llevaron a la desconfianza mutua.

Fusión cultural

Hubo cierta fusión entre la magia europea y la local de las colonias. En la América del Norte colonial británica, algunas creencias nativas se mezclaron con las religiones importadas por los esclavos africanos y con la magia popular inglesa (pp. 202–203), mientras que el uso católico de agua bendita, velas y reliquias encontró un equivalente en el folclore local de Nueva Inglaterra. Así, se decía que Tituba (esclava de Samuel Parris, pastor de la Iglesia puritana de Salem en la época de los juicios de brujas de 1691–1692) había hecho un bizcocho usando orina, un viejo remedio tradicional inglés. En Connecticut, un nativo americano ofreció a un colono receptivo «dos cosas más brillantes que el día… dioses indios», mostrando que la religión local continuaba viva.

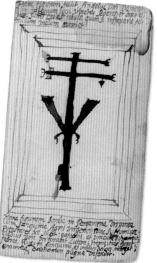

▶ **Libro de encantamientos**
Este libro del siglo XVII ostenta una cruz patriarcal, destinada a proteger al lector de la violencia, la enfermedad y los demonios. El libro y su contenido son típicos de la mezcla de fervor religioso y creencias mágicas que circuló en la Nueva Inglaterra colonial.

«Era cosa habitual para esta gente curar heridas con conjuros.»

COTTON MATHER, EN *MARAVILLAS DEL MUNDO INVISIBLE* (1693)

LA HECHICERÍA A ESCENA

magia en el teatro renacentista

▲ Diálogo con el Diablo
Esta xilografía del siglo XVII procede de una edición de *La trágica historia de la vida y muerte del doctor Fausto*. La obra de Marlowe retrata a un médico ansioso de conocimiento oculto que se convierte en nigromante y vende su alma al Diablo.

En el teatro renacentista, la magia se utilizó para entretener, aportar recursos argumentales y presentar ante la audiencia una parte importante de su cultura. Los dramaturgos exploraron de qué modo las ilusiones teatrales reflejaban la vida real, y si el teatro mismo era una especie de magia.

La magia en la comedia

En 1499 se publicó *La Celestina*, tragicomedia del español Fernando de Rojas. Su personaje principal, Celestina, era una hechicera; algo novedoso y arriesgado en una época en que la Inquisición española perseguía las sospechas de hechicería. Pero la obra pasó la prueba de los inquisidores, que se limitaron a eliminar algunos párrafos anticlericales.

El astrólogo-nigromante-charlatán era un personaje popular en la comedia. El mago Ruffo de *La Calandria* (1513), obra del cardenal Bibbiena, es un ejemplo típico. La ilusión y la transformación son fundamentales tanto en las acciones de Ruffo como en los enmarañados y divertidos malentendidos de los otros personajes.

En la Francia del siglo XVII, la magia era a menudo una marca distintiva de los estilos teatrales tragicómico y barroco, en tanto que opuestos a las tradiciones clásicas. En *La comedia de las visiones* de Pierre Corneille, la presencia del mago Alcandre encaja con el inteligente recurso de «la obra dentro de la obra» y con la innovadora indagación en la ambigüedad de las apariencias.

Luz y oscuridad

En el teatro renacentista inglés, la magia se usó para la comedia, la invención ingeniosa y el entretenimiento ligero, pero también para temas más oscuros. Los autores solían intentar congraciarse con el monarca de turno. Bajo Jacobo I esto significaba complacer su aversión a las brujas. El *Doctor Fausto* de Marlowe, publicado en 1604 —el mismo año de la draconiana Ley de Brujería—, ofrecía un retrato del ocultismo que aterrorizaba al público, al hacerle creer que veía diablos auténticos sobre el escenario.

Shakespeare también secundó en parte las ideas de Jacobo sobre la brujería con sus estereotipadas brujas de *Macbeth*. Pero su retrato de la hechicería solía ser más sutil, como en *El sueño de una noche de verano* o en *La tempestad*, cuyo mago, Próspero, pudo inspirarse en el ocultista John Dee.

EN LA PRÁCTICA

En nombre del amor

El teatro renacentista usó a menudo unas gotas de magia o de lo sobrenatural al ocuparse de temas románticos como la conquista del ser amado o la reunión de amantes desventurados. Este recurso reflejaba el hecho de que la magia popular siempre había contado con hechizos y pociones que podían usarse para ganar el deseo de un corazón. El jugo de flor de *El sueño de una noche de verano* de Shakespeare (p. 173) se basaba en brebajes hechos con hierbas reales, como la verbena azul.

Verbena azul, usada en pociones amorosas para reavivar un amor agonizante o tejida en guirnaldas nupciales.

> «Mago, cuyo aplicado esfuerzo de cada noche da paso a una nueva avalancha de milagros cada día.»

DORANTE, SOBRE ALCANDRE, EN *LA COMEDIA DE LAS VISIONES* DE CORNEILLE (1635–1636)

CLAVE

1 La figura alada toca una trompeta anunciando a Corneille como maestro de las artes gemelas de la Tragedia y la Comedia.

2 Las coronas de laurel, símbolo del dios griego Apolo, indican la excelencia de Corneille en la materia.

3 Las figuras de la Comedia (dcha.) y la Tragedia (izda.) flanquean al autor, que usó la magia para mezclarlas en *La comedia de las visiones*.

4 Las máscaras son símbolos clásicos del teatro, como paradigma del disfraz. En *La comedia de las visiones*, la magia se entrelaza con las identidades equívocas.

◀ **Maestro de la ilusión**
Este grabado, de 1664, fue realizado para la portada de una edición de las obras completas de Corneille. Entre ellas se encuentra *La comedia de las visiones*, donde la magia compendia el universo dramático.

Titania y Fondón en *El sueño de una noche de verano* de 1_ Fitzgerald, famoso en el siglo XIX por sus pinturas del país de las hadas.

Las hadas de Shakespeare

La magia proporcionó a Shakespeare una forma divertida y provocadora de comunicar sus ideas. En su comedia romántica *El sueño de una noche de verano* (1595–1596), usó la magia para jugar con el tema del amor romántico (como ya hicieran los romances medievales): ¿es una locura azarosa o una suerte de magia? ¿Está regido por fuerzas espirituales? ¿Tienen los seres sobrenaturales más control sobre el amor que los mortales?

La obra compara a dos grupos de amantes humanos con Oberón y Titania (rey y reina de las hadas) en su accidentado camino a la felicidad. Los papeles centrales corresponden al duendecillo Robín (artífice de la travesura) y a una flor mágica. Exprimido sobre los párpados del durmiente, el jugo de la flor hace que humanos y hadas por igual se enamoren perdidamente del primero que ven al abrir los ojos. Lo que sigue es un divertido caos, como ver a Titania arrebatada de amor por el tejedor Fondón (izda.), que lleva una cabeza de asno puesta mágicamente sobre la suya.

El bosque plagado de hadas donde se desarrolla gran parte de la acción podía reflejar tanto la magia popular y natural como el portento intrínseco del mundo natural. La movediza frontera entre la magia buena y la mala resulta evidente en el personaje de Robín (Puck), siempre a caballo entre lo inofensivamente travieso y lo ligeramente diabólico. En la época medieval, los duendes solían tener asociaciones demoníacas, y Robín establece esa misma relación cuando se refiere a las «almas condenadas» de la noche, en contraste con las hadas de la luz del día.

«Espíritus somos de distinto orden.»

OBERÓN, EN *EL SUEÑO DE UNA NOCHE DE VERANO* DE SHAKESPEARE

LOS DEMONIOS Y LA BRUJA MODERNA

demonología en la Europa renacentista

Para los europeos cultos del Renacimiento, los demonios estaban ligados a sus ideas sobre la hechicería y la brujería. Se creía que estos eran espíritus perversos capaces de acceder a poderes ocultos, pero solo dentro de los límites del mundo natural creado por Dios. La demonología se basaba en tradiciones de culturas anteriores, como las creencias mesopotámicas en demonios y dioses malignos (pp. 18–21), los antiguos *jinns* islámicos (pp. 78–81) y los espíritus guardianes de la Grecia clásica (una palabra para designarlos era *daimon*). Los primeros pensadores cristianos se inspiraron en esas ideas.

◀ En las fauces del infierno

Esta xilografía del siglo XVI representa a Lucifer y otros demonios en las fauces del infierno. Según la tradición cristiana, Lucifer fue un ángel caído que se convirtió en Satanás, adversario de Dios.

La obra del Diablo

Para los cristianos, el Diablo (Satanás, Satán, Lucifer, Baal o Belcebú) es el príncipe de los demonios, que son sus servidores. Este archidemonio estaba en el centro de la demonología renacentista. El estudio de los demonios se fundamentaba en la doctrina cristiana, y la práctica de magia demoníaca se consideraba herejía. En el prólogo de *De la démonomanie des sorciers* (1580), el filósofo y jurista francés Jean Bodin citaba un texto anterior explicando que los pactos con demonios debían ser evitados: «El demonio es considerado un adversario persistente e implacable de Dios y del hombre».

También se decía que los demonios sucumbían al poder de un personaje bíblico: Salomón. De ahí la importancia para la magia ceremonial (p. 143) del ritual salomónico, que invocaba poderes sagrados con el fin de controlarlos.

Conocerlos por su nombre

Influidos por las jerarquías angélicas cristianas, muchos textos ocultistas del Renacimiento listaban los nombres de demonios en orden de importancia, junto con detalles sobre cómo invocarlos para ejecutar distintos hechizos. Circularon diversas versiones de estas clasificaciones, siendo famosa la incluida en la sección *Ars goetia* de la *Llave menor de Salomón* (siglo XVII), que listaba 72 demonios. Se cree que esta lista salomónica se basaba en la *Pseudomonarchia daemonum* («Falso reino de los demonios»), parte de *De praestigiis daemonum* (1563), del médico holandés Johann Weyer.

◀ Las flechas del mal

En *El progreso del peregrino* (1678–1684), el predicador inglés John Bunyan describe a Belcebú y sus diabólicos servidores como mortíferos arqueros, como muestra esta ilustración de la obra del siglo XIX.

▲ Exorcismo

Este grabado francés del siglo XVII muestra a santa Catalina exorcizando un demonio de una mujer mientras otros demonios alados huyen de la escena. El cuerpo de la poseída adopta la forma de un crucifijo.

▲ Cabalgando
La idea de las brujas montadas en cabras, un símbolo de maldad lasciva, era algo generalizado. En esta imagen de Durero, de principios del siglo XVI, la cabra es montada al revés, como representación de la inversión del orden natural.

«Un "brujo" es quien, a sabiendas, intenta lograr algo por medios diabólicos.»

JEAN BODIN, *DE LA DEMONOMANIE DES SORCIERS* (1580)

Agentes del Diablo

Clérigos y filósofos renacentistas describieron con frecuencia a las brujas colaborando con demonios o con el Diablo, y proliferaron los textos sobre la naturaleza de las brujas y su relación con los demonios. Las opiniones variaban: según unos, los demonios debían ser controlados por las brujas, mientras que otros afirmaban que podían ser sus servidores.

Según el clérigo puritano inglés William Perkins, la alianza con el Diablo era parte de lo que definía a una bruja. Para Perkins, no existían brujas «buenas», pues todas se relacionaban con el Diablo. Su obra *Discourse of the Damned Art of Witchcraft* (1608) contribuyó a introducir esas ideas continentales en Gran Bretaña y América del Norte.

Influencia diabólica

Muchos libros trataron sobre la hechicería que implicaba a demonios, y sus autores solían usar la palabra *maleficium* para designar la magia maléfica. Entre estos títulos figuran *Malleus maleficarum* (1484), del clérigo alemán Heinrich Kramer, y *Compendium maleficarum* (1608), del sacerdote italiano Francesco Maria Guazzo. Ambos contribuyeron a las cazas de brujas (pp. 178–181), como Jean Bodin, quien mantuvo una dura postura contra la hechicería y participó en las persecuciones. En *De praestigiis daemonum* (1563), el médico holandés Johann Weyer se posicionó contra las persecuciones, aunque con ello se oponía al dogma convencional contra las brujas; él pensaba que la brujería surgía del engaño o la inestabilidad mental.

La bruja moderna

El concepto moderno europeo de la bruja como mujer relacionada con demonios se consolidó en el Renacimiento, y la mayor parte de los juicios por brujería se dirigieron contra mujeres. Pobres, a menudo solas, eran vulnerables a las acusaciones de vecinos que buscaban explicaciones sobrenaturales a sus desgracias. Las mujeres, además, se consideraban más propensas a la maldad. Perkins declaraba en su *Discourse*: «La mujer, como sexo más débil, es enredada antes que el hombre en las ilusiones del Diablo». Tales ideas persistieron durante siglos, así como la imagen de la «bruja malvada».

▶ Aquelarre
El aquelarre (1606), del pintor flamenco Frans Francken el Joven, representa una reunión de brujas (sabbat o aquelarre). Por entonces circulaban relatos sobre aquelarres de miles de brujas.

▶ Cocinando
Esta xilografía alemana renacentista muestra a dos brujas preparando una pócima con una serpiente y un pollo. Las brujas con calderos fueron una imagen común en este periodo.

CASTIGOS ATROCES
juicios de brujas

Entre los siglos XIV y XVIII, unas 50 000 personas fueron ejecutadas por brujería en Europa y América del Norte, y cuatro de cada cinco eran mujeres. Las purgas más feroces se produjeron en el tránsito del siglo XVI al XVII en Europa.

Hacia el final de su vida, el profesor de teología Johannes Nider escribió el *Formicarius* (1436–1437), en cuya quinta sección hablaba sobre «un gran número de brujas de ambos sexos que odian grandemente la naturaleza humana y asumen semejanza con varios tipos de bestias, especialmente con aquellas que devoran niños», y luego pasaba a hacer descripciones de infanticidios. Este libro sería publicado en 1486 como parte del *Malleus maleficarum* («El martillo de las brujas»), que ofreció a los tribunales un tratado útil para adoptar una línea más dura en la persecución de la brujería. Cuando la Reforma protestante se extendió por el norte de Europa a partir de la década de 1540, costumbres que hasta entonces habían sido toleradas se tacharon de brujería, lo que alimentó aún más el celo de los acusadores.

Modelos de persecución

En la segunda mitad del siglo XVI se aprobaron varias leyes contra la brujería, entre ellas las inglesas de 1562 y 1604, y se produjo una avalancha de juicios de brujas. En Alemania occidental, el arzobispo de Tréveris se propuso purgar su pequeño territorio de inconformistas, brujas incluidas, y fue responsable de 300 ejecuciones en las décadas de 1580 y 1590. En Escocia se ejecutó al menos a 200 supuestas

◄ **Tormenta contra el rey**
Esta xilografía ilustra el juicio de brujas de 1590 en North Berwick (Escocia): Agnes Sampson confesó bajo tortura haber invocado con magia una tormenta para hundir el barco del rey Jacobo VI en su regreso a casa con su esposa, Ana de Dinamarca.

brujas entre 1560 y 1660, mientras que en Inglaterra y en Francia se condenó a unas 500. También hubo un número significativo de casos en Escandinavia, Países Bajos y Polonia. En el católico sur de Europa, sin embargo, las ejecuciones por brujería fueron raras. Entonces, justo cuando los juicios de brujas remitían en Europa, la locura se extendió a América.

Los juicios seguían normalmente un patrón: los interrogatorios solían generar más sospechosos, pues el acusado intentaba salvarse afirmando haber sido inducido por otros. Como resultado, la mayoría de los juicios implicaban a varios acusados, como en el caso de Tréveris (1581–1593), Pendle en Lancashire (1612) y Torsåker en Suecia (1675), donde en un día se quemó

▲ **Ordalía del agua**
La silla de inmersión se usaba para identificar a las brujas. Como se suponía que el agua repelía a las brujas, la inocente se hundiría (y posiblemente se ahogaría), pero la bruja flotaría (y sería condenada).

«La revisaron varias veces buscando pezones;
probaron el experimento de tirarla al agua;
y después de eso fue excomulgada.»

ROBERT CALEF, SOBRE EL JUICIO DE UNA BRUJA EN CONNECTICUT, EN *MORE WONDERS OF THE INVISIBLE WORLD* (1700)

◀ **Métodos de ejecución**

En Inglaterra, las brujas condenadas solían ser ahorcadas más que quemadas. Esta ilustración representa a tres mujeres que fueron colgadas en Chelmsford en 1589 –entre ellas Joan Curry, condenada en base a las pruebas aportadas por su nieto de diez años–, y a una cuarta con sus familiares (compañeros animales).

en la hoguera a 71 personas. Algunos interrogadores utilizaban la brida de brujas (una máscara con cuatro clavijas de hierro que se apretaba sobre el rostro del acusado), el aplastapulgares o la garrucha (una polea de la que se colgaba al reo por los brazos, añadiendo peso a los pies si se deseaba, para dejarlo caer de golpe sin llegar a tocar el suelo).

La ordalía del agua en Inglaterra

En Inglaterra se prefirió otro método para valorar la culpabilidad. La ordalía del agua implicaba arrojar a la presunta bruja (normalmente era una mujer) al agua, atada de pies y manos: si se hundía, se la consideraba inocente; si flotaba, era culpable. Fue la técnica más utilizada por Matthew Hopkins, el célebre «General Cazador de Brujas» de Inglaterra.

Hopkins recorrió el este del país entre 1644 y 1647 con un séquito que incluía a un especialista en encontrar la teta de bruja: un tercer pezón o una protuberancia en el cuerpo; una marca que, según se aseguraba, era signo seguro de relación diabólica. Su equipo fue responsable de la ejecución de más de 200 brujas, casi la mitad de las que fueron condenadas a muerte en el país durante el siglo que duró la persecución.

Autos de fe en España

Los juicios de brujas asolaron comunidades enteras. En el País Vasco, en 1609, el inquisidor Juan Valle Alvarado fue llamado a investigar un presunto aquelarre en una cueva en Zugarramurdi. Como resultado se llevaron 40 personas a Logroño para su interrogatorio, de las que 29 fueron halladas culpables. Cinco murieron en prisión. Al año siguiente, 30 000 personas asistieron al auto de fe de los 18 acusados que habían confesado (y, por tanto, habían sido absueltos) y de los seis que no lo habían hecho. Vestidos con sambenito y coroza, estos seis fueron quemados en la hoguera.

Brujos en Francia

Las juzgadas por brujería solían ser mujeres, pero en Normandía los juzgados como brujos fueron sobre todo pastores acusados de envenenar a sus víctimas con veneno de sapo. Su arresto solía producirse tras el robo de hostias en las iglesias. Los primeros ejecutados fueron dos pastores en 1577, y llegaron a ser un centenar. El último gran juicio tuvo lugar en 1627. Allí, como en otras partes, fueron sobre todo los pobres y marginados quienes pagaron el precio de la preocupación de la sociedad por la brujería.

▲ **Brujas de Goya**

Francisco de Goya produjo varios grabados inspirados en los juicios de brujas. Aquí, un acusado, ataviado con el sambenito (el escapulario) y la coroza (el cono), escucha la sentencia del tribunal.

EN CONTEXTO

Cazas de brujas modernas

Aunque los juicios de brujas finalizaron en el siglo XVIII y la última ejecución en Europa tuvo lugar en Suiza en 1782, las cazas de brujas han continuado hoy en regiones donde las creencias tradicionales pervivieron y la autoridad es débil. En zonas de África como Tanzania, decenas de miles de supuestas brujas han sido objeto de persecución, y en Ghana miles de mujeres viven en campos destinados a los acusados de brujería, a menudo viudas o ancianos que son vistos como una carga en el hogar. Las cazas de brujas han surgido también en Papúa Nueva Guinea y en partes de la India rural, donde las acusaciones de brujería pueden ser pretextos para ajustes de cuentas en comunidades divididas.

Campo de brujas de Kukuo en Ghana, hogar forzoso para mujeres acusadas de brujería, muchas de ellas viudas vulnerables desterradas por su comunidad.

El tamaño de la cabeza es exagerado, pues la frente alta se considera un signo de belleza

Estas incisiones representan la columna vertebral

Las caderas generosas sugieren fecundidad

▲ **Muñecas de maíz** como este ejemplar victoriano hecho a imitación de los nativos norteamericanos se hacían con la cascarilla del cereal, y se creía que protegían el hogar y el ganado.

▲ **Los fetiches africanos** recibían poderes mágicos de una persona sagrada para proteger a las comunidades. Este *nkondi* tiene clavos hincados para castigar a un grupo incursor.

▲ **Los imiuts egipcios** eran fetiches hechos con la piel de un felino o un toro: esta colgaba de un poste (en la imagen), que a su vez se fijaba sobre un recipiente. Originalmente se colocaban cerca del trono para proteger al faraón.

▲ **Las *saga-ningyô* japonesas** eran amuletos de la suerte. Este niño con perro, de *c.*1800, tiene la cabeza pendulante tallada aparte. Cuando se mueve, saca la lengua.

▲ **Las muñecas de vudú** se pueden utilizar como efigie de un enemigo. El propietario puede clavarles alfileres o maltratarlas de otras formas con el fin de transmitir el dolor a su enemigo.

▲ **Las figurillas taiwanesas** se han usado en China y Taiwán durante siglos con fines mágicos tanto positivos como negativos: desde despertar sentimientos recíprocos de amor hasta vengar agravios.

▲ **Las muñecas akwaba de fertilidad** ghanesas las llevan a la espalda las mujeres que desean concebir. La gran cabeza discoidal muestra un estilizado ideal de belleza.

Muñecos y fetiches

Los muñecos usados en magia incluyen efigies que representan a una persona determinada y fetiches, objetos creados para ser habitados por espíritus que les dan poderes. En unos casos, el practicante realiza acciones sobre el muñeco, como clavarle clavos o alfileres con el fin de transmitir ese daño a una persona o grupo. En otros, se espera del muñeco que proteja o beneficie a un individuo o a una comunidad.

▲ **Las muñecas**, como esta siux, forman parte de la cultura nativa norteamericana como juguetes, guías al mundo espiritual y para asegurar buenas cosechas.

▲ **Las muñecas de maíz modernas** han revivido el arte del trenzado de paja. En Europa se creyó durante siglos que la siega del cereal dejaba sin hogar al espíritu del grano, así que con las últimas vainas cortadas se hacían muñecos para que los habitara durante el invierno.

La muñeca viste una versión en miniatura del vestido tradicional de piel de ciervo

Muñeco vestido al estilo inuit

▲ **Muñecos inuit canadienses** como este con cabeza de pájaro eran usados en rituales por los curanderos sagrados para que les ayudaran a entrar en el reino espiritual.

▲ **Las efigies de bruja**, supuestamente dotadas de propiedades mágicas, representaban a un individuo, como las muñecas de vudú, y su creador usaba la efigie para influir en la vida de esa persona.

ILUSIONES Y ENGAÑOS
descrédito de la brujería

A medida que el Renacimiento se extendía por Europa en el siglo XVI, crecía la cantidad de escépticos que dudaban de la existencia de la brujería o que criticaban la celebración de juicios de brujas y la forma en que se realizaban. Estas opiniones se afianzaron y, en la época de la Ilustración, la brujería se relacionaba más con algún tipo de fraude que con la magia.

Escepticismo creciente

En el seno de la Iglesia y entre los autores medievales siempre hubo una tradición de escepticismo hacia la brujería. En el siglo XVI surgieron nuevos motivos de incredulidad, reforzados por el interés de los eruditos renacentistas por la naturaleza y la investigación científica. En *De naturalium effectuum causis*, de 1520, el italiano Pietro Pomponazzi argumentaba que los fenómenos atribuidos tradicionalmente a la brujería tenían causas científicas explicables.

Este escepticismo se difundió, y los críticos centraron sus ataques en la base misma del furor por perseguir a las supuestas brujas. En 1563, el médico de corte holandés Johann Weyer publicó *De praestigiis daemonum* («Sobre las ilusiones de los demonios»), donde planteaba que las mujeres acusadas de brujería eran seniles, víctimas de envidias o, como se evidenciaba por sus confesiones, sufrían de melancolía. Las dudas de Weyer, sin embargo, tenían sus límites: seguía creyendo que la magia era posible y que los hechiceros podían invocar demonios. Reginald Scot, miembro del Parlamento inglés, llevó el ataque a la creencia en la brujería un paso más allá en su *The Discoverie of Witchcraft* (1584), donde catalogó y desenmascaró

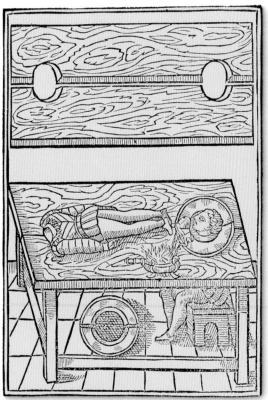

▼ **Truco de decapitación**
En *The Discoverie of Witchcraft*, Reginald Scot explicó el «Degollamiento de Juan el Bautista», un truco en el que un hombre era aparentemente decapitado. En realidad había dos personas, una de ellas con la cabeza colocada de modo que pareciera cortada.

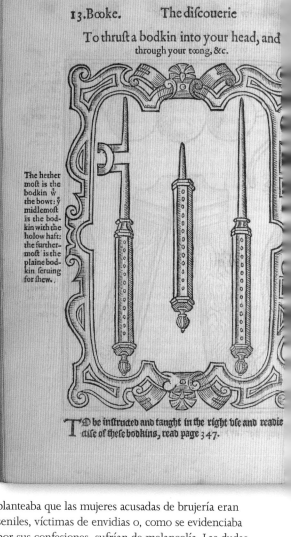

> «Cada vieja con la cara arrugada […] labio con bozo, un ojo extraviado […] no solo es sospechosa, sino señalada como bruja.»

JOHN GAULE, *SELECT CASES OF CONSCIENCE TOUCHING WITCHES* (1646)

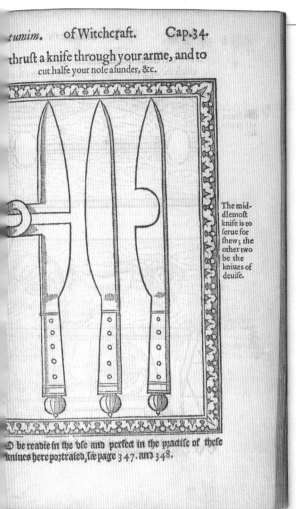

tumim. of Witchcraft. Cap. 34.

thruft a knife through your arme, and to
cut halfe your nofe afunder, &c.

The mid-
dlemoft
knife is to
ferue for
fhew; the
other two
be the
kniues of
deuife.

① be readie in the vfe and perfect in the practife of thefe
kniues here portraied, fee page 347. and 348.

búsqueda de marcas de bruja o la ordalía del agua
(p. 181), métodos todos que desempeñaban un
papel clave en la obtención de pruebas para las
condenas por brujería.

A los ojos de la ley

Aunque los favorables a los juicios de brujas
respondieron con ferocidad —incluido Jacobo I
de Inglaterra en su *Daemonologia* (1597)—, el peso de
la opinión fue cambiando contra la realidad de la
brujería. En Francia, en 1682, una ley de Luis XIV
categorizaba la brujería como una forma de fraude,
y no como una cuestión de pacto diabólico. Medio
siglo después, en Gran Bretaña, la Ley sobre Brujería
de 1736 abolía su consideración de delito y la
presentaba como una falta con un castigo menor:
cualquiera hallado culpable del fraude implicado
en inducir al pueblo a creer en la adivinación del
porvenir u otras prácticas ocultistas sería
condenado a un año de prisión.

Los juicios de brujas siguieron a pequeña
escala, y en Dinamarca el delito de brujería figuró
en el código legal hasta 1866. La última sentencia
a muerte de una mujer acusada de brujería en
Europa tuvo lugar en 1782, y recibió la sentencia
por envenenamiento, no por hechicería o herejía.

▼ **Las brujas
en la historia**
Esta xilografía del
encuentro de Macbeth
y Banquo con tres brujas
en un bosque procede de
las *Crónicas de Holinshed*,
en las que Shakespeare
se inspiró para algunas sus
obras. El artista representó
a las brujas como damas, y
no como las típicas arpías
feas preparando pócimas.

meticulosamente una gran variedad de técnicas
mágicas. Según concluía, casi toda la magia era
una cuestión de engaño a costa de los crédulos, y
la mayor parte de las acusaciones de brujería eran
dirigidas contra mujeres pobres mal
preparadas para defenderse. Al igual
que Weyer, creía que muchas de las
acusadas sufrían de falsas ilusiones.

Críticas a los juicios

Otros incrédulos hacia la brujería
apuntaron hacia el proceso judicial
mismo, afirmando que los métodos
usados para identificar a las brujas eran
cuestionables. En Alemania, la obra de
Friedrich Spee *Cautio criminalis* (1631)
denunció el excesivo celo religioso y
los métodos desproporcionados que
favorecían siempre un veredicto de
culpabilidad. Otros escépticos arrojaron
dudas sobre la eficacia de la tortura, la

▶ **Diablo disfrazado**
Para los cazadores de brujas como Matthew Hopkins, la presencia de criaturas pequeñas en casa de alguien podía ser motivo para acusar a esa persona de brujería. A pesar de los nombres afectuosos usados para los familiares, como Tom Vinagre o Tripa Glotona, estos se consideraban demoníacos, no animales reales.

«Elizabeth pidió primero a dicho gato ser rica y tener cosas.»

INFORME DE LA CONFESIÓN DE ELIZABETH FRANCIS EN LOS JUICIOS DE BRUJAS DE CHELMSFORD (1566)

AYUDANTES SOBRENATURALES
familiares de las brujas

Los asistentes espirituales y lo divino se han relacionado desde antiguo con el mundo animal, desde los dioses con cabeza animal del antiguo Egipto hasta los animales acompañantes *way'ob'* de los mayas. Con la fiebre europea de las brujas en los siglos XVI y XVII surgió la idea de los familiares de las brujas. Normalmente pequeños animales domésticos como gatos, ranas y sapos (en ocasiones incluso humanos), se decía que el familiar proporcionaba a su socio humano capacidades sobrenaturales, permitiendo a la bruja ver a través de sus ojos o transformarse ella misma en un animal para acceder a lugares vedados.

Los familiares no se consideraban necesariamente malignos. Cuando estaban asociados a curanderos o brujas blancas solían ser vistos como bondadosos o incluso como encarnaciones animales de hadas. No obstante, la creencia común era que el Diablo adoptaba la forma de un familiar animal, y por ello su supuesta compañía se convertía en una prueba clave para demostrar la culpabilidad en los procesos por brujería.

Signos de brujería
Las confesiones procedentes de juicios celebrados en Gran Bretaña sugieren que la llegada del familiar solía marcar la iniciación de la bruja en el mundo de la magia maléfica: el animal aparecía de forma inesperada o en un momento de gran necesidad. Se decía que las brujas hacían un pacto con su familiar, garantizando así sus servicios durante un periodo que podía durar décadas: una variante del pacto directo con Satanás, más habitual fuera de Gran Bretaña. A cambio, la bruja lo alimentaba; por ello, la teta de bruja (un tercer pezón o un bulto en el cuerpo) solía citarse como una señal maligna. En los juicios de Salem (p. 189), se dijo que una de las acusadas, Sarah Good, tenía un pájaro que le chupaba entre los dedos.

Compañeros inesperados
Se creía que los familiares podían adoptar formas inusuales. La Vieja Samuel, colgada por brujería en 1593, tenía un pollo; y existen registros en el norte de Europa que citan moscas demoníacas zumbando alrededor de las cabezas de las brujas.

Las acusaciones de poseer familiares solían dirigirse contra personas vulnerables, pero también contra oponentes políticos: se dijo que el príncipe Ruperto del Rin, realista en la guerra civil inglesa, tenía un familiar canino, Boy. El perro lo acompañaba al combate hasta que murió en Marston Moor en 1644.

▲ **Brujas malévolas**
El jurista alemán Ulrich Molitor abogaba por la matanza de brujas. Esta ilustración de su *De las brujas y adivinas* (1489) representa a unas brujas transformándose en animales.

EN LA PRÁCTICA

Gatos mágicos

El gato Sathan figuraba en el grotesco testimonio que contribuyó a dictar la condena y ejecución de Elizabeth Francis.

Los gatos eran los familiares de bruja referidos más comúnmente; incluso una leyenda medieval decía que los creó el Diablo por accidente. En el primer gran juicio de brujas isabelino, celebrado en 1566 en Chelmsford, la acusada Elizabeth Francis dijo que había heredado a su familiar, un gato blanco con manchas llamado Sathan, de su abuela, y que se lo regaló luego a otra procesada, Agnes Waterhouse. Los familiares felinos fueron un elemento recurrente en las acusaciones de brujería: en 1662, la escocesa Isobel Gowdie confesó que el Diablo le había dado el poder de transformarse ella misma en gato.

▲ **Una de las acusadas** se enfrenta a los jueces en uno de los juicios por brujería de Salem (Massachusetts), en una litografía del siglo XIX.

Los juicios de Salem

En la conservadora y cerrada sociedad de la Nueva Inglaterra del siglo XVII las acusaciones de brujería se dirigían con frecuencia contra quien no se adhería a las enseñanzas de la Iglesia puritana. En 1692, el aislado pueblo de Salem, en Massachusetts, se hallaba desgarrado por enfrentamientos entre familias. Cuando Betty, la hija de nueve años del nuevo pastor puritano Samuel Parris, y su prima Abigail sufrieron convulsiones extrañas, las sospechas de magia negra surgieron de inmediato. El médico no encontró causa física alguna, por lo que fueron requeridos los magistrados. Bajo interrogatorio, Betty y Abigail identificaron a la esclava del pastor, Tituba, y a otras dos mujeres como causantes de su mal, y la red de acusaciones se extendió cuando Tituba confesó que había confraternizado con familiares de Satanás y firmado un «libro del Diablo», en el que aparecían los nombres de otras mujeres del lugar.

Otras niñas empezaron a mostrar síntomas y el pánico se apoderó del pueblo. Se convocó un juicio en mayo, pero la admisión de «pruebas espectrales» –el testimonio de testigos de que los espíritus de las acusadas los atormentaban en sueños o visiones– hizo difícil cualquier defensa. En octubre se había ahorcado ya a 19 personas, entre ellas respetados miembros de la comunidad. Cuando las acusaciones alcanzaron a la esposa del gobernador Phips, las autoridades intervinieron. La prueba espectral fue excluida de los juicios y solo se condenó a tres personas más, indultadas más tarde. Los juicios por brujería de Salem dejaron una cicatriz duradera en la colonia y, en 1702, el Tribunal General de Massachusetts los declaró ilegítimos.

«Soy tan inocente como un niño por nacer.»

BRIDGET BISHOP, EJECUTADA POR BRUJERÍA EN SALEM (1692)

SECRETO Y CEREMONIA

1700–1900

Introducción

En el siglo XVIII la persecución de brujas perdió impulso a medida que la Ilustración lo ganaba. La legislación daba prioridad al procesamiento de los ocultistas como embaucadores que decían poseer falsos poderes, más que como agentes de Satanás que realizaban una magia misteriosa. Tal escepticismo era casi obligado en la Edad de la Razón que representó la Ilustración, con su énfasis en la investigación científica y en la organización del pensamiento en disciplinas especializadas.

Sin embargo, y sin duda en parte como reacción contra el racionalismo y la industrialización crecientes de aquella época, también se afianzaron poderosas formas de ocultismo. Entre los sucesos que ayudaron a alimentarlas se podrían citar las revoluciones políticas que estaban derrocando el viejo orden, desde Francia (1789–1799) a América del Norte (1765–1783). La revolución fomentó una libertad de la expresión creativa que a menudo derivó hacia lo sobrenatural o lo macabro, como en el Romanticismo oscuro de Edgar Allan Poe. Entre los mundos ocultos que fascinaron a algunos en el siglo XIX y principios del XX se hallaba la teosofía: basada en ideas místicas del Renacimiento, la forma más moderna del siglo XIX –promovida por la extravagante espiritista rusa Helena Blavatsky– mezclaba el ocultismo occidental, la sabiduría de las religiones indias y la ciencia moderna.

Las ideas teosóficas compartieron terreno con el rosacrucismo, vinculado a su vez con la masonería. En los siglos XVIII, XIX y principios del XX aparecieron muchas sociedades ocultistas secretas, como la Orden Hermética de la Aurora Dorada, conectadas con esas tradiciones y muy ritualizadas. El ritual también era clave en el vudú del Caribe, en una fértil mezcla de creencias centrada en los espíritus de los muertos.

Otras corrientes aparentemente contrarias al orden y el progreso mecanicistas cobraron impulso en el siglo XIX y despertaron una fiebre generalizada por la magia como espectáculo y representación. La forma

Ceremonia vudú en Haití (p. 205)

Baphomet, deidad con cabeza de chivo (p. 213)

El Sol, carta de tarot (p. 218)

más obvia fue la magia escénica: representaciones de trucos e ilusiones aparentemente sobrenaturales que conseguían abarrotar las salas. Otra tendencia en auge fue el espiritualismo, doctrina filosófica opuesta al materialismo que sostenía la existencia de seres no materiales. Sus sesiones se pusieron de moda en salones y escenarios, y proliferaron los médiums, así como los relatos sobre su capacidad para conjurar fantasmas y producir ectoplasma (supuesta sustancia sobrenatural que permitía manifestarse a los espíritus). De esta corriente surgió el espiritismo, que, desarrollado en su forma occidental por Allan Kardec, afirmaba la reencarnación. En Latinoamérica y el Caribe también floreció un pensamiento espiritualista sincrético con diversas variantes locales que mezclaban creencias mágicas y religiosas indígenas con las importadas.

Algunos científicos dieron crédito al espiritualismo, aunque también fue investigado como fraudulento. Al igual que en el Renacimiento los alquimistas eran vistos como magos, experimentadores o charlatanes, ahora muchos pensaron que, si los científicos podían producir algo tan extraordinario como la electricidad, era posible que los médiums invocaran fantasmas ectoplásmicos y facilitaran la comunicación con los muertos.

«Las tradiciones de la Filosofía Esotérica deben de ser las verdaderas […] porque son las más lógicas y reconcilian todas las dificultades.»

HELENA BLAVATSKY, *LA DOCTRINA SECRETA* (1888)

Horror gótico (p. 222)

Sesión de espiritismo (p. 228)

Orden Hermética de la Aurora Dorada (p. 243)

CLAVE

1 El masón tiene una estrella esplendente o sol por cabeza.

2 Los brazos son ángulos rectos y la mano derecha sujeta un compás.

3 De la mano izquierda cuelga una plomada.

4 Una escuadra –un instrumento para dibujar ángulos rectos– cuelga del marco.

5 Mandil de cuero blanco, originalmente para llevar las herramientas del masón, atado a la cintura.

6 Las piernas son columnas clásicas.

▶ **Herramientas del oficio**
Esta ilustración británica de 1754 representa a un masón creado con las herramientas de su oficio. Está rodeado por un exuberante marco barroco que contrasta con la severidad lineal y el suelo blanco y negro.

LA SABIDURÍA DE SALOMÓN
masonería y misticismo

La masonería moderna nació en Inglaterra a finales del siglo XVII. Según una de las versiones más extendidas, su punto de partida fueron los masones medievales, o francmasones (del francés *francmaçons*): los «albañiles o constructores libres» que labraban los sillares para las catedrales góticas.

Conocimiento de expertos

Los masones eran los maestros artesanos, instruidos y rigurosamente formados, responsables de la construcción de las grandes catedrales y castillos del mundo medieval. Acumularon un vasto acervo de conocimientos técnicos y teóricos, en particular sobre geometría, que protegían celosamente en gremios (asociaciones de artesanos) propios, al margen de los generales del oficio.

El conocimiento masónico se fue impregnando progresivamente de saberes místicos: gnosticismo, hermetismo, cábala (pp. 134–139), alquimia (conversión de metales básicos en oro) e incluso necromancia (invocación de demonios). Los rituales secretos expresaban su interés por lo oculto.

Rituales complejos

No está claro cómo ni por qué estos masones «operativos» empezaron a admitir a miembros que nunca habían sido masones a finales del siglo XVII: los «aceptados» o «especulativos». Pero el impacto de esa nueva generación fue espectacular y duradero. Los nuevos miembros elevaron considerablemente el nivel social de la masonería al tiempo que adoptaban

ALESSANDRO DI CAGLIOSTRO (1743–1795)

Autoproclamado maestro masónico

Este siciliano autonombrado conde Alessandro di Cagliostro fue un desvergonzado charlatán del siglo XVIII, o un visionario acusado injustamente. Mago, alquimista, vidente y publicista de sí mismo, se le atribuye la fundación en Italia de la Masonería del Rito Egipcio, deudora del hermetismo. Su objetivo era el «perfeccionamiento de la humanidad», lo cual se obtendría mediante el estudio de enseñanzas de Oriente Medio, la alquimia y la francmasonería: en conjunto, un «viaje a la iluminación». Se ganó muchos enemigos y murió en Roma víctima de la Inquisición.

muchas de las prácticas anteriores, como las ceremonias de acceso a los tres grados o etapas mediante los cuales eran iniciados los masones medievales: Aprendiz, Compañero y Maestro. A cada grado se accedía a través de complejos y misteriosos rituales. Asimismo, se agrupaban en logias, nombre tomado de las estructuras temporales desde las que los maestros masones originales supervisaban los proyectos de construcción.

La fundación en Londres de la Gran Logia de Inglaterra en 1717 cimentó el movimiento moderno. En su núcleo se hallaban las ceremonias rituales de los masones originales, y la organización estaba impregnada de un simbolismo basado en supuestos precedentes antiguos.

◀ **Ceremonia de iniciación**
En esta ilustración francesa de mediados del siglo XVIII, el iniciado, desvanecido porque acaban de golpearle con un mazo, es tendido en la postura ritual. Sentadas a la derecha hay unas figuras cubiertas, pues no les está permitido ver el rito secreto. A la izquierda, espada en mano, un miembro protege la entrada. Toda la escena es iluminada por candelabros de tres brazos.

«Su objeto era la magia: sabiduría oculta […] desde el comienzo del mundo y madurada por Cristo.»

THOMAS DE QUINCEY, SOBRE LOS MASONES, EN *SUSPIRIA DE PROFUNDIS* (*c.* 1824)

Verdades universales y símbolos

La masonería se inspira en un corpus de enseñanzas semimísticas y creencias mágicas. Venera a un Ser Supremo, el Gran Arquitecto del Universo, pero no es una religión. Como la alquimia y el rosacrucismo, su interés es la búsqueda de una verdad universal. Su símbolo más importante es el templo de Salomón, construido en Jerusalén *c.* 960 a. C., pues consideran a su arquitecto, Hiram Abif, el primer masón.

Los masones rinden tributo al Ojo de la Providencia (o Delta Luminoso) y a la Estrella Resplandeciente, considerada según variantes el Sol, Venus o la estrella de Belén. También reverencian al mistagogo Hermes Trismegisto (pp. 134–135), de quien se afirma que mantuvo intactos los secretos de la geometría. Las herramientas de los masones medievales –escuadra, compás y mandil– evocan sus rigurosas exigencias geométricas y son símbolos típicos de la masonería.

Pasado legendario

A los masones les gustaba construir sus propias tradiciones para otorgar *gravitas* a su movimiento. Así, afirmaban que Athelstan, rey anglosajón del siglo X, introdujo en Inglaterra las enseñanzas de Moisés y Noé y las de Euclides, «padre de la geometría» del siglo IV a. C.; y que los caballeros templarios (cruzados del siglo XII, pp. 118–119) fueron adalides de la francmasonería. Esta mezcla de invención y secretismo contribuyeron a dar un aura cuasimítica a la organización; se decía que, para los iniciados en los grados superiores, la contemplación de la verdad producía un asombro trascendente.

Hermandad secreta

Cada logia y cada rama de la masonería es independiente: no existe un órgano coordinador

◄ **Cuadro de logia**
Estos cuadros mostraban emblemas y símbolos masónicos, y se usaban para instruir a los nuevos miembros. Este cuadro de 1819 muestra el templo de Salomón presidido por el Ojo de la Providencia y flanqueado por las Dos Columnas, Jakin y Boaz.

▶ Mandil de cuero blanco pintado
Los masones adoptaron el mandil, un eco del herramental donde el cantero medieval llevaba sus instrumentos. A menudo, como aquí, muestra emblemas como la escuadra y el compás (abajo izda.) usados por los arquitectos.

superior. Esta flexibilidad, unida a sus vínculos con el pasado, explica en parte su atractivo. Producto sobre todo del mundo angloparlante, la primera logia masónica en EE UU se fundó en 1730, y Benjamin Franklin fue un miembro fundador.

Hoy los masones están presentes en gran parte de Europa, en especial en Francia, así como en muchos lugares de Latinoamérica. En EE UU y Reino Unido, el enfoque público de los masones está en la beneficencia, pero en Latinoamérica es evidente un sesgo «oculto-esotérico» centrado en la alquimia y su poder transformador, aunque a un nivel más espiritual que físico.

La masonería ha provocado siempre desconfianza, y sus críticos la ven como un mundo cerrado de influencias oscuras decidido al establecimiento de un nuevo orden mundial. Esto tiene mucho en común con otra hermandad secreta surgida a finales del siglo XVIII, los Illuminati, que también buscaban la verdad universal. Algunos críticos sostienen que su énfasis en «fraternidad, alivio (caridad) y verdad» son meras distracciones de la promoción de los intereses de sus miembros,

en su abrumadora mayoría varones blancos (casi todas las logias excluyen a las mujeres). La masonería no se ha extendido al mundo islámico, en gran parte de cuya área de influencia es ilegal. Con todo, continúa siendo una reminiscencia de saberes y costumbres supuestamente antiguos, con el misticismo y el ritual privado en su centro.

EN CONTEXTO

Escándalo e injurias

La desaparición del periodista William Morgan en Nueva York en 1826 fue considerada una prueba evidente del poder siniestro de la masonería. Masón él mismo en el pasado, se suponía que había sido asesinado por los masones por revelar sus secretos. Nunca se halló prueba alguna que incriminara a los masones, pero la ausencia de evidencias solo aumentó la especulación más febril. Muchos dieron por supuesta la culpabilidad de los masones, lo que provocó una rápida reacción antimasónica que condujo al declive de la organización en EE UU, hasta que volvió a resurgir en la guerra de Secesión (1861–1865) gracias a testimonios sobre actos compasivos de los masones.

Según este grabado de 1826, los masones asesinaron a Morgan por revelar secretos que había conocido mientras fue miembro.

Den kloka Gumman.

¿CIENCIA O CONJUROS?

magia popular en Europa

Con la difusión de la confianza ilustrada en la razón y el desarrollo del método científico, las actitudes del siglo XVIII hacia la brujería sufrieron un cambio decisivo. En esencia, era obvio que la magia de cualquier tipo no existía en un mundo ilustrado; de ello se deducía que tampoco podían existir las brujas. Esta actitud estaba en marcado contraste con el frenesí y la desconfianza que llevaron a las oleadas de juicios por brujería en los siglos XVI y XVII (pp. 178–181).

En Gran Bretaña, por ejemplo, con la Ley de Brujería de 1735, cualquiera que afirmara poseer un poder sobrenatural, benigno o maligno, declaraba un fraude y era procesado en consecuencia. Asimismo, la pena de muerte fue abolida para los culpables, reemplazada por la de prisión o multa. La última persona ejecutada por brujería antes de esa ley fue la escocesa Janet Horne, en 1727.

Sanadores

Una consecuencia de esta nueva actitud racionalista fue que, en muchas partes de Europa, los practicantes de medicina popular −los curanderos− fueron investigados por prácticas supersticiosas. Sin embargo, los curanderos eran en su mayor parte sanadores, más que practicantes de artes oscuras.

Como sanadores eran muy valorados, especialmente en zonas remotas sin acceso a otros cuidados médicos. En su papel habitual de parteras, las curanderas mezclaban conjuros místicos, remedios herbales y asistencia práctica. De hecho, cuanta más desaprobación despertaban, en particular de la Iglesia, y cuanto más perseguidas eran, mayor era su fama. Algunas llegaron a tener reputación a nivel nacional, e incluso se convirtió en moda entre ciertos círculos sociales consultar a curanderos.

Aceptación y celebración

Gran parte del conocimiento de los curanderos, particularmente en Escandinavia, estaba contenido en «libros negros» y colecciones de conjuros, luego llamados grimorios. Algunos no contenían más que simples remedios para dolencias diversas, como el dolor de muelas o de espalda, mientras que otros prometían curiosos poderes. *La poule noire* («La

◀ Talismán
El libro de conjuros *La poule noire*, supuesta obra de un soldado napoleónico al que un sabio turco reveló sus secretos, describe 22 talismanes de seda y anillos de bronce. Este, el número 10, «te hará invisible a ojos de todos».

gallina negra»), por ejemplo, era una guía para la construcción de anillos mágicos talismánicos. Estos prometían grandes poderes, el más extraordinario de los cuales era la capacidad de crear una gallina que ponía huevos de oro; se decía que cualquiera que obtuviera ese poder tendría acceso a una riqueza ilimitada.

Libros de conjuros como este gozaron de popularidad hasta bien entrado el siglo XIX, en especial en Francia, estimulada en parte por el creciente interés académico por el folclore y las leyendas. De hecho, la adquisición de un poder lucrativo es el tema de muchos cuentos de hadas e historias de magia que han seguido siendo populares hasta hoy.

Valeriana officinalis.

> «Cada comunidad tiene sus especialistas […] y la gente tiene gran fe en ellos.»

ANNE MARIE DJUPDALEN, SOBRE LOS CURANDEROS NORUEGOS DEL SIGLO XIX

▲ Remedio herbal
La valeriana (*Valeriana officinalis*), un relajante y alivio contra el insomnio, estaba entre los remedios herbales preferidos por los curanderos. También solía colgarse en los establos, ya que se creía que su acritud protegía a los animales de los espíritus malignos.

MOR SAETHER (1793–1851)

La mujer milagrosa

De todos los curanderos, ninguno ha sido más célebre, casi venerado, que la «mujer milagrosa» noruega Mor (Madre) Saether. Su deseo de sanar se convirtió en una especie de vocación, intensificada esta por un amplio e instintivo conocimiento de las medicinas herbales. Fue encarcelada por curanderismo tres veces, en 1836, 1841 y 1844. Al final, el clamor popular contra su encierro fue tal que el Høyesterett (tribunal supremo) noruego la liberó. Entre sus pacientes más famosos estuvo el poeta y patriota Henrik Wergeland. Su bálsamo contra el reúma siguió a la venta hasta la década de 1980.

Cuentos de hadas

En el siglo XIX, los cuentos de hadas se convirtieron en un elemento importante de la cultura europea, tanto para niños como para adultos. La magia era un ingrediente principal, y algunos cuentos tenían también un aspecto oscuro, extraño. Abundaban hadas, brujas, personajes que se transformaban, conjuros, maldiciones y pociones. Muchos cuentos de hadas eran extensiones de tradiciones existentes en el folclore, como *Fortunatus*, sobre una bolsa de monedas que se rellenaba mágicamente y que ya circulaba en el siglo XVIII.

Los cuentos fantásticos, como *Alicia en el País de las Maravillas* (1865), de Lewis Carroll, con sus pociones mágicas y sus barajas de cartas vivientes, florecieron en una época influida por el romanticismo y su énfasis en la libertad de la imaginación. Ofrecían una evasión de la sucia realidad de la revolución industrial y reflejaban –en el ámbito británico– el aprecio victoriano por el cuento de hadas, parte de una más amplia celebración de la inocencia infantil en la ficción.

La literatura fantástica alemana, a menudo derivada del folclore nacional, tuvo una gran influencia. Los hermanos Grimm recopilaron y remozaron cuentos tradicionales como «Hansel y Gretel» (con su famosa bruja) y «Rumpelstiltskin» (que habla del arte mágico de convertir la paja en oro). Su primera recopilación de cuentos se publicó en 1812, y la fueron revisando y ampliando hasta 1857. La edición ilustrada por Arthur Rackham en 1909 alcanzó especial renombre.

Otros relatos mágicos populares aún hoy son los cuentos orientales medievales de *Las mil y una noches* y *El mago de Oz* (1900), del estadounidense L. Frank Baum, con brujas buenas y malas, monos alados y zapatos mágicos.

> «Pero la vieja que se había presentado de forma tan cordial era una bruja malvada.»
>
> «HANSEL Y GRETEL», DE LOS HERMANOS GRIMM

HECHIZOS ENTERRADOS Y SIGNOS PRESTADOS
magia popular en América del Norte

▲ Amuleto de cuadrado Sator
Este recurso mágico paleocristiano presenta unas palabras que pueden ser leídas del derecho y del revés. En su libro sobre los pow-wows, Johann George Hohman declaraba que el cuadrado Sator poseía propiedades que podían extinguir fuegos con la misma facilidad con que protegían de las brujas a las vacas.

Desde finales del siglo XVII, a medida que llegaban oleadas de colonos a América del Norte, la magia popular se difundió por el continente. Las prácticas mágicas adoptaron tres formas distintas: las actividades de los curanderos entre los colonos ingleses; una variante practicada por los llamados «conjuradores» entre los afroamericanos; y una magia popular germánica practicada por los llamados alemanes (u holandeses) de Pensilvania.

Al igual que en Inglaterra, las intenciones de los curanderos en América del Norte solían ser benéficas: su preocupación era el bienestar de sus vecinos. Para ello usaban una mezcla de conjuros, remedios herbales y objetos preciados para atraer la suerte y alejar el mal, sobre todo amuletos y hechizos escritos, que solían enterrarse para otorgarles una mayor eficacia.

▶ Milagros y símbolos mágicos
Esta ilustración de *El sexto y séptimo libro de Moisés* (siglo XVIII), que representa a un hombre con una espada, contiene símbolos mágicos hebreos. Inspiración para el libro de Hohman, esta obra, en parte mágica y en parte religiosa, bebía de fuentes judías, romanas y cristianas, y relataba, entre otros milagros bíblicos, cómo Moisés convirtió su cayado en una serpiente o conjuró una columna de fuego.

Curanderos y conjuradores

Los curanderos, aunque no eran explícitamente cristianos, seguían invocando el nombre de Cristo como protección. Seguía existiendo una creencia popular y supersticiosa en que había que protegerse del maligno, y no solo entre los colonos ingleses nacidos libres. Entre la población afroamericana, los curanderos tenían sus homólogos en los conjuradores, que se creía que poseían dones mágicos similares. Ellos también creían en el enterramiento de objetos supuestamente mágicos. Un ejemplo de enterramiento ritual se halla en Ferry Farm, la casa de niñez de George Washington en Virginia, en cuyos cimientos se incrustaron ostras para proteger la casa y a sus habitantes.

Sin embargo, había una distinción crucial entre conjuradores y curanderos: aquellos eran esclavos que, como otros cientos de miles, habían sido llevados a la fuerza al Nuevo Mundo. El papel de los conjuradores en la ayuda a sus hermanos esclavos adquirió una urgencia dolorosa.

▶ **Estrella sobre un granero**
Los alemanes de Pensilvania pintaban vistosas estrellas sobre sus graneros y establos, probablemente como imágenes de los cielos inmutables.

Los alemanes de Pensilvania

Desde inicios del siglo XVIII, los colonos germanoparlantes de Pensilvania dejaron su impronta en su nuevo hogar, y esta tomó literalmente la forma de estrellas pintadas. Estos motivos estelares los plasmaban sobre construcciones como graneros y establos y en casi todos los objetos que producían, desde edredones hasta mantequeras.

Pese a que algunos han afirmado que esas estrellas eran signos hechizados contra las fuerzas malignas, la explicación real de su uso es más prosaica y universal: los alemanes de Pensilvania eran granjeros, muy al tanto del paso de las estaciones. Y no había un símbolo más obvio de los ciclos naturales que el orden celeste, evidencia de un vasto cosmos que empequeñecía todos los esfuerzos humanos.

Pow-wows

La publicación en 1820 de *Pow-wows*, del curandero y místico alemán Johann George Hohman, introdujo una nueva variante mágica. El libro era un refundido de textos previos que él plagió descaradamente, en parte consejos prácticos –curas para el reumatismo, cómo elaborar cerveza, cómo tratar a una vaca enferma– y en parte alarde místico. Según decía Hohman, la mera posesión del volumen protegería a su dueño. El libro introdujo asimismo el concepto de «pow-wow» (o *brauche*) para esta condición semimágica surgida entre los alemanes de Pensilvania; posiblemente fuera una corrupción del término usado por los nativos narragansett, aplicado en origen a un líder espiritual y luego a las reuniones rituales.

«El fuego y el dragón amenazaban el carretón, el fuego se aplacó y el dragón lo evitó.»

JOHANN GEORGE HOHMAN, *POW-WOWS* (1820)

TODO ES ESPÍRITU
vudú y hudú

Aunque vudú –*vodu* (espíritu) en lengua ewé africana– y hudú están relacionados, presentan diferencias significativas. Ambos son de origen africano, llevados en el siglo XVIII por esclavos a través del Atlántico a las colonias caribeñas francesas y a los territorios a lo largo del Misisipi. Asimismo, ambos se vieron afectados por la influencia de su entorno: el vudú por el catolicismo y el hudú por otras creencias, tanto europeas como nativas americanas. Pero permanece el factor clave: el vudú es una religión, mientras que el hudú es una forma de magia popular.

Orígenes del vudú en Haití

Desde sus raíces en la religión fon de África occidental, el vudú evolucionó en el Caribe en la isla de Saint-Domingue (actual Haití), la más rica de las colonias francesas, que exportaba café y azúcar cultivados por esclavos. La esclavitud fue el rasgo definitorio del vudú: más de un millón de africanos

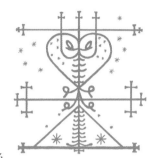

◄ **Vevé**

Un ritual vudú empieza trazando con harina en el suelo un símbolo, conocido como *vevé*, seguido de un sacrificio animal. Ambos elementos son vitales para invocar a un *loa* (espíritu). Aunque su origen se ha perdido, se dice que los *vevés* representan fuerzas astrales.

llevados a la isla fueron sometidos al Code Noir (Código Negro) francés, que proscribía toda religión menos el catolicismo y establecía la conversión de todos los esclavos.

Mundo místico

El resultado fue un notable híbrido –una combinación de creencias, prácticas y visiones del mundo conocida como religión sincrética– que fusionaba el espíritu tradicional y el culto a los antepasados de los esclavos con el catolicismo. Aunque los seguidores del vudú creen en un dios superior, creador de todas las cosas, llamado Bondye (corrupción del francés *bon Dieu*: buen Dios), este es demasiado remoto para ser adorado directamente y no tiene un culto propio, sino que es adorado por intermedio de miles de espíritus, los *loas* o *lwas*, que representan cada aspecto del mundo y de la humanidad. Es en estos espíritus donde se revela realmente la naturaleza profundamente mística del vudú.

Posesión y revelación

Los seguidores del vudú creen en dos mundos: el visible y el invisible, dominios de los vivos y de los muertos. Los espíritus de los muertos están siempre entre los vivos, pero solo pueden manifestarse a

▶ **Muñeca vudú**

Como símbolos de un mundo exuberante, las muñecas vudú –aquí, una figura femenina con cabeza de animal– son centrales en la celebración de la naturaleza. Proclaman el deleite en el mundo real y la fecundidad.

«... esparzo estiércol de vaca quemado con cayena y pelos blancos [...] en la habitación de mi amo para que deje de abusar de mí.»

NARRATIVE OF THE LIFE AND ADVENTURES OF HENRY BIBB: AN AMERICAN SLAVE (1849)

través de los *loas*. Los rituales implican la participación activa de todos los presentes. El objetivo de una ceremonia, presidida por un *houngan* (sacerdote) o una *mambó* (sacerdotisa), es invocar a esos espíritus, mediante los símbolos *vevé* trazados con harina y el sacrificio de animales, hasta que uno o más participantes sean poseídos por un *loa*. No se trata de una posesión en el sentido diabólico: es una afirmación positiva de los vínculos vitales entre los vivos y los muertos, entre los mundos material y espiritual. Con todo, el infinitamente diverso mundo del vudú también tiene aspectos más oscuros. Además de las figuras de los sacerdotes están las de los hechiceros, conocidos como *bokor* (varón) o *caplata* (mujer), que invocan a espíritus malignos y alzan a los muertos vivientes, los zombis. Estas figuras míticas pueden verse como una metáfora del ínfimo estatus, apenas humano, de la población esclava en Haití.

▲ **El vudú en la práctica**
Los rituales vudú se caracterizan por el ruido, la música y la danza, y todos participan en ellos. Unas celebraciones tan desinhibidas escandalizaron a los primeros observadores europeos.

La revolución haitiana

En 1791 los esclavos de Haití se rebelaron. Tras una lucha confusa y sangrienta, en 1819 Haití se alzaba como la primera república negra; la suya continúa siendo la única revolución de esclavos victoriosa de la historia. A primera vista, una revuelta popular no parece demasiado ligada al mundo de la magia. Pero lo cierto es que el vudú estuvo en la base del alzamiento: fue el catalizador que la lanzó y la mantuvo. Los elementos místicos y sobrenaturales del vudú fueron críticos en el nacimiento de la nueva nación. Independientemente de los muchos sufrimientos que Haití ha soportado desde entonces, el anhelo de lo divino, que se halla en el núcleo del vudú, resultó asombrosamente eficaz para desafiar el poder de Francia, Reino Unido, España y EE UU, países todos ansiosos por preservar la esclavitud.

El vudú en Nueva Orleans

Tras la revolución haitiana, un número importante de exesclavos y sus descendientes emigraron, y se establecieron principalmente en Nueva Orleans,

▶ **Altar de vudú**
Se emplea todo tipo de símbolos para representar el rebosante mundo espiritual del vudú. Las muñecas, por lo general muy coloridas, son su representación preferida. Aquí, las serpientes enrocadas a Mama Wati (un espíritu acuático) son símbolos de fertilidad y renovación.

parte de EE UU desde 1803. Allí se desarrolló una forma distintiva de vudú, más abiertamente mágica en sus creencias y prácticas. Una de las practicantes más famosas del siglo XIX fue Marie Laveau, peluquera convertida en sabia vudú. Al final de su vida, era considerada la «reina del vudú de Nueva Orleans», sanadora, hechicera y adivina consultada por lo más alto y lo más bajo de la ciudad. En la actualidad, su legado solo sobrevive en la venta de muñecas vudú orientadas al turista.

El poder del hudú

El hudú ha sido siempre distinto del vudú. Si este proviene de África occidental, especialmente de Dahomey (actual Benín), el hudú procede de África central, y en concreto del Congo. Sus practicantes actuales se pueden encontrar por todo EE UU, si bien sus raíces se hallan en el Sur profundo, con su pasado de esclavitud y opresión.

El hudú se basa en una gran variedad de fuentes de magia popular. Está tan en deuda con el *Powwow* de Johann Hohman y el mítico *El sexto y séptimo libro de Moisés* (pp. 202–203) como con sus orígenes africanos. El hudú toma del mundo natural hierbas y raíces —a menudo sus practicantes son llamados

rootworkers—, partes de animales y minerales, especialmente la calamita o piedra imán, naturalmente magnética. También utiliza velas, aceites, incienso y pólvora. El hudú ofrece la promesa de amor y riqueza, así como curación y maldición, buena y mala suerte. Sus practicantes predicen el futuro, usan huesos de animales para la adivinación e interpretan sueños. El hudú se sigue alimentando de proverbios y relatos y de una rica mezcla de tradición antigua y supuesta sabiduría. Es el legado de un viejo mundo de magia popular destilado a lo largo de las eras y a través de los continentes.

▲ **Raíz de la suerte**
La raíz de Juan el Conquistador es especialmente valorada por los practicantes de hudú. Se dice que confiere potencia sexual mágica y que asegura la suerte en el juego.

El vudú en África occidental

El vudú suele asociarse con Haití. Sin embargo, sigue vivo en África occidental, en particular en Benín, donde surgió de la religión fon y donde se cree que tiene unos cuatro millones de seguidores (pp. 292–293) hoy día. Esta figura talismánica –un fetiche llamado *bocio*– es típica de allí. Su fin es en parte holístico, como fuente de salud natural, y en parte de protección de su usuario contra fuerzas externas malignas. Aunque se puede apelar al *bocio* directamente, sin un sacerdote como intermediario, para liberar su poder se requieren ciertos sacrificios de sangre, normalmente de pollos o cabras. Puede tallarse en hueso, piedra o madera, y algunos son lo bastante ligeros para llevarlos encima.

Este *bocio* fon está cargado con poderosos objetos para proteger a su creador.

Plantas peligrosas

Así como algunas plantas han sido, y aún son, usadas para la curación y la magia buena, otras tienen asociaciones antiguas más siniestras, especialmente las que son mortales. Ciertas plantas contienen alucinógenos, empleados para inducir trances y visiones, para alejar a los espíritus malignos o, como la raíz de mandrágora, utilizados en rituales de magia negra. En el pasado, algunas plantas tenían tan mala reputación que se creía que atraían el mal solo por crecer cerca del hogar, sobre todo si florecían fuera de estación.

Las hojas contienen la misma sustancia que la raíz, pero en cantidad reducida

La raíz contiene sustancias alucinógenas

▲ **Mandrágora** La más temida de las plantas debe su reputación a su raíz con forma humanoide, que, según la tradición, lanzaba un grito letal al ser arrancada del suelo. También se decía que chupar una hoja durante un mes daba a un mago el poder de transformarse en animal.

▲ **Acónito** Puede provocar alucinaciones de metamorfosearse en un animal, y se decía que los guerreros *berserker* nórdicos lo tomaban para transformarse en hombres lobo antes de ir al combate.

▲ **Saúco** Rico en cualidades curativas, también es el «árbol de la muerte» porque parece regenerarse a partir de ramas muertas. Se decía que al cortarlo se liberaba un espíritu maligno.

▲ **Belladona** Es venenosa y tiene propiedades alucinógenas. Según ciertas fuentes, las brujas se frotaban los muslos con esta planta para volar sobre palos de escoba.

▲ **Endrino** Aunque considerado de mal agüero, en magia se usaba para proteger del mal, eliminar negatividad y toxinas, y ayudar a la gente a enfrentarse con sus demonios interiores.

▲ **Ajenjo** Se decía que creció por primera vez en el rastro dejado por la serpiente cuando abandonó el Jardín del Edén. Se asocia con el rencor; en magia, se usaba en conjuros de venganza.

▲ **Beleño** Muy alucinógeno. Los sacerdotes del oráculo de Delfos lo quemaban para contactar con los dioses. Según ciertas fuentes, las brujas lo usaban para volar.

▲ **Delfinio o espuela de caballero** Según la mitología griega, brotó de la sangre de Áyax; por eso se creía que curaba las heridas y, por extensión, que ofrecía protección.

La magia de la planta reside en las flores

◀ **Eléboro** Planta tóxica usada desecada y en polvo en conjuros de invisibilidad. Según el folclore, solo debía ser recogido en noches sin luna.

Las hojas son tóxicas al contacto

▲ **Datura** Muy alucinógena y potencialmente letal. Desde antiguo ha formado parte de rituales entre pueblos nativos norteamericanos como preparación para viajes espirituales.

▲ **Cicuta** Contiene el veneno mortal que se usó para ejecutar al filósofo griego Sócrates. Provoca parálisis y fallo respiratorio incluso en pequeñas cantidades.

DOMINAR LA FUERZA VITAL
mesmerismo e hipnosis

La palabra «mesmerismo» tiene su origen en el médico alemán del siglo XVIII Franz Anton Mesmer, quien abanderó la creencia de que todos los seres vivos, animales y vegetales, poseían una energía o fluido magnético que, influido por los planetas, actuaba de forma similar a las mareas. Mesmer creía que las enfermedades eran producidas por bloqueos en los movimientos normales de la energía y que, por ello, el uso experto de imanes aplicados por alguien dotado de un poderoso magnetismo personal —como él mismo— era capaz de curar enfermedades. A esta transferencia de energía, que con el tiempo incluyó también a los objetos inanimados, la llamó «magnetismo animal».

▼ **Contacto ocular**
Mesmer estaba cautivado por el concepto de las fuerzas magnéticas, visibles en esta imagen, que podían ser transferidas entre sujetos, dejándolos bajo su benéfico poder.

Trance y atmósfera
Mesmer desarrolló su teoría en Viena, pero fue en París donde, a partir de 1778, acabó de elaborarla y obtuvo su mayor fama. Inducía en sus pacientes un estado de trance semimístico mirándolos fijamente al tiempo que manipulaba y apretaba partes de su cuerpo. Si tenía éxito, a eso seguía una serie de convulsiones histéricas. Esto era la «crisis», el momento en que se curaba la dolencia y se restauraba el equilibrio natural.

La popularidad de Mesmer era tal que llegó a tratar a sus clientes, casi todos procedentes de las capas más altas de la sociedad, en grupos de veinte o más. Sus sesiones eran tan teatrales como médicas. Los pacientes se agrupaban en torno a la *baquet* (p. 211), con las luces bajas y con música remota y casi celestial.

Mesmer, vestido a menudo con una túnica de color lavanda, paseaba entre los pacientes y los tocaba, orientaba y dirigía mientras los miraba intensamente. En ciertos momentos, uno de ellos entraría en un estado de catalepsia, aparentemente congelado, o se retorcería violentamente, sollozando

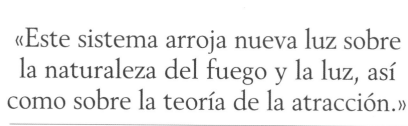

«Este sistema arroja nueva luz sobre la naturaleza del fuego y la luz, así como sobre la teoría de la atracción.»

FRANZ MESMER, *FUNDAMENTOS DEL MAGNETISMO ANIMAL* (1779)

o riendo sin control, o incluso vomitaría. Un médico
inglés contemporáneo observó que una «atmósfera
de misterio» permeaba el espectáculo y que «toda
la escena estaba llena de asombro».

¿Charlatán o auténtico creyente?

Lo que más adelante sería una forma de hipnosis
resultó sumamente influyente en la medicina tanto
ortodoxa como alternativa. El mesmerismo también
contribuyó al auge del espiritualismo (pp. 224–227)
y a la hipnosis como espectáculo público.

Mesmer no dejó de presionar en busca del
reconocimiento oficial de la existencia de su fuerza
vital. Nunca lo obtuvo. Sus tratamientos parecían
más peligrosamente próximos al ocultismo que a la
medicina pues, en apariencia, tomaba el control de la
mente de sus pacientes. En 1785, una comisión real
dictaminó que no había prueba alguna de la fuerza
magnética afirmada por Mesmer, y fue desacreditado.

EN LA PRÁCTICA

La cuba mágica de Mesmer

El contenedor de madera lleno de
agua que Mesmer llamó *baquet* era el
elemento central en sus tratamientos y el
foco de sus reuniones. De su superficie
salían unas varillas que en el interior se
insertaban en cilindros, cada uno de los
cuales contenía un imán para magnetizar
el agua. Las varillas se doblaban y
Mesmer colocaba sus extremos sobre
la zona afectada del paciente. Sentados
alrededor de la *baquet*, los pacientes
quedaban sujetos a ella mediante
sogas, y además se tomaban de las
manos para difundir el magnetismo.

L'Arbre de Buzancy

▶ **Árbol magnético**
El método del marqués de Puységur consistía en atar a sus pacientes a un olmo magnetizado por él. Luego pasaba un imán sobre ellos para inducirles una especie de hipnosis.

ELIPHAS LÉVI (1810–1875)

Ocultista francés

Eliphas Lévi, cuyo nombre real era Alphonse Constant, se formó como sacerdote católico, aunque nunca fue ordenado. Abrazó el socialismo e, inspirado por Mesmer, se apasionó por la magia. Abogó por un orden universal basado en el catolicismo, el socialismo y la magia. Su libro *Dogma y ritual de la alta magia* describía e ilustraba a Baphomet (izda.), un ídolo ya descrito por los templarios medievales. Según Lévi, que llamó a la criatura «macho cabrío del Sabat», este poseía todo el conocimiento. Con sus muchos significados mágicos, representa lo masculino y lo femenino, el bien y el mal, la fecundidad y la vida. Los magos actuales siguen estudiando la obra de Lévi.

Baphomet aparece aquí como un monstruo con cabeza de macho cabrío, torso de mujer, alas, un pentagrama en la frente y textos alquímicos en los brazos.

▼ **Velada de magnetismo**
Este folleto publicitario suizo, de mayo de 1857, ofrece una demostración de magnetismo a cargo de un tal E. Allix, «profesor de magnetismo». Muchos *showmen* de dudosa capacitación se subieron al carro de Mesmer.

El poder del sueño

De hecho, Mesmer fue tildado de charlatán y murió exiliado en Suiza en 1815. Sin embargo, su legado pervivió, y el mesmerismo se siguió practicando hasta bien entrado el siglo XIX. Entre sus defensores más influyentes estuvo el marqués de Puységur, discípulo ferviente de Mesmer, si bien a partir de la década de 1780 impulsó una forma nueva de inducción hipnótica a la que llamó «sonambulismo artificial». En este caso, el sujeto no solo era inconsciente de su estado sino que, susceptible a la sugestión hipnótica, realizaría cualquier acto que el mesmerista le indicara.

El subconsciente desvelado

La comprensión de que los seres humanos tienen un poderoso subconsciente además de la mente consciente tuvo implicaciones para el desarrollo de la psicología, así como para el tratamiento de lo oculto y lo sobrenatural, además de preparar el camino para el surgimiento del médium (el intermediario que comunica los mundos material y espiritual).

Médico y pilar de la institución médica escocesa, James Braid se convenció súbitamente del potencial del mesmerismo como instrumento médico legítimo cuando en 1841 fue testigo de la demostración de un mesmerista francés, Charles Lafontaine. Lo que lo impresionó no fueron las payasadas de Lafontaine, sino el hecho de que los sujetos quedaban tan sometidos a trance que no podían siquiera abrir los ojos. En investigaciones posteriores, Braid probó tanto la realidad física de la conciencia alterada como el valor de su aplicación médica, sobre todo como anestésico, pues el sujeto quedaba insensible al dolor. Fue él quien acuñó el término «hipnosis» (por Hipnos, el dios griego del sueño).

Hacia lo oculto

Braid y otros hipnotistas, especialmente los franceses Jean-Martin Charcot –uno de cuyos pupilos fue Sigmund Freud, padre del psicoanálisis– e Hippolyte Bernheim, continuaron desarrollando los trabajos de Mesmer. Ellos subrayaron las posibilidades del hipnotismo como instrumento en el estudio científico de la mente humana, pero su atractivo para lo oculto era igualmente evidente, como evidenció el mago ceremonial y escritor francés Eliphas Lévi (recuadro, arriba).

LAUSANNE. — GRANDE SALLE DU CASINO.

MAGNÉTISME

E. ALLIX

SÉANCE DE MAGNÉTISME

COURS DE MAGNÉTISME EN 10 LEÇONS

«Nada es más peligroso [...] que convertir esta ciencia en un pasatiempo.»

ELIPHAS LÉVI, *DOGMA Y RITUAL DE LA ALTA MAGIA* (1854–1856)

▲ **Tarot francés**

Estas ilustraciones de la *Papesse* (Papisa) y la *Impératrice* (Emperatriz) proceden de *Monde primitif*, de Antoine Court de Gébelin, libro que proponía el uso del tarot como instrumento de adivinación.

«Cada persona deja de jugar [sus cartas] y acude a ver esta Baraja maravillosa en la que yo percibo lo que ellos nunca han visto.»

ANTOINE COURT DE GÉBELIN, *MONDE PRIMITIF* (1781)

LEER LAS CARTAS
el tarot

Conocidas hoy como un medio de cartomancia —una forma de adivinación—, las cartas del tarot surgieron en Europa a principios del siglo xv. Se cree que los juegos de cartas convencionales fueron introducidos en el continente un siglo antes desde Egipto por los mamelucos, y el tarot era solo una variación. Estas primeras barajas de tarot se usaban como mero entretenimiento, y su propio nombre procede de un juego similar al *bridge* que se jugaba con ellas en Italia, el *tarocco*.

Los cuatro palos de estos tarots tempranos eran bastos (luego varas), oros (luego pentáculos), espadas y copas. Hacia 1440, se añadieron cartas especiales con ilustraciones alegóricas para crear las barajas llamadas *carte da trionfi* (cartas de triunfos). Al principio los naipes eran pintados a mano y raros, pero tras la invención de la imprenta se produjeron en cantidad.

Origen ocultista en el antiguo Egipto

En 1773, el erudito francés Antoine Court de Gébelin comenzó la escritura de un libro crucial sobre la ascendencia de los idiomas: *Monde primitif* («El mundo primitivo»). Gébelin sostenía que los símbolos del tarot estaban basados en un misterioso texto del antiguo Egipto, *El libro de Thot*. También insinuaba que la Iglesia católica había intentado suprimir este conocimiento, pero que este se había difundido a través del pueblo gitano. Había pocas pruebas que apoyaran sus teorías, y los «libros de Thot» traducidos desde entonces no contenían nada parecido al tarot. Sin embargo, la obra de Gébelin suscitó la fascinación por las posibilidades ocultas del tarot.

Uso para la adivinación

Una década después, otro francés, Jean-Baptiste Alliette, escribió un libro titulado *Etteilla, o la manera de divertirse con una baraja de cartas*, sobre el uso de las cartas de tarot para la adivinación, y diseñó una baraja. A él se debe el establecimiento de la adivinación por el tarot como pasatiempo popular. Alliette usaba una baraja de 32 naipes con la adición de su propia carta Etteilla, llamada *Questionnant* (el consultante), que representaba a quien consultaba al tarotista.

▲ **Todo está en las cartas**
Las cartas de Etteilla de Jean-Baptiste Alliette fueron la primera baraja de tarot diseñada específicamente para la adivinación. Su significado cambia según la orientación de la carta.

Consultar las estrellas

La astrología desempeña un importante papel en la interpretación de las cartas del tarot y de la posición que ocupan en una lectura (o «tirada»). Esta conexión fue establecida a finales del siglo xix por una sociedad secreta de ocultistas británicos llamada Orden Hermética de la Aurora Dorada (pp. 242–243). Esta orden estableció vínculos entre los palos del tarot, los signos astrológicos y los cuatro elementos clásicos. Así, el Fuego se asocia con los signos Aries, Leo y Sagitario, y con el palo de Bastos; la Tierra se asocia con Tauro, Capricornio y Virgo, y con el palo de Pentáculos (Oros); el Aire, con Géminis, Libra y Acuario, y con el palo de Espadas; y el Agua, con Cáncer, Escorpio y Piscis, y con el palo de Copas.

La Luna (asociada con Piscis) aquí en un ejemplar del siglo xv pintado por el italiano Antonio Cicognara, fue una de las cartas originales de la baraja de tarot.

◀ El tarot llega a América
El primer estilo de tarot en ganar popularidad en América del Norte fue el tarot egipcio diseñado en 1890 por los ocultistas franceses René Falconnier y Maurice Otto Wegener, inspirado en las ideas de Jean-Baptiste Pitois.

Tarot cabalístico

A medida que proliferaba la fascinación por lo oculto en el siglo XIX, la gente usó la baraja de tarot más para la adivinación que para el juego. Cada carta tenía un conjunto de significados, que variaban si la carta se destapaba invertida.

Una de las figuras más importantes de la cartomancia fue Eliphas Lévi (p. 213), bohemio y socialista francés que en la década de 1860 escribió una serie de libros que le ganarían un nombre en el mundo de la magia. Lévi creía en la magia como base científica de la divinidad del hombre. Observó un vínculo evidente entre el tarot y la tradición mística de la Cábala (pp. 136–139), advirtiendo que los 22 triunfos del tarot coincidían con las 22 letras del alfabeto hebreo. Estableció más vínculos, y afirmó que el tarot podía servir como un mapa a través del Árbol de la Vida cabalístico, conduciendo a la iluminación y al cielo. Fue la obra de Lévi la que convirtió el tarot en una herramienta popular para la adivinación.

En 1870, el ocultista francés Jean-Baptiste Pitois explicó en su libro *Histoire de la magie* que los símbolos del tarot se originaron en las pruebas de iniciación que realizaban los magos para acceder a las cámaras secretas bajo la Gran Pirámide de Guiza. Cabe destacar que también describió la baraja de tarot dividida en dos arcanos (grupos).

Los arcanos

Los arcanos mayores comprenden los 22 triunfos, como el Mago, la Estrella o el Ahorcado; no pertenecen a ningún palo y tienen significación propia. Los arcanos menores son las 56 cartas de baraja, divididas en cuatro palos de 14 cartas cada uno. La primera baraja de 78 cartas diseñada según el sistema de Pitois es conocida también como Tarot de Marsella, pues el juego sobrevivió en Francia mucho después de desaparecer en Italia.

En 1889, el ocultista suizo Oswald Wirth diseñó una baraja de cartomancia de tan solo 22 naipes basada en símbolos cabalísticos. Cada triunfo tenía sus propios vínculos: el Mago, por ejemplo, tiende un puente entre la tierra y el cielo; la Sacerdotisa, originalmente llamada Papisa, se suponía una referencia a la leyenda de la papisa Juana. Desde entonces se han diseñado muchas otras barajas para cartomancia.

Este Mago es de la baraja de Rider-Waite (1910), la primera británica.

Este Diablo es un naipe francés del siglo XIX influido por Lévi.

Esta Sacerdotisa también pertenece a la baraja de Rider-Waite.

Esta Torre es un diseño de Wirth de 1926, con símbolos cabalísticos.

▲ **La Emperatriz** denota la creación de la vida, ideas, arte, romance y negocios.

▲ **El Diablo** indica codicia material, lujuria, miedo y sentimientos reprimidos.

▲ **El Ahorcado** es una carta ambigua: sugiere autosacrificio y a la vez, dada su posición invertida, una perspectiva nueva.

▲ **La Rueda de la Fortuna** indica un cambio en la suerte, como el rico convertido en pobre o el pobre, en rico.

▲ **El Carro** indica fuerza, enfoque y voluntad para tomar las riendas; las esfinges blanca y negra que tiran del carro simbolizan los opuestos trabajando juntos.

▲ **La Sacerdotisa** o Papisa sugiere intuición y conocimiento secreto.

▲ **La Fuerza** representa el control y el buen manejo del dolor y el peligro.

▲ **El Ermitaño** simboliza aislamiento, retirada e introspección.

▲ **El Juicio** sugiere una llamada espiritual, duda interna o renacimiento.

▲ **La Justicia** significa imparcialidad, o trato injusto si está invertida.

▲ **El Sol** denota vitalidad, confianza y éxito, o lo opuesto si está invertida.

▲ **El Loco** no tiene número y es sumamente importante. La figura se alza despreocupada ante un precipicio, lista para un nuevo viaje o para lanzarse imprudente a lo desconocido.

▲ **La Muerte** representa el final de una etapa de la vida, una transformación espiritual.

▲ **La Templanza** indica equilibrio, moderación, paciencia y dirección.

▲ **El Sumo Sacerdote** indica sabiduría espiritual, tradición, estabilidad o conformismo.

▲ **El Mundo** representa unión, consumación o viaje.

▲ **La Luna** representa el subconsciente, ilusiones, miedos reprimidos o ansiedad.

▲ **La Estrella** denota fe y esperanza; o, si está invertida, desesperación y desconfianza.

▲ **El Mago** indica inspiración, talento, visión, o lo contrario si está invertida.

▲ **El Emperador** denota autoridad, una figura paternal o dominación negativa.

▲ **Los Amantes** apunta a una decisión sobre una relación, la elección de cónyuge o una tentación para el corazón, a menudo con un sacrificio implícito.

▲ **La Torre** anuncia crisis, trastorno o revelación: la construcción puede parecer sólida, pero se erige sobre un terreno elevado e inestable.

Los arcanos mayores

Los arcanos mayores del tarot son las 22 cartas con imágenes arquetípicas, cada una de las cuales tiene un significado particular que deviene su contrario si la carta aparece invertida. De las múltiples formas de adivinar el porvenir con el tarot, la más sencilla es la tirada de tres cartas: se sacan del mazo tres cartas que representan, de izquierda a derecha, pasado, presente y futuro, y se combinan para dar respuesta a una pregunta específica.

EXPRESIÓN ARTÍSTICA
románticos y renegados

En los siglos XVIII y XIX, la época de las revoluciones y el Romanticismo, ideas sobrenaturales y ocultistas inspiraron grandes obras creativas. El Romanticismo exaltaba las emociones y la expresión individuales; a menudo rompía con las reglas aceptadas y valoraba la intuición y la trascendencia (la experiencia más allá de lo físico). El desbordamiento artístico de la época romántica, alimentado por revoluciones políticas que desterraron el viejo orden mundial, suponía una reacción contra el racionalismo ilustrado.

Las brujas de Goya

Francisco de Goya se interesó por las brujas y lo sobrenatural. Usando la imaginería de la fantasía oscura para explorar la realidad social y política de su tiempo, produjo algunas pinturas fascinantes y

siniestras. El intrigante *Vuelo de brujas* (c. 1798, izda.) muestra a tres brujas en vuelo que llevan a una cuarta persona, desvalida. Su significado es controvertido: podría ser una crítica del estamento religioso o un alegato antibrujería.

Lo natural y lo demoníaco

Literatura y música exploraron también temas sobrenaturales. Ralph Waldo Emerson y Henry David Thoreau, escritores-filósofos estadounidenses, lideraron el trascendentalismo, escuela que promovía los ideales románticos de intuición, libertad individual y búsqueda de Dios en la naturaleza. Diversos poetas románticos británicos enfatizaron lo sobrenatural, como, por ejemplo, William Wordsworth y Samuel Taylor Coleridge, que exploraron la magia divina de la naturaleza en obras como sus *Baladas líricas*.

En contraste con la admiración de la magia de la naturaleza, los románticos oscuros americanos, y en especial Edgar Allan Poe, crearon obras literarias que combinaban nigromancia (comunicación con los muertos), metempsícosis (transmigración de las almas), ocultismo, magia ceremonial y mesmerismo (pp. 210–213). Dos de los relatos de Allan Poe que condensan esos temas son «Morella», un cuento morboso sobre matrimonio, misticismo y horror gótico; y «Ligeia», que incluye un círculo mágico y visiones opiáceas de un cadáver vuelto a la vida.

La ópera *El cazador furtivo*, del alemán Carl Maria von Weber, es famosa por su sobrenaturalismo: presenta una batalla entre el bien y el mal que implica a espíritus extraños, un pacto con el diablo y balas mágicas.

▲ Paisaje espiritual
Esta ilustración es un diseño de escenario para la perturbadora escena de la Garganta del Lobo de la ópera *El cazador furtivo* (1821), del romántico alemán Carl Maria von Weber. El paisaje bulle de espíritus y criaturas extrañas.

◀ Alegoría oculta
Aquí, las brujas de Goya llevan unos gorros que recuerdan a las corozas de los acusados por la Inquisición española. El hombre cubierto hace un gesto para protegerse del mal de ojo.

◀ Mensaje de condenación
En el poema «El cuervo» de Edgar Allan Poe, ilustrado aquí por Gustave Doré, el mensaje de un cuervo arruina la esperanza de un hombre de reunirse en el cielo con su amor perdido.

▲ **Horror gótico** en una ilustración para los *Relatos de terror* (1801) atribuidos a Matthew G. Lewis.

Magia gótica

La década de 1790 vio en Europa una proliferación de la estremecedora –y a menudo escandalosa– literatura «gótica» que exaltaba lo sobrenatural, lo oculto y lo macabro. Iniciada a mediados del siglo XVIII, esta corriente se unió con el movimiento romántico y prosiguió en el siglo XIX, como en el Romanticismo oscuro estadounidense.

Edificios antiguos, como castillos medievales en ruinas y monasterios de estilo gótico, eran escenarios típicos en este tipo de ficción, lo que le valió el apelativo de «gótica». Pasajes subterráneos, puertas falsas y pasadizos secretos eran elementos habituales, al igual que fantasmas, demonios y monjes impíos. En ocasiones, extraños encuentros con estos personajes provocaban en los protagonistas estados psicológicos anormales durante los cuales tenían experiencias perturbadoras o pavorosas con lo oculto.

Uno de los textos fundacionales de la literatura gótica fue *El castillo de Otranto* (1764), de Horace Walpole, un misterio sobrenatural que situaba una profecía antigua en un castillo fantasmagórico. Publicada 30 años después, *El monje* de Matthew G. Lewis ha sido considerada la primera novela de terror de la literatura británica, que incluye tanto magia negra como satanismo. Otras obras maestras del terror gótico son *Frankenstein* de Mary Shelley, donde un científico da vida a un hombre creado con restos de cadáveres, y «La caída de la casa Usher» de Edgar Allan Poe, un relato de obsesión, locura y muerte. Numerosos autores del siglo XIX, desde Emily Brontë y Nathaniel Hawthorne hasta Pascual Pérez Rodríguez, usaron en diverso grado el goticismo, y sus novelas siguen siendo populares hoy.

> «Invocamos a los espíritus ocultos y malignos del mundo interior.»
>
> **LETITIA ELIZABETH LANDON**, *THE BRIDE OF LINDORF* (1836)

HABLAR CON LOS MUERTOS
espiritualismo

A mediados del siglo XIX, la práctica del espiritualismo se puso de moda en Europa y América. La idea clave, basada en la creencia cristiana en un más allá, era que los muertos habitaban un «mundo espiritual» y que los vivos podían comunicarse con ellos, normalmente a través de un intermediario llamado médium. Una razón de su popularidad era que ofrecía a quienes perdían un ser querido la consoladora oportunidad de comunicase con él.

La bruja de Endor
Fueron muchas las ideas que impulsaron el auge del espiritualismo. Una fue el relato bíblico sobre la bruja de Endor, una hechicera que invocó al espíritu de Samuel para el rey Saúl. Su nombre se convirtió en sinónimo del poder de alzar los espíritus de los muertos. También las ideas de muchos pensadores ilustrados y románticos alimentaron el espiritualismo. En su libro *Del cielo y del infierno* (1758), el místico y científico sueco Emanuel Swedenborg trató sobre la vida después de la muerte y la comunicación con el mundo de los espíritus; y el médico alemán Franz Anton Mesmer (pp. 210–213) promovió los estados de trance vinculados a la canalización y transmisión de poderosas fuerzas.

Un comienzo sensacional
A menudo se ha dicho que el espiritualismo moderno empezó en el estado de Nueva York en 1848 con las hermanas Maggie y Kate Fox, de las que se decía que podían comunicarse con los muertos. Al parecer, los seres espirituales respondían con golpeteos aterradores a las preguntas que las jóvenes les hacían en su hogar. Ayudadas por su hermana mayor, Leah, no tardaron en adquirir fama como las primeras médiums del espiritualismo moderno. Fueron muy imitadas en los salones de clase media de EE UU, Reino Unido y

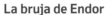

▲ ¿Un mundo feliz?
Las ideas espiritualistas del siglo XIX produjeron cosas como la máquina New Motive Power (1854) de J. M. Spear, conocida como «Mesías mecánico», mostrada aquí en un aguafuerte. Con una mesa y unas bolas imantadas, esta máquina eléctrica estaba diseñada para conectar a los humanos con Dios.

ANDREW JACKSON DAVIS (1826–1910)

El vidente de Poughkeepsie

Una influencia importante para John Murray Spear (abajo) fue Andrew Jackson Davis, vidente, canalizador de espíritus y sanador mesmerista estadounidense: un practicante temprano del espiritualismo, apodado el «vidente de Poughkeepsie» por haber desarrollado su vocación en esa población. Davis se basó en gran medida en las ideas de Swedenborg (p. 224) y probablemente fue influido por autores como Edgar Allan Poe. Afirmó canalizar una sabiduría especial en obras como *The Principles of Nature, Her Divine Revelations, and a Voice to Mankind*, que dictó mientras estaba en trance.

◀ **Sesiones de espiritismo fraternas**
Una vez que se hicieron famosas, el repertorio de las sesiones de las hermanas Fox incluyó maravillas como objetos móviles y mesas levitantes. Este grabado del siglo XIX representa una sesión en Rochester (Nueva York) en 1850.

Francia. Pero también había muchos escépticos, y Maggie llegó a declarar en una ocasión (para retractarse después) que todo era un fraude. Hoy se considera en general que en realidad eran unas charlatanas, que al parecer producían los ruidos haciendo crujir las articulaciones.

La máquina del Mesías

En la década de 1840 hubo otro episodio espiritualista. El estadounidense John Murray Spear, ministro de la Iglesia universalista y defensor de los derechos humanos, experimentó visiones que lo llevaron a explorar el espiritualismo. El universalismo, producto de la Ilustración estadounidense, se centraba en la salvación universal. Guiado por voces de ultratumba, incluida según él la de Benjamin Franklin, Spear construyó una máquina utópica que supuestamente traería la redención y el solaz eternos para todos. En 1854, el diario espiritualista *The New Era* anunció la finalización de la máquina del «Nuevo Poder Motriz», al entonces astronómico coste de unos 2000 dólares. Finalmente, el proyecto de Spear chocó con el escepticismo y fracasó, pero las ideas espiritualistas que lo sustentaban habían dejado huella.

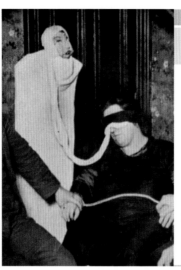

EN CONTEXTO

El nuevo rostro de la brujería

En 1944, un escándalo puso de relieve que el espiritualismo moderno agitaba antiguos miedos sobre la brujería. Helen Duncan fue una médium escocesa que afirmaba producir ectoplasma (sustancia viscosa que representaba el espíritu de los muertos) por boca y nariz. Fue considerada culpable de declarar fraudulentamente poderes sobrenaturales, y se afirmó que sus espíritus ectoplásmicos estaban hechos con gasa, papel, productos químicos y rostros recortados de revistas. Fue la última mujer encarcelada bajo la Ley de Brujería británica de 1735. Muchos creían que esta ley no se adecuaba al caso, y probablemente este contribuyó a acelerar su derogación en 1951.

Helen Duncan aparece aquí ligada a su espíritu guía, «Peggy».

Contactar con los difuntos

Durante la guerra civil estadounidense (1861–1865) alcanzó un punto álgido el interés público por contactar con los seres queridos fallecidos. La muerte infantil, aún frecuente en esa época, también alimentó la popularidad del movimiento espiritualista. Un ejemplo es el de Mary Todd, esposa de Abraham Lincoln, que halló consuelo en el espiritualismo tras la pérdida de su hijo.

A fines del siglo XIX el movimiento espiritualista tenía millones de seguidores, aunque con diversas motivaciones. Para algunos, el espiritualismo era una especie de religión interesada en ofrecer pruebas concretas de la vida después de la muerte. También se desarrolló una tendencia que implicaba la sanación espiritual, como ejemplifica el interés de Andrew Jackson Davis por el mesmerismo. No obstante, la práctica espiritualista típica adoptaba la forma de sesiones supervisadas por médiums cuyo objetivo era permitir a sus asistentes la comunicación con los espíritus de los muertos (pp. 228–229).

En Europa y EE UU proliferaron las demostraciones públicas y privadas de médiums famosos. El médium escocés Daniel Dunglas Home, por ejemplo, fue muy solicitado por las clases altas europeas, e incluso por la realeza. Sus talentos incluían la levitación: se llegó a informar de haberle visto desplazarse en el aire entre dos ventanas. El espiritualismo también tuvo entre sus seguidores celebridades como el escritor Arthur Conan Doyle. Y entre sus defensores hubo científicos como el químico británico William Crookes, presidente de la Royal Society, que respaldó los trabajos de la médium Florence Cook, en cuyas sesiones se decía que llegaba a materializar el espíritu de «Katie King», tanto en forma de cabeza como de cuerpo entero.

▲ El fantasma en la máquina
William Mumler se hizo famoso por sus fotografías de gente con «fantasmas» en segundo plano. Muchos de sus clientes encontraban consuelo en ver a sus seres queridos aparecer como por milagro.

▶ Transformación asombrosa
Esta fotografía de 1874 convenció al científico William Crookes de la transformación de la médium Florence Cook en su *alter ego* «Katie King». Cuando se hizo notar el parecido físico entre Florence y Katie, la opinión de Crookes quedó desacreditada.

Fraude, herejía y reforma

El atractivo del dinero y la fama llevó a muchos casos de fraude, y algunos practicantes fueron procesados. En 1869, William Mumler, «fotógrafo de espíritus» estadounidense, fue sometido a un juicio por fraude. Aunque fue absuelto por falta de pruebas, su carrera como espiritualista quedó destruida. En Reino Unido, siete años después, el médium estadounidense Henry Slade también fue declarado culpable de fraude: los «mensajes espirituales» que parecían materializarse sobre pizarras los escribía con los pies.

En 1887, la Comisión Seybert de la Universidad de Pensilvania para la investigación del espiritualismo moderno publicó un informe con conclusiones en general negativas sobre la práctica. La religión cristiana establecida, tanto protestante como católica, también se mostró crítica. Un edicto católico de 1898 condenó el espiritualismo, y muchas figuras de la Iglesia lo equipararon con la brujería y la nigromancia.

Sin embargo, inconformistas, cuáqueros y los movimientos reformistas por el sufragio femenino y la abolición de la esclavitud establecieron lazos con el espiritualismo. Pascal Beverly Randolph, espiritualista y rosacruz estadounidense, era abolicionista; y la espiritualista Achsa W. Sprague abogó tanto por la abolición de la esclavitud como por los derechos de la mujer. Los espiritualistas valoraban rasgos como la intuición y la sensibilidad —considerados femeninos en el siglo XIX—, y afirmaban que la canalización de los espíritus permitía a las mujeres practicantes expresar opiniones que, de otro modo, habrían sido desechadas por inapropiadas. Muchas mujeres buscaron hacer carrera como médiums, atraídas quizá también por la oportunidad de viajar, la aventura y la fama.

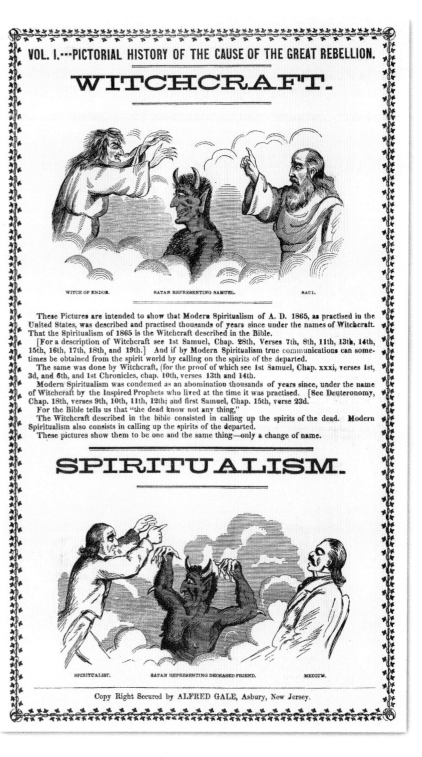

«¡Ay, el camino más antiguo y enloquecedor
es el camino que lleva a En-dor!»

RUDYARD KIPLING SOBRE EL ESPIRITUALISMO, EN SU POEMA «EN-DOR» (1919)

N° 1. — 10 janvier 1909. — *Publication bi-mensuelle paraissant le 10 et le 25.* — PRIX EXCEPTIONNEL : 10 c

LA VIE MYSTERIEUSE

DIRECTEUR : **Professeur DONATO**

MAGNÉTISME

SPIRITISME
MAGIE — ASTROLOGIE — CHIROMANCIE — GRAPHOLOGIE

CARTOMANCIE

Les Tables parlantes

Lire, à la page 3, l'article : Comment je devins spirite.

CANALIZAR LOS ESPÍRITUS
médiums y sesiones espiritistas

A finales del siglo XIX, la sesión de espiritismo dirigida por un médium se había consolidado en la cultura popular. En tales sesiones los médiums canalizaban supuestamente espíritus, actuando como intermediarios entre ellos y los asistentes. Estos actos, cada vez más teatrales, llegaron a incluir mesas giratorias y flotantes, así como tableros ouija (pp. 230–231), y a menudo los médiums entraban en estados similares al trance, hablando o escribiendo en nombre de los espíritus. Estos espectáculos se llenaron de excitantes excesos teatrales, jugando con el gusto decimonónico por la magia de escenario.

Hablar en trance

Muchos médiums afirmaban canalizar las palabras de los espíritus mientras estaban en trance. En EE UU, la espiritualista Leonora Piper describió sus trances «como si algo atravesara mi cerebro haciéndolo adormecer». En ese estado, sus cambios de voz y de apariencia convencían a los espectadores de que estaba habitada por otra persona. Estas personas solían ser controles espirituales, intermediarios a su vez entre Leonora y los espíritus de las personas muertas. Otra famosa médium estadounidense, Cora L. V. Scott, obtuvo renombre a finales del siglo XIX como hermosa e inspiradora conferenciante sobre gran variedad de temas, y aparentemente lo hacía mientras estaba en trance movida por espíritus.

Materialización

La francesa Eva Carrière parecía conjurar figuras fantasmales y producir ectoplasma desde su cuerpo desnudo. Estos trucos suscitaron escepticismo y, tras una investigación, la médium quedó expuesta como impostora: sus espíritus eran recortes de cartulina y el ectoplasma, papel masticado.

Mensajes de los espíritus

El último grito fueron las mesas giratorias: la gente se sentaba con las manos sobre una mesa que luego se inclinaba, elevaba o rotaba como un canal de comunicación para los espíritus de los muertos. Un médium podía, por ejemplo, pronunciar en voz alta letras del alfabeto; determinadas letras hacían que la mesa aparentara moverse, deletreando el mensaje del espíritu. Estos movimientos podían explicarse por el «efecto ideomotor», por el cual el simple pensamiento en cierto movimiento provoca respuestas físicas involuntarias que acaban haciéndolo realidad, sin que los sujetos tomen una decisión consciente de moverse.

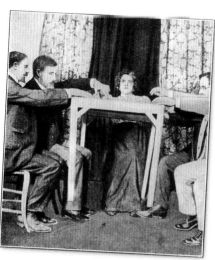

▲ **¿Levitación?**
Uno de los talentos más famosos de la médium italiana Eusapia Palladino era hacer levitar las mesas. Esta fotografía es de 1892, cuando se llevó a cabo una gran investigación sobre sus métodos, la cual concluyó que sus prácticas eran trucos ingeniosos y no fenómenos sobrenaturales.

◀ **Mesas parlantes**
Este número de 1909 de *La Vie mystérieuse*, una de tantas publicaciones espiritualistas de la época, incluye un artículo sobre mesas giratorias o parlantes.

▶ **Examinando el futuro**
La consulta de la bola de cristal era un recurso básico del espiritualismo popular. Tras una elaborada limpieza, el practicante se asomaba a ella para adivinar el futuro o ver a seres queridos muertos.

Tableros ouija

La escritura automática o psicografía se empezó a practicar en China, donde se conocía como *fuji*, hace 1500 años: implicaba el uso de una ramita suspendida, aparentemente guiada por espíritus, que escribía sobre ceniza. Hoy en día se conoce sobre todo por los tableros ouija, patentados en EEUU. El espiritualismo (pp. 224–227) se hizo muy popular después de la guerra de Secesión por el deseo de la gente de contactar con seres queridos muertos. En respuesta a ello, la Kennard Novelty Company lanzó en 1891 el tablero ouija, formado por un anillo de letras y números y una plancheta (puntero) en la que los participantes apoyaban el dedo; según se afirmaba, esto permitía a los espíritus dirigir el puntero y deletrear palabras.

Algunos creían que los espíritus de los muertos hablaban realmente a través de la ouija; otros eran más escépticos, pero veían la práctica como una diversión inofensiva. La cuestión es que los tableros se hicieron populares como pasatiempo familiar. En 1973 esta actitud cambió de forma abrupta debido a la película *El exorcista*, en la que una ouija permitía a un demonio «poseer» el alma de una niña. De repente, las ouijas se convirtieron en terroríficas armas del Diablo.

Los científicos tienen otra visión: desde 1852 fueron capaces de explicar el fenómeno de la psicografía. Según ellos, el acto «sobrenatural» del movimiento del puntero no es obra de los espíritus, sino del efecto ideomotor, que produce leves movimientos musculares subconscientes en los participantes.

> «Ouija, el Maravilloso Tablero Parlante, [responde preguntas] sobre pasado, presente y futuro con asombrosa precisión.»

ANUNCIO EN LA PITTSBURGH TOY AND NOVELTY SHOP (1891)

▲ Los tableros ouija eran un pasatiempo popular; aquí, dos actores durante una pausa en el rodaje de *Contrabando humano* (1936).

LEER LAS MANOS

quiromancia

▼ La mano de la fortuna
Este diagrama de las líneas y los montes zodiacales de la mano izquierda, incluido en *Historia de la magia* (1860) de Eliphas Lévi, procede originalmente de un texto sobre quiromancia escrito en 1649 por el ocultista francés Jean Belot.

También conocida como lectura de manos, esta antigua forma de adivinación se basa en el estudio de las líneas y los montes de la palma de la mano. La lectura se utiliza para determinar los rasgos de personalidad de un individuo, así como para hacer predicciones sobre su futuro.

Origen de la quiromancia

Uno de los primeros registros sobre esta práctica data de hace unos 2500 años en India, donde al parecer se originó. Desde allí se extendió por Asia y llegó a Europa, y en la época medieval algunos clérigos recopilaron muchos textos sobre el tema. Durante varios siglos fue practicada básicamente por adivinadoras ambulantes, hasta que en 1839 se produjo un resurgimiento con la publicación de *La Chirgnomie*, del francés Casimir d'Arpentigny, que incluía la primera clasificación sistemática de los tipos de manos. A finales de siglo aumentó su popularidad con la obra del astrólogo irlandés Cheiro (recuadro, p. 233); y, en 1900, el teólogo inglés William Benham intentó darle un fundamento científico en su libro *The Laws of Scientific Hand Reading*.

Escrito en la mano

Habitualmente, los quirománticos categorizan las manos en uno de cuatro tipos de personalidad basados en los elementos: Tierra, Aire, Fuego y Agua. La forma de la palma y la longitud relativa de los dedos determinan el elemento dominante: así, una palma cuadrada y unos dedos cortos indican una personalidad de «Tierra» (práctica y asentada).

Cada cresta o línea de la palma está asociada con un aspecto del carácter, y puede ser leída de acuerdo con la longitud, la profundidad o el arco de la línea. Hay tres líneas principales: la del corazón (la más cercana a los dedos) se refiere a las relaciones; la de la cabeza (que cruza el centro de la mano) habla de la sabiduría y la sed de conocimiento; y la de la vida (que desciende hacia la muñeca) se relaciona con la salud y la vitalidad.

Los diversos montes se vinculan con los signos planetarios astrológicos, y sus formas y definición aportan información adicional sobre el carácter de un individuo. Mediante el estudio de líneas y montes, la quiromancia busca adivinar el futuro de una persona.

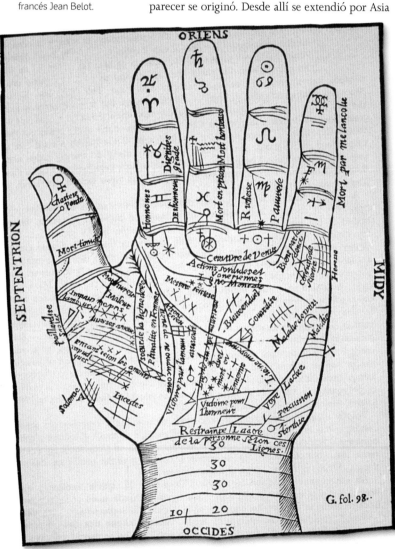

> «Cheiro me ha expuesto mi carácter con una precisión humillante.»
>
> **MARK TWAIN**, EN UN CUADERNO (*c.* 1896)

CONDE LOUIS HAMON, «CHEIRO» (1866–1936)

Leer las estrellas

Nacido William John Warner, este quiromante y astrólogo irlandés adoptó el nombre de conde Louis Hamon, pero fue más conocido como Cheiro. Después de estudiar quiromancia (palabra de la que tomó su apodo) con gurús en India, puso un consultorio en Londres. Entre su notable clientela estuvieron los escritores Mark Twain y Oscar Wilde, el político William Gladstone, la actriz Sarah Bernhardt y el príncipe de Gales. Fue famosa su lectura de manos de William Pirrie, cuyo astillero construyó el *Titanic*; al parecer, le dijo que se vería luchando por su vida, lo que algunos interpretaron como una predicción del desastre del *Titanic*.

CODIFICAR LA REENCARNACIÓN
el nacimiento del espiritismo

Como el espiritualismo (pp. 224–227), el espiritismo se basa en la idea de que el espíritu sobrevive después de la muerte y que se puede contactar con él mediante médiums. Una diferencia principal entre ambos es que el espiritismo añade la creencia en la reencarnación. Hoy suele considerarse como una rama del espiritualismo.

Codificar los espíritus

El educador francés del siglo XIX Hippolyte Léon Denizard Rivail, más conocido por el seudónimo de Allan Kardec, analizó ideas espiritualistas de distintas partes del mundo y las organizó en un sistema de creencias, conocido como espiritismo, que combinaba elementos de religión, filosofía, ciencia y naturaleza. Escribió su «sistematización espiritista» —en obras como *El libro de los espíritus*— en forma de una especie de conversación con los espíritus.

Kardec compartía con el cristianismo el concepto de perfeccionamiento moral. Pero también creía en la reencarnación. Pensaba que los espíritus pueden ser buenos o malos y que todos los seres vivos son inmortales y pasan a través de encarnaciones sucesivas en su viaje hacia la perfección.

Aspiraba a sistematizar los fenómenos espiritualistas aplicando una rigurosa investigación de estilo científico, basada en la observación y la experimentación más que en la teoría. Para él, los espíritus eran parte del mundo natural y actuaban según las leyes naturales; por tanto, eran aptos para el estudio como cualquier otro aspecto de la naturaleza.

Conexiones caribeñas

El espiritismo se propagó por el mundo y fue especialmente bien recibido en el Caribe y Latinoamérica en el tránsito del siglo XIX al XX. Aparecieron variantes como la santería (o Regla de Ocha), el espiritismo latinoamericano o la macumba. Esta se desarrolló en Brasil cuando los esclavos africanos traídos por los portugueses llegaron al país y mezclaron sus creencias animistas con las espiritistas. El espiritismo latinoamericano, popular y a menudo rural, llegó a ser asociado con la brujería y el ocultismo por sus detractores, y ha sido denunciado a menudo por la Iglesia católica.

En Brasil se desarrollaron variantes como la umbanda y la quimbanda urbana, y el espiritismo se fusionó con religiones populares tradicionales y elementos del catolicismo. Una figura clave de este espiritismo fue el médium brasileño Zélio Fernandino de Moraes, considerado fundador de la umbanda: en 1939 la oficializó en la Unión Espiritista de Umbanda, organización que dirigió hasta su muerte en 1975.

▼ **Arte mágico**
Ilustración de *Art Magic, or Mundane, Sub-mundane and Super-mundane Spiritism* (1876), de William Britten, una obra sobre espiritismo, espiritualismo y teosofía que recoge prácticas espirituales de todo el mundo, como los rituales de estos derviches giradores.

▲ El Ojo Divino
El ojo que todo lo ve del Ser Supremo es un símbolo principal del Cao Dai, religión vietnamita fundada en 1926 que fusiona espiritismo con influencias asiáticas y europeas.

«Las existencias corporales del espíritu son siempre progresivas, jamás retrógradas.»

ALLAN KARDEC, *EL LIBRO DE LOS ESPÍRITUS* (1857)

La Guirlande de Roses.

La Corne d'abondance.

ABRACADABRA
los inicios de la magia escénica

Dos avances principales caracterizaron la magia escénica en el siglo XIX. En primer lugar, el tipo de magia popular que se practicaba durante siglos por ilusionistas ambulantes en ferias y mercados se fue transformando, inicialmente en sofisticados entretenimientos de salón y luego en fastuosas representaciones teatrales que atraían grandes audiencias. En segundo lugar, a sus trucos se les sumaron cantidad de ilusiones nuevas: espectaculares, sorprendentes e inverosímiles, le debían mucho a su presentación, y aún más a la ciencia.

El padre de la magia moderna

Estos desarrollos quedaron plasmados en las representaciones del francés Jean Eugène Robert-Houdin, con diferencia el mago más influyente del siglo XIX, que no debe ser confundido con su homónimo posterior, Harry Houdini (p. 259). Hoy conocido como «padre de la magia moderna», Robert-Houdin combinó una gran sofisticación técnica con un instinto teatral innato. Deslumbró a multitudes de todo el mundo, y actuaba regularmente ante la realeza. Relojero de formación, creó accesorios de notable ingenio, como un naranjo que florecía por arte de magia o una caja que solo podía levantar un niño (estaba sujeta por electromagnetismo, que acababa de ser descubierto). Además, fue un gran publicista, como también lo fueron algunos de sus contemporáneos: Isaiah Hughes, el «Faquir de Ava»; John Henry Anderson, el «Gran Mago del Norte»; John Nevil

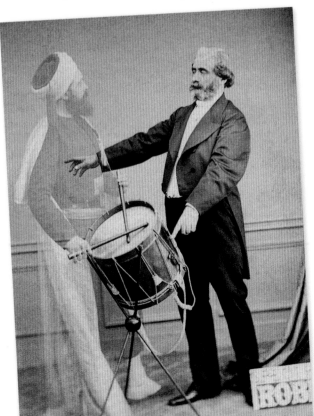

◄ El médium de Inkerman
La reunión de magia y ciencia queda bien representada en el francés Henri Robin, quien, desde la década de 1850, usó imágenes generadas eléctricamente para crear figuras fantasmales, como el tamborilero de esta imagen.

Le Voltigeur au trapèze.

Le Coffre de cristal.

Maskelyne, que diseñó el primer número de levitación y actuó en el Egyptian Hall de Londres durante 31 años seguidos; o el francés Alexander Herrmann, «Herrmann el Grande», que, con su mostacho rizado y su perilla, se hizo famoso con su versión del truco de la bala (que había matado al menos a doce magos hasta entonces).

Ciencia e ilusión

En 1862, el científico británico John Henry Pepper asombró al público de la Institución Politécnica Real de Londres al producir un fantasma. Tres años después patentó su Cabina Proteus, desde entonces un recurso básico de la magia escénica, que implicaba la desaparición de una figura y su reaparición saliendo de un armario de madera: un truco obtenido, como el fantasma, mediante un juego de espejos. El mismo

año, el «Coronel Stodare» usaba la misma técnica para hacer aparecer una cabeza viviente dentro de una pequeña caja. Igualmente desconcertante fue el número de la dama desaparecida, realizado en 1866 por el francés Buatier de Kolta, que utilizaba una trampilla en el escenario.

Nada de todo esto era magia en el sentido sobrenatural del término. No obstante, su mezcla de ciencia, ilusión y sentido de la teatralidad dejaba al público pidiendo más.

«Un mago es un actor haciendo el papel de mago.»

J. E. ROBERT-HOUDIN, *LOS SECRETOS DE LA PRESTIDIGITACIÓN Y DE LA MAGIA* (1868)

EN LA PRÁCTICA

Fantasmagoría

A mediados del siglo XVIII, el alemán Johann Schröpfer usaba una linterna mágica para proyectar imágenes de espíritus sobre nubes de humo en sesiones espiritistas. Su fama fue tal que Paul Philidor, el primero en usar la técnica en un espectáculo público en 1790, llamó a sus ilusiones «apariciones fantasmales schröpferescas»; aunque, para 1792, ya las había renombrado como «fantasmagorías». El belga Étienne-Gaspard Robert perfeccionó el arte, y las fantasmagorías se convirtieron en un número popular en la magia escénica del siglo XIX.

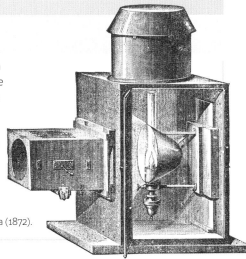

La maravilla de la óptica se muestra en esta linterna mágica alemana (1872).

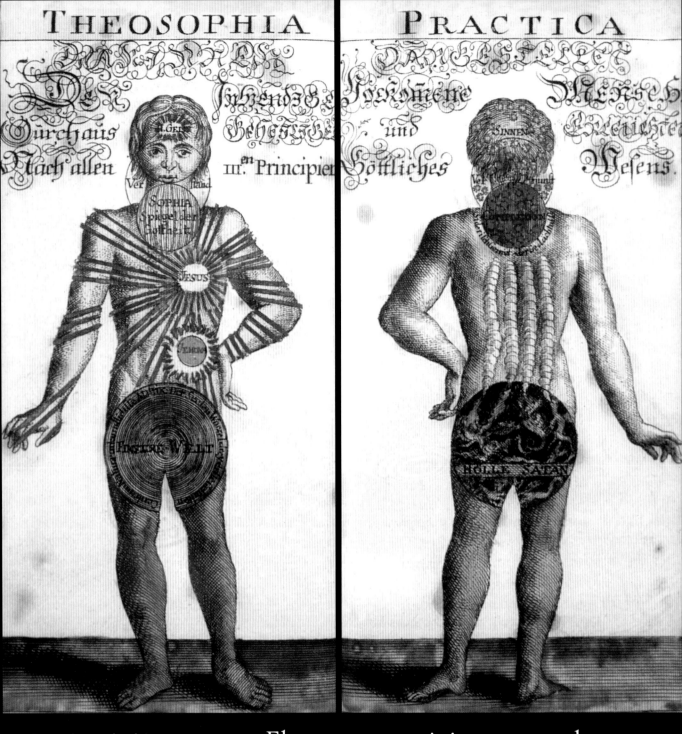

THEOSOPHIA **PRACTICA**

▲ **Puntos de energía mágica**
La teosofía de Blavatsky se
inspiró en obras previas como
Theosophia practica (1696).
Esta ilustración del libro
muestra los chakras, los puntos
de energía del cuerpo descritos
por el budismo y el hinduismo.

«El error se precipita por un plano
inclinado, mientras que la verdad tiene
que ir penosamente cuesta arriba.»

HELENA BLAVATSKY, *LA DOCTRINA SECRETA* (1888)

SABIDURÍA DIVINA
teosofía

Aunque los detalles de la teosofía son complejos, su dogma básico es relativamente simple: existe una única realidad espiritual que solo se puede alcanzar a través de la contemplación profunda, un poder latente en todos los seres humanos. La teosofía de finales del siglo XIX tenía mucho en común con otras sociedades religiosas contemporáneas interesadas en la magia, pero esta incorporaba además creencias budistas. Resumía la fascinación de la época por lo oculto y fue sumamente influyente, trayendo ideas orientales a Occidente y engendrando cientos de movimientos afines.

El principio de universalidad

La Sociedad Teosófica fue fundada en 1875 en Nueva York por una inmigrante rusa, Helena Blavatsky. En 1879 Blavatsky viajó a India y tres años después trasladó allí la sede de la organización. Al mismo tiempo se abría una filial en Londres, seguida de otras más por Europa y EE UU. La rica combinación de ideas de Oriente y Occidente reforzaba la doctrina

▼ **Sede en India**
En 1882, Helena Blavatsky estableció la sede de la Sociedad Teosófica en Adyar, en el sureste de India: una buena ubicación para el estudio y la comparación de religiones.

◀ **Simbolismo espiritual**
El prendedor de Blavatsky mostraba sus iniciales en un hexagrama (espíritu y materia entrelazados) bajo una esvástica, todo ello contenido en un *ouroboros*, símbolo del infinito.

teosófica de unidad: hay una universalidad que cohesiona a la humanidad e infunde un entendimiento superior de quién y qué es cada uno. La teosofía era una búsqueda de la verdad absoluta, infinita e intemporal; o, en palabras de Blavatsky, «una sensación de ser parte de todo lo que es».

En 1885, la Sociedad para la Investigación Psíquica de Londres acusó a Blavatsky de fraude, denuncia que acabó con su asociación con el movimiento. Pero la teosofía siguió prosperando bajo la dirección de la sufragista y defensora del nacionalismo indio Annie Besant. Y aún florece en el siglo XXI, especialmente en Europa y EE UU. Sus creencias esenciales siguen siendo las mismas: que toda la vida está interconectada y es un continuo; que la existencia humana solo puede ser entendida a través del estudio profundo de lo oculto y sus prácticas rituales con el fin de alcanzar un estado de conciencia superior; y que el objetivo último, guiado por la verdad, es un estado de totalidad. No hay un solo camino, pero siempre hay un solo objetivo.

▲ **Helena Blavatsky**
Carismática teósofa estadounidense de origen ruso, Blavatsky fue aclamada como líder espiritual pese a que sus críticos la acusaron de charlatana. Se recluyó y pasó sus últimos años en soledad contemplativa en Londres.

▲ **La figura pícara y regordeta de Papá Noel** se detiene ante la chimenea en esta pintura de Robert Weir, de 1837.

El espíritu de la Navidad

Personificación de la magia de la Navidad, Papá Noel (Santa Claus) representa una fusión de mercantilismo moderno y creencia cristiana. La figura surgió en la Europa medieval, donde Nicolás de Bari (obispo del siglo IV, taumaturgo y patrón de los niños) se convirtió de manera gradual en una figura mítica asociada a la Navidad. Se decía que sus atributos milagrosos incluían el poder de viajar por el cielo entregando regalos a los niños en muchos lugares distintos al mismo tiempo.

Durante la Reforma protestante del siglo XVI surgieron en el norte de Europa versiones menos venerables de san Nicolás, como el Father Christmas británico o el Christkind germánico. Estos personajes suelen tener ayudantes sobrenaturales (son famosos los elfos), así como la capacidad de saber si los niños han sido buenos o malos.

El Papá Noel moderno –o Santa Claus (de *Sinterklaas*, forma popular en neerlandés de *Sint-Nicolaas*)– surgió en EE UU en el siglo XIX. En el poema de 1823 «La noche antes de Navidad», «St. Nick» tiene ocho renos voladores y puede entrar y salir mágicamente por las chimeneas. La publicidad, y en especial la de Coca-Cola en el siglo XX, consolidó esta versión de Papá Noel en la cultura popular. Actualmente, y bajo distintas formas alrededor del mundo, aún hace las delicias de los niños que creen en su magia.

«… se tocó con un dedo la nariz y, con un saludo, por la chimenea empezó a subir.»

CLEMENT C. MOORE, «LA NOCHE ANTES DE NAVIDAD» (1823)

LA ORDEN HERMÉTICA DE LA AURORA DORADA

ciencias ocultas, misterio y magia ritual

Ningún movimiento espiritual ejemplifica mejor la fascinación decimonónica occidental por el ocultismo, la magia y el ritual que la Orden Hermética de la Aurora Dorada. Fundada en 1888, ofrecía un complejo programa de iniciación, estudio y crecimiento espiritual, si bien en su forma inicial duró apenas 15 años, desgarrada por acerbas disputas.

Búsqueda de espiritualidad

La orden fue fundada por los británicos William Woodman, Samuel Mathers y William Westcott. Los tres eran masones (pp. 194–197) y estaban inmersos en casi todas las corrientes de la tradición mistérica y la magia antigua occidentales. Su objetivo era reunir esas corrientes en una forma coherente y lograr nuevos niveles de percepción espiritual a través de la práctica disciplinada de la magia ritual. Para sus miembros, el camino hacia el despertar místico era algo similar a una purificación alquímica: materia física básica transmutada en un nuevo oro espiritual.

▲ **Acta constitutiva**
Redactada por Moina Mathers (nacida Bergson) en diciembre de 1888, esta carta de constitución fundó oficialmente la Orden Hermética de la Aurora Dorada. Fue firmada por los tres fundadores: Mathers, Westcott y Woodman.

▶ **Atuendo ceremonial**
Retratado aquí por su esposa Moina con el atuendo ceremonial que vestía en los rituales, Mathers fue la fuerza impulsora de la Orden. Sin embargo, su excentricidad llevó a su expulsión en 1900.

Iniciación y ritual

Los miembros de la orden aspiraban a lograr ese despertar espiritual en parte por la invocación de ángeles y arcángeles, dioses, diosas y espíritus elementales, y en parte mediante la participación en elaborados rituales de influencia egipcia cargados de significado mágico y completados con el uso de atuendos, escenarios y accesorios fantásticos. Este aspecto teatral del movimiento era especialmente evidente en las ceremonias iniciáticas, en las que los aspirantes eran atados a una cruz y obligados a jurar fidelidad a la orden mientras otros miembros realizaban rituales secretos a su alrededor.

La orden guardaba con celo los detalles sobre sus prácticas, y solo se accedía a la iniciación mediante invitación. El itinerario de un miembro hacia un plano espiritual superior implicaba pasar por tres esferas de conciencia y crecimiento: una estructura que reflejaba

«Vestigia nulla retrorsum.»
[Nunca vuelvo sobre mis pasos.]

LEMA DE **SOROR V. N. R.**, SEUDÓNIMO DE MOINA MATHERS

El sol –la
gran luminaria–
se opone a la luna

La Esfera de Maljut
simboliza el mundo físico

▲ **Símbolo rosacruz**
El Gran Sello de la Segunda
Orden, diseñado por Moina
Mathers en 1891, es un Árbol
de la Vida antropomorfizado.
La figura inscrita en el
pentagrama es sostenida por
dos arcángeles; las franjas
exteriores representan los
elementos: agua, fuego,
tierra, aire y espíritu.

la del Árbol de la Vida cabalista (pp. 136–139).
La primera esfera era un mundo psíquico llamado
Aurora Dorada; la magia práctica empezaba en la
segunda (la Rosa Roja y la Cruz de Oro); y la tercera
era el mundo de lo divino (los Jefes Secretos).

Mujeres decisivas

La Orden Hermética de la Aurora Dorada atrajo a un
grupo de privilegiados y artistas. Inusualmente para
la época, consideraba iguales a hombres y mujeres,
y las contribuciones de sus miembros femeninos

tuvieron una gran influencia en este mundo nuevo
de alta magia. Entre los miembros varones contó
con escritores como Bram Stoker, Arthur Conan
Doyle y W. B. Yeats; y entre las mujeres estuvo la
productora teatral Annie Horniman, que promovió
el teatro de repertorio británico, la revolucionaria
irlandesa Maud Gonne, la actriz Florence Farr y la
pintora Moina Bergson, que se casó con el fundador
Samuel Mathers en 1890 y más adelante fue alta
sacerdotisa de la orden. Con miembros tan notables,
la orden siguió activa hasta la década de 1970.

SIMBOLISMO Y MISTICISMO
magia en la Francia finisecular

▲ Duelo parisino
Este grabado de 1875 muestra un duelo por ultraje al honor. El periodista y «notable satanista» Henri-Antoine Jules-Bois y Stanislas de Guaita se enfrentaron en duelo después de que el primero escribiera un artículo crítico sobre Guaita. Ninguno de los dos resultó herido, ya que las pistolas fallaron. En un segundo duelo entre Jules-Bois y Papus, ambos duelistas sufrieron heridas menores de sable.

El resurgimiento ocultista que barrió Europa occidental a partir de 1880 comenzó en París al tiempo que la ciudad francesa emergía como capital artística del mundo. París era un crisol de pintores, músicos, escritores, magos y espiritualistas: toda una colección de individuos creativos y polémicos cuyas ideas y energías se aliaban y chocaban alternativamente.

Varias figuras parisinas lideraron el renacimiento ocultista, absorbiendo creencias existentes como el rosacrucismo, la Cábala y la masonería, así como las ideas del reciente movimiento teosófico de EE UU (pp. 238–239). El erudito y escritor ocultista francés Eliphas Lévi también fue una influencia importante.

«Príncipe de los rosacruces»
El referente fue el poeta de origen italiano Stanislas de Guaita, apodado «príncipe de los rosacruces» por la amplitud de sus conocimientos ocultistas. Su hogar en París fue lugar de encuentro de gentes con ideas afines para discutir sobre ideas esotéricas y místicas. Guaita fundó la sociedad oculta Orden Cabalística de la Rosacruz en 1888, el mismo año en que se fundó en Londres la Orden Hermética de la Aurora Dorada (pp. 242–243).

Dos amigos respaldaron la iniciativa de Guaita: Gérard Encausse (p. 257), un médico y ocultista que usaba el nombre de Papus y fundó el martinismo (una forma de cristianismo místico), y Joséphin Péladan, compañero martinista y escritor, polémico y egotista. A diferencia de los teósofos, quienes se sintieron atraídos por religiones orientales como el budismo y el hinduismo, la orden de Guaita se

---

EN CONTEXTO

Escarbando en el satanismo

La novela *Là-bas* (*Allá abajo*, referido al infierno) de J. K. Huysmans, de 1891, presenta similitudes con una querella real entre Stanislas de Guaita y el sacerdote secularizado Joseph-Antoine Boullan, en la que ambos se acusaron de dirigir magia nociva contra el otro. En la novela, la indagación del protagonista en la alquimia lo conduce al submundo satanista de la Francia decimonónica. Hubo rumores de que Boullan sacrificó a su hijo en una misa negra, episodio descrito en la novela. En palabras de un personaje: «Del misticismo exaltado al satanismo desenfrenado solo media un paso».

La polémica novela de Huysmans exploraba el satanismo.

◄ La rosa y la cruz
Este símbolo fue diseñado por
Guaita en 1888. Los caracteres
hebreos de los brazos de la
cruz forman la palabra «Dios»;
los del pentagrama, «Josué».
En el centro, la letra A es la
inicial de Adán.

centró en la iluminación espiritual a través de una
nueva comprensión de las creencias cristianas.

Simbolismo y magia

La sociedad de Guaita resultó efímera. Igual que
la Aurora Dorada se fragmentó entre rencores, la
nueva orden de Guaita se dividió en tan solo dos
años. En 1890, Péladan, católico devoto, se separó
no solo de los martinistas, sino también de Guaita,
y estableció un grupo rival, la Orden del Templo
de la Rosacruz, para revivir el arte perdido de la
magia. Las excentricidades de Péladan alejaron a
muchos, pero tuvo un talento especial para reunir
a figuras del movimiento simbolista, que mezclaban
en sus obras la espiritualidad con la desesperanza
del mundo moderno, y cuyas opiniones artísticas
coincidían con las suyas.

Péladan fue caricaturizado como farsante
exhibicionista y admirado como el auténtico
corazón del misticismo francés finisecular. Se
llamó a sí mismo «Supermago» e «Imperator», y
abrió una conferencia con las palabras: «Pueblo de
Nimes, solo tengo que pronunciar cierta fórmula
para que la tierra se abra y os trague a todos».
Su fama llegó a la cima en 1892, cuando montó
una serie de exposiciones de obras simbolistas.
Los poetas Stéphane Mallarmé y Paul Verlaine,
los compositores Claude Debussy y Erik Satie, y
pintores como Fernand Khnopff y Arnold Böcklin
estuvieron bajo el ala promocional de Péladan.

▶ Salón de la Rosa-Cruz de 1892
En este cartel de la primera de las seis exposiciones
organizadas por Joséphin Péladan, dos figuras femeninas
saludan a un nuevo amanecer. Estos salones celebraban su
Orden Cabalística de la Rosacruz, así como la obra artística
del movimiento simbolista.

MAGIA
MODERNA

1900–PRESENTE

Introducción

En los siglos xx y xxi la magia ha adoptado numerosas formas. Mientras que la autoridad de las organizaciones religiosas principales ha menguado en muchos lugares, credos de menor escala han desempeñado un papel en el desarrollo de nuevas prácticas y creencias mágicas. La relación de ciencia y magia continúa fascinando a la gente, y la magia se ha convertido en tema de estudio sociológico, antropológico y psicológico. A medida que el uso de internet ha simplificado el acceso a la información y el contacto entre personas con ideas afines, ha facilitado la práctica de la magia, ya sea individualmente o en colaboración.

La magia de principios del siglo xx estuvo marcada por dos desarrollos. El primero fue la expansión de la magia ceremonial por Alemania, Reino Unido y Francia a finales del xix; esta magia occidental, en gran parte esotérica y espiritual, bebía de las tradiciones antiguas y casaba bien con un ritual elaborado. El objetivo de sus practicantes era la iluminación a través de la comprensión de un principio divino unificador, si bien los medios para lograrlo no eran siempre ortodoxos. El mago más célebre, Aleister Crowley, adoptó la depravación y la perversión con deleite orgiástico.

El segundo desarrollo fue el impacto creciente de los medios de comunicación de masas. Aun antes de la Primera Guerra Mundial, Harry Houdini –probablemente el artista mágico más famoso del siglo xx– atraía a multitudes gracias tanto a la cobertura periodística como a sus propios méritos. La magia bajo diversas formas se convirtió en un elemento crucial del cine y, luego, de la televisión, atrayendo a nuevas audiencias. Las representaciones de magia llegaron a convertirse en un verdadero entretenimiento de masas, como espectáculos de virtuosos del ilusionismo, el humor o la resistencia física.

La magia moderna mira tanto al pasado remoto como al futuro. El redescubrimiento de formas de magia pagana ha recibido el nombre de neopaganismo.

El mundo de Narnia (pp. 262–263)

Pentáculo wiccano (p. 265)

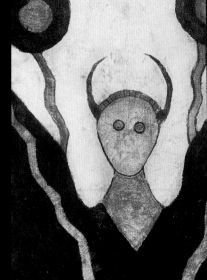
Tambor assiniboine (p. 281)

Su forma más conocida es la wicca: brujería moderna inspirada libremente en la era precristiana. Su desarrollo a partir de la década de 1950 fomentó un interés por las prácticas y creencias antiguas que ha engendrado movimientos como el neochamanismo y la stregheria. Todas las corrientes neopaganas propugnan la unidad con el mundo natural y la mayoría de ellas son pacíficas (salvo algunos grupos situados en la extrema derecha ideológica). Algunas ramas buscan manifiestamente el beneficio propio, en particular el satanismo y la magia del caos, ambas centradas en la satisfacción personal.

Los movimientos que miran al futuro son conocidos de manera genérica como New Age (Nueva Era) o movimientos holísticos (mente, cuerpo y espíritu): propugnan la armonía mental y física a través de medios como el yoga, la meditación, la cristaloterapia o la cromoterapia. El todo resultante es una forma de magia popular actualizada que aspira a sanar lo que sus practicantes ven como excesos antinaturales del siglo XXI. La New Age tiene un equivalente natural en un nuevo tipo de bruja milenarista: una sororidad activista de tecnopaganas potenciada por las redes sociales.

«Las palabras, primitivamente, formaban parte de la magia y conservan todavía en la actualidad algo de su antiguo poder.»

SIGMUND FREUD, *INTRODUCCIÓN AL PSICOANÁLISIS* (1922)

Visión de un curandero peruano (p. 283)

Estatua satánica de Baphomet (p. 288)

Danzante de vudú africano (p. 293)

▶ **Mago de culto**
Crowley ansiaba la notoriedad, y en 1923 un periódico británico lo llamó «el hombre más perverso del mundo». Aquí aparece vestido con su «tocado de Horus», inspirado en el dios del antiguo Egipto.

LA MAGIA DE LA BESTIA
Crowley y la religión thelémica

El controvertido ocultista británico Aleister Crowley desarrolló thelema, su propio sistema de creencias, a inicios del siglo XX, tras renegar del cristianismo. Thelema («voluntad» en griego) se basaba en muchas tradiciones espirituales y esotéricas, como la Cábala (pp. 136–139), el rosacrucismo (pp. 154–157) y la goecia (p. 142). Famoso por su vida de perversión y desenfreno, Crowley exhortaba a los thelemitas a participar en la magia ritual (él usaba el término *magick* en vez de *magic* para distinguir su magia de la común), en ocasiones erótica.

El camino al paraíso

En 1898 Crowley se unió a la Orden Hermética de la Aurora Dorada (pp. 242–243) con el deseo de que sus ritos y su magia esotérica le revelaran un mundo de seres demoníacos y etéreos —manifestaciones de una verdad universal—, pero sus esperanzas se vieron frustradas. No obstante, pronto llegó la revelación que buscaba. Estando en El Cairo en 1904, afirmó haber recibido la visita de un Santo Ángel Guardián, Aiwass, que le dictó el texto que sería *El libro de la ley*, piedra angular de su nueva religión: thelema. Crowley se veía como un profeta thelémico cuyo papel era guiar a la humanidad al Eón de Horus: el tercer eón en la versión thelémica de la historia, y el primero en el que la humanidad tomaría el control de su destino.

Crowley promovió la thelema a través de la A∴A∴ (Astrum Argenteum u Orden de la Estrella Plateada), organización fundada por él como sucesora de la Orden Hermética de la Aurora Dorada. En 1910 se integró además en la Ordo Templi Orientis

(p. 253), que adoptó la thelema como religión y la misa gnóstica thelémica como su rito central.

El futuro de thelema

En 1920 Crowley tenía una sede en Sicilia, la Abadía de Thelema. Allí formó una comunidad espiritual centrada en torno a la magia ritual, la importancia de la voluntad personal y el sexo. Consideraba la energía sexual una fuente de poder mágico que podía usarse en los rituales thelémicos para alinear a sus participantes con su voluntad verdadera. Crowley se había regocijado largo tiempo con el escándalo que su hipersexualidad provocaba en el pudoroso mundo victoriano, pero esto llevó a su expulsión de Sicilia en 1923. Sin embargo, ni siquiera su muerte en 1947 acabó con la thelema, que se sigue practicando hoy día.

▲ **Sello Astrum Argenteum**
La estrella de siete puntas —sello de la orden A∴A∴— representa lo masculino y lo femenino a la vez. Esta organización espiritual fue fundada por Crowley en 1907.

▶ **Magia ritual**
Crowley, aquí dirigiendo un rito, conocía el impacto del ritual en el desarrollo espiritual mágico: la misa gnóstica (p. 253) implicaba al menos a cinco celebrantes con ropa de ceremonia.

«Haz tu voluntad será toda la ley.
El amor es la ley, el amor bajo la voluntad.»

ALEISTER CROWLEY, *EL LIBRO DE LA LEY* (1904)

PAGANISMO MÍTICO
resurgimiento del ocultismo germánico

En el siglo XIX el sentimiento nacionalista se extendió
por gran parte de Europa. Su resultado principal
fue político: Italia se convirtió en reino en 1861, y
Alemania se unificó en un imperio en 1871. Como
resultado secundario, el nacionalismo suscitó en el
mundo germanoparlante un renovado interés por un
supuesto aspecto perdido de la cultura germánica:
un paganismo mítico precristiano, una tradición
que exaltaba la expresión de lo que sus admiradores
consideraban auténticas virtudes germánicas. Al

mismo tiempo, en los países germánicos y en otras
partes de Europa ganaba adeptos un resurgimiento de
las prácticas ocultistas que enfatizaba el aprendizaje
espiritual y mágico antiguo.

Paganismo y misticismo

La figura central en la promoción de la herencia
pagana germánica fue un poeta y ocultista austríaco,
Guido von List. Abanderado de la mitología nórdica, se
hizo devoto de Wotan (Odín), dios de la guerra y la

Paisaje romántico

La obra de List inspiró una ola de interés por la mitología nórdica, y no solo entre los nazis. El genio de la música Richard Wagner creó piezas memorables al fusionar el mito germánico con la ópera en *Der Ring des Nibelungen (El anillo del nibelungo)*, un ciclo épico de cuatro óperas que Hitler consideró la demostración suprema de la grandeza alemana. El rey Luis II de Baviera, también admirador de Wagner, recreó su mundo mítico operístico en fantásticos castillos de aire medieval encaramados en laderas de montañas boscosas.

El castillo de Neuschwanstein, en Baviera, encargado por Luis II y terminado en 1886, se inspiró en el ciclo del *Anillo* de Wagner.

sabiduría y padre de Thor. Promovió el wotanismo, un movimiento religioso que él creía que revivía los valores del pueblo germánico precristiano. A List le movía la *völkisch*, la creencia nacionalista en una comunidad germánica de arios racialmente puros que, según afirmaba, había sido reprimida por las enseñanzas cristianas. Tales teorías, carentes de rigor histórico, serían más tarde adoptadas por el nazismo.

A partir de 1902, el ocultismo, y en particular la teosofía (pp. 238–239), colorearon gradualmente el nacionalismo germánico de List. Fue un gran defensor del poder de las runas (pp. 68–69), y afirmaba que la lectura intuitiva de las mismas le permitía acceder a un conocimiento oculto sobre el pasado pagano de Alemania. También creía que la Primera Guerra Mundial preludiaba el nacimiento de un nuevo imperio ario germánico.

Hermandad espiritual

En contraste con la fijación de List con el paganismo germánico, el objetivo de la Ordo Templi Orientis era la fusión de todas las enseñanzas de la alta magia y la creación de una hermandad que difundiría el conocimiento espiritual y filosófico. Creada en 1902 por dos alemanes, Carl Keller y Theodor Reuss, abrazó cada forma de enseñanza ocultista, desde la masonería y la Cábala hasta el rosacrucismo. La orden aspiraba a permitir a las personas obtener una comprensión definitiva de la existencia, el universo y la espiritualidad. Desde 1910 fue controlada por Aleister Crowley (pp. 250–251), que la mezcló con su propia religión, la thelema, y escribió su misa gnóstica, la cual combinaba ritos thelémicos con partes de la misa católica. Estos ritos eran dirigidos por ministros de la Ecclesia Gnostica Catholica, un brazo de la Ordo Templi Orientis que funcionaba como una iglesia. A diferencia de su casi contemporánea Orden Hermética de la Aurora Dorada (pp. 242–243), la Ordo Templi Orientis todavía existe.

▼ **Arte esotérico**
Esta acuarela de 1920 del pintor suizo Paul Klee, titulada *Magia negra*, representa al artista como mago. El resurgimiento ocultista alemán inspiró a muchos artistas, y algunos críticos afirman que la obra de Klee se vio influida por el espiritualismo (pp. 224–227).

> «Nuestra Orden posee la llave que abre todos los secretos masónicos y herméticos.»

THEODOR REUSS, *DIE ORIFLAMME* (1912)

Runas de adivinación

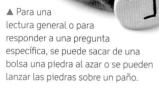

Las runas son símbolos que usaron los vikingos y otros pueblos germánicos. Son una especie de alfabeto, normalmente de 24 letras, cada una con su sonido fonético, pero también con un significado simbólico vinculado a la mitología nórdica. Aunque en su uso general pudieron ser herramientas de comunicación, se emplearon además para predecir el futuro, lanzar conjuros y proporcionar protección. Los expertos lanzaban piedras rúnicas para la adivinación, pero estas tenían otros usos mágicos; la adivinación era solo el primer paso. Según un vikingo: «No dejes que un hombre talle runas para lanzar un conjuro, salvo que antes haya aprendido a leerlas».

▲ Para una lectura general o para responder a una pregunta específica, se puede sacar de una bolsa una piedra al azar o se pueden lanzar las piedras sobre un paño.

▲ **Fehu (F)** significa ganado, y salud y éxito conseguidos a través del esfuerzo. Invertida, significa planes fallidos.

▲ **Uruz (U)** es el uro, un toro salvaje ya extinto. Significa fuerza bruta, fuerza de voluntad y la seguridad del hogar.

▲ **Thurisaz (TH)** representa a los gigantes de la mitología nórdica. Significa ver el futuro o descubrir la verdad.

▲ **Ansuz (A)** representa a Odín. Suele significar escuchar la voz interior o admitir consejos de otros.

▲ **Raido (R)** significa un viaje largo, ya sea real o metafórico, del alma o de curación.

▲ **Hagalaz (H)** significa pedrisco o lluvia de proyectiles, y las fuerzas de la naturaleza más allá del control humano.

▲ **Naudiz (H)** es necesidad o privación. Significa precaución o conciencia de que las cosas van mal.

▲ **Isaz (I)** representa el hielo. Significa suspensión en el tiempo o ponerlo todo en suspenso durante un periodo de reflexión.

▲ **Jeran (J)** es la cosecha o el ciclo anual. Significa alcanzar la recompensa del trabajo en el momento adecuado.

▲ **Iwaz (EI)** es el tejo, el árbol sagrado utilizado para hacer cayados o varas. Significa hacer lo correcto, o paciencia.

▲ **Tiwaz (T)** representa al dios de la guerra Tyr y se tallaba sobre las armas. Significa motivación y trascendencia.

▲ **Berkanan (B)** es el abedul y también Idunn, diosa de la primavera y la fertilidad. Significa preparar el terreno.

▲ **Ehwaz (E)** es el caballo sagrado. Significa equilibrar las cosas o centrarse en las herramientas para el progreso.

▲ **Mannaz (M)** representa a la humanidad. Significa el lugar propio dentro de ella y un estado mental reflexivo.

▲ **Laguz (L)** es el agua, o un cuerpo de agua, y significa la energía femenina o la limpieza del espíritu.

▲ Lanzar piedras rúnicas es mucho más que consultar los símbolos en un libro. La dirección de las piedras y el patrón que crean al caer pueden modificar mucho la interpretación.

Leer las runas

Para una lectura amplia o para profundizar en un asunto concreto, el lanzamiento de tres o más runas puede aportar mayor detalle. Hay muchas formas de interpretar las piedras, y también puede variar el orden en que se haga.

Lanzamiento de tres runas
1 Pasado Un acto o problema **2** Presente El desafío y la mejor forma de proceder **3** Futuro El resultado de la acción

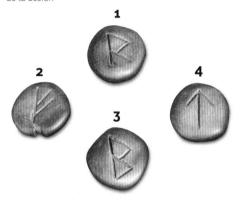

Lanzamiento de cuatro runas
1 Pasado Problemas, deseos o influencias **2** Presente Situación o problema actual **3** Posibilidades Buenas y malas opciones **4** Futuro El resultado deseado

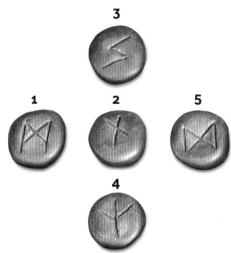

Lanzamiento de cinco runas
1 Pasado Causas de la situación actual **2** Presente Aspectos positivos o negativos **3** Solución Guía y ayuda que se puede esperar de otros **4** Problemas Obstáculos en el camino a la solución **5** Futuro Resultado predicho

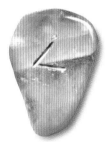

▲ Kaun (K) es una antorcha o un faro, un signo de esperanza en la oscuridad, pero también puede significar enfermedad.

▲ Gebo (G) es un sacrificio o regalo a los dioses. Significa renunciar al yo para estar en armonía con lo que nos rodea.

▲ Wunjo (W o V) es alegría, dicha o gloria. Significa no necesitar a nadie más para lograr la felicidad y la serenidad.

▲ Perthro (P) está ligada al fénix y sugiere lo desconocido. Significa dejar ir, la muerte y el renacimiento.

▲ Algiz (Z) es defensa o protección. Significa establecer los vínculos adecuados tras aclarar los pensamientos.

▲ Sowilo (S) representa al sol. Significa el todo o la compleción de un círculo, o la conciencia de la propia parte oscura.

▲ Ingwaz (NG) puede ser el héroe mítico del mismo nombre, o el pueblo danés. Representa la bendición del vínculo humano.

▲ Dagaz (D) es el día o la luz del día. Significa empezar un nuevo capítulo, ver la luz o probar ideas nuevas.

▲ Othalan (O) es el legado de conocimientos o riquezas, o la tierra nativa. Significa libertad e independencia.

OCULTISTAS ESPIRITUALES

sociedades mágicas de principios del siglo XX

▲ **Glastonbury Tor**
Glastonbury, en el suroeste de Inglaterra, fue un lugar clave en la búsqueda mística de Dion Fortune. En 1924 abrió allí un lugar de retiro espiritual llamado Chalice Orchard.

Durante la Primera Guerra Mundial, una joven británica llamada Violet Mary Firth sufrió una transformación sorprendente. Vivía en Londres y tuvo una educación convencial; sin embargo, mientras se formaba como psicóloga, descubrió un místico mundo psíquico que le cambió la vida, y se convirtió en una promotora de las creencias ocultistas y el pensamiento esotérico que proliferaban en Europa occidental desde finales del siglo XIX. Su convicción era total: estaba segura de estar conectada a una sabiduría de siglos, en parte cristiana y en parte psíquica, y de que se había reencarnado múltiples veces.

Dion Fortune

En 1919, Violet Firth resurgió como Deo Non Fortuna (Dios, no el destino), abreviado como Dion Fortune, e ingresó en la Sociedad Teosófica (p. 239). Como sus compañeros, estaba convencida de estar en contacto con los Maestros Ascendidos (seres reencarnados iluminados). En una visión llegó a ver a uno de esos seres, el «Maestro Jesús, Señor de la Compasión», guiándola hacia su propia espiritualidad superior.

Fortune escribió numerosos libros, entre ellos guías de magia práctica, una explicación de la Cábala (pp. 136–139) y novelas sobre ocultismo. Pero su mayor legado fue la Hermandad de la Luz Interior, que fundó en Londres en 1927.

Magia y misticismo

Dion Fortune no estaba sola. Aparte de pertenecer a la Sociedad Teosófica, se inspiró en la Orden Hermética de la Aurora Dorada (pp. 242–243). Después de su agria ruptura con esta a finales del siglo XIX, Samuel Mathers había fundado la Orden Rosacruz de Alpha et Omega, que desde 1918 dirigía su esposa, la artista y ocultista Moina Mathers. Fortune fue iniciada en ella en 1919. Como los miembros de la Fraternitas Saturni, fundada por Eugen Grosche en Alemania en 1926, los de Alpha et Omega creían que las vías al espiritualismo eran la magia y la comprensión de la divinidad.

Dos grandes movimientos esotéricos más, el martinista fundado en Francia en 1889 (pp. 244–245) y la Hermandad de la Cruz Rosa, creada en Reino Unido en 1915, tenían el mismo interés en la búsqueda de orígenes y poderes divinos. No obstante, estos pusieron más énfasis en el misticismo que en la magia. Ambos movimientos eran explícitamente cristianos y creían en la contemplación espiritual como la vía hacia el corazón de Dios, y ambos siguen existiendo hoy.

GRIGORI RASPUTÍN (1869–1916)

¿Sanador místico o charlatán?

Mientras nuevas tendencias espirituales proliferaban en la Europa decimonónica, el ocultismo y alternativas a la Iglesia ortodoxa rusa como la teosofía disparaban la imaginación de la aristocracia en San Petersburgo. En 1903, Grigori Rasputín, nacido en una familia de campesinos siberiana y que afirmaba ser Cristo renacido, entró en la alta sociedad de la capital rusa; desde 1905 empezó a ganarse la confianza de la zarina, que veía en sus pretendidos poderes curativos místicos la única esperanza para Alekséi, su hijo hemofílico. Rasputín era un personaje extravagante, un depredador sexual movido por la creencia en su propia santidad. Su asesinato —envenenado, baleado y ahogado— fue tan controvertido como su vida.

8ᵉ volume. Nᵒ 410. — 10 c. Un an : 6 fr.

LES HOMMES D'AUJOURD'HUI

DESSIN DE DELFOSSE

TEXTE DE M. HAVEN

Bureaux : Librairie Vanier, 19, quai Saint-Michel, Paris.

PAPUS

◀ **Reunión martinista**
Un impulsor del resurgimiento ocultista finisecular en Europa fue el médico francés Gérard Encausse, más conocido como Papus. Fundador del martinismo, aquí aparece en la sala de reuniones de la sociedad.

KELLAR

LEVITATION.

▶ **Ver para creer**
Uno de los números más famosos de Kellar, «La levitación de la princesa Karnac», implicaba el uso de un dispositivo elevador hidráulico oculto bajo la mujer «levitante». El carisma de Kellar como artista era clave para el éxito de la ilusión: el público tenía que creer.

ILUSIONISMO
la magia ocupa el escenario

La magia escénica recibió un impulso a mediados del siglo XIX a manos de Jean-Eugène Robert-Houdin (pp. 236–237) y continuó floreciendo en el XX. Fue una edad dorada de la magia: un gran negocio que llenaba teatros y cuyos practicantes principales fueron celebridades. La magia se había convertido en espectáculo, haciendo real lo inexplicable de formas cada vez más teatrales. Las representaciones, sin dejar de ser más que elaboradas ilusiones, presentaban al mago como conjurador de lo imposible.

Aplauso y reconocimiento

Una figura central fue el mago estadounidense Harry Kellar, que supuestamente estaba en contacto con el mundo espiritual. A finales del siglo XIX, fue el primer mago de escenario en lograr fama internacional. Un ilusionista chino, Ching Ling Foo, también obtuvo enorme reconocimiento; en sus números parecía devolver la vida a decapitados, se introducía espadas por la nariz sin herirse y sacaba distintos animales —e incluso niños— de debajo de una capa negra.

▲ Ilusionismo chino
Muchas de las ilusiones del pekinés Ching Ling Foo eran variaciones de magia china. El aire de misterio de sus espectáculos cautivó a multitudes en EE UU y Europa.

▶ Jugando con la muerte
Houdini disfrutaba con la idea de que sus proezas aparentemente imposibles pudieran resultar mortales. En este número realizado en Nueva York, escapaba de una camisa de fuerza suspendido de una grúa.

El supremo Houdini

Lo emocionante de muchas actuaciones no estaba solo en las habilidades del ilusionista, sino también en la evasión milagrosa de la muerte. Ningún mago ejemplificó esto mejor que el húngaro Harry Houdini, que era la espectacularidad personificada: experto escapista, se deleitaba con lo imposible. Sus números más famosos implicaban asombrosas proezas físicas, pero aun así seguían siendo trucos. Con el tiempo, Houdini se convirtió en un firme opositor de los falsos médiums que pretendían hacerse pasar por auténticos.

Juegos de manos

A principios del siglo XX surgieron dos maestros de una de las formas más antiguas de magia escénica: la prestidigitación. El galés Richard Pitchford, cuyo nombre artístico era «Cardini», podía sacar, como de la nada, una enorme cantidad de naipes dispuestos en abanicos perfectos. Poco después, el mago estadounidense Channing Pollock sería el exponente original del truco de la extracción de palomas de un pañuelo de seda. Nadie pensaba que tales proezas fueran magia real, pero raramente dejaban de asombrar.

> «Lo que hacía parecía imposible. ¿Realmente no era más que un mero ilusionista?»

RUTH BRANDON, *THE LIFE AND MANY DEATHS OF HARRY HOUDINI* (1993)

MAGIA Y SOCIEDAD
antropología colonial

Para los antropólogos de finales del siglo XIX, el uso de «magia ritual» por parte de las sociedades tribales las señalaba como más atrasadas que sus homólogas occidentales; perspectiva que hoy se considera tanto obsoleta como racista. La antropología (el estudio de las sociedades humanas) era por entonces una disciplina relativamente nueva y en desarrollo, y las ideas sobre los ritos tribales cambiaron radicalmente a lo largo del siglo XX.

Trabajo de campo

El antropólogo polaco Bronislaw Malinowski comenzó sus trabajos de campo en 1915. Sus resultados modificaron las perspectivas antropológicas sobre la práctica de la magia. Estudió a los nativos de las islas Trobriand, en la Melanesia: vivió varios años con ellos, aprendió su idioma y observó sus costumbres. La magia era ampliamente practicada entre los isleños y, ya fuera aplicada a la construcción de canoas, el cultivo del ñame o la curación, implicaba la recitación de fórmulas mágicas, en ocasiones combinada con un ritual. Malinowski concluyó que aquella magia no tenía su origen en la superstición, sino que poseía tanto una base lógica (ayudando en tareas

▶ **Conexión ancestral**
Los azande daban gran importancia al *kundi*, un arpa de cinco cuerdas. La cabeza labrada sobre el clavijero significa que la música que produce procede de sus antepasados.

JEANNE FAVRET-SAADA (n. 1934)

Desembrujar a la bruja

Esta antropóloga francesa llevó el trabajo de campo a un nuevo nivel en su investigación para su libro *Les mots, la mort, les sorts* (1977), que, abordando la brujería en el Mayenne (noroeste de Francia), es una exploración de los métodos etnográficos. Para ella, las creencias sobre embrujamiento y «desembrujamiento» (contrarrestar los efectos del embrujo) solo se pueden comprender plenamente desde dentro, así que se introdujo en la brujería para poder interpretarla y escribir sobre sus experiencias.

prácticas cotidianas) como un papel social crucial en la creación de una identidad común. También observó paralelismos entre el rol de la magia y el de la religión y la ciencia en sociedades tecnológicamente más avanzadas. Su obra fue continuada por el británico E. E. Evans-Pritchard quien, a finales de la década de 1920, estudió a los azande del alto Nilo, centrándose en la brujería, a la que estos atribuían los infortunios.

Magia y estructuralismo

Los trabajos antropológicos iniciales plantearon un problema: no había acuerdo sobre la definición antropológica de magia. ¿Existían elementos universales comunes a todas las sociedades? Una posible respuesta llegó en la década de 1930, cuando el francés Claude Lévi-Strauss desarrolló la noción de la magia como una constante humana. Su enfoque era que el rasgo esencial común de la magia es la creencia en ella. En la década de 1950, los británicos Victor y Edith Turner propusieron una característica más. Su trabajo entre los ndembu de Rodesia del Norte (hoy Zambia) identificó el ritual en la magia como un medio de cohesión social, específicamente en la resolución pacífica de conflictos.

▶ **Guardián nicobarés**

Un *hentakoi* (espanta-diablos) es una figura de madera tallada con un caparazón de tortuga en la espalda, y representa a un ser mítico. Tales figuras se utilizaban en las islas Nicobar del océano Índico para alejar de las casas a los espíritus malvados. A finales del siglo XIX varios antropólogos estudiaron la vida del pueblo nicobarés.

«La función de la magia consiste en ritualizar el optimismo del hombre.»

BRONISLAW MALINOWSKI, *MAGIA, CIENCIA Y RELIGIÓN* (1948)

Magia y novela fantástica

Aunque las primeras novelas de fantasía modernas se escribieron en el siglo XIX, el género alcanzó su madurez mediado el siglo XX con la publicación de las que hoy en día son algunas de sus obras más conocidas, todas las cuales tienen magia entre sus páginas. Las más famosa es *El señor de los anillos*, de J. R. R. Tolkien. Al igual que su precedente, *El hobbit*, conjura un mundo de humanos y elfos, enanos y hobbits, magos y espectros.

También ambientados en un lugar mágico, los siete volúmenes de *Las crónicas de Narnia*, de C. S. Lewis, exploran los peligros y maravillas mágicas de Narnia, tierra de faunos y de una malvada Bruja Blanca en la que se entra a través de un ropero mágico. Sin embargo, a diferencia de las obras de Tolkien, *Las crónicas de Narnia* solo se ubican en parte en ese mundo de fantasía; característica que comparten con la famosa serie de Harry Potter, obra de J. K. Rowling. Para ilustrar la serie de Narnia, Lewis eligió a Pauline Baynes, que ya había ilustrado algunos libros de Tolkien.

Los escenarios de ensueño, encantamientos y bestias míticas comunes a las novelas de fantasía se pueden rastrear a menudo hasta mitos, leyendas o cuentos de hadas anteriores. Así, por ejemplo, *Camelot*, de T. H. White, una serie de cuatro volúmenes publicados unitariamente en 1958, se basa en el mito del rey Arturo y su corte, que se remonta a la época medieval (p. 110).

> «Digamos que he olvidado esa Magia Insondable. Háblanos de ella.»
>
> C. S. LEWIS, *EL LEÓN, LA BRUJA Y EL ARMARIO* (1950)

▲ **Lucy y el fauno** caminan por Narnia en esta ilustración de Pauline Baynes para *El león, la bruja y el armario* de C.S. Lewis.

WICCA Y BRUJERÍA
brujas en la era moderna

La wicca, que toma su nombre de la palabra anglosajona para «brujo» o «sabio», es llamada también brujería o, simplemente, el Arte. Es una rama del neopaganismo (pp. 272–275), adaptación de creencias antiguas a los tiempos modernos.

Aunque se inspira en prácticas tradicionales y mágicas de casi todas las épocas, como religión tiene menos de cien años. Fue fundada en Reino Unido en la década de 1940 por Gerald Gardner, excéntrico exfuncionario colonial (recuadro, abajo). Él sostenía que la wicca procedía directamente de creencias paganas precristianas; pero, en realidad, muchos de sus rituales y enseñanzas fueron concebidos por él mismo. No tiene un cuerpo oficial de prácticas religiosas por lo que, a medida que se difundía por el mundo, adoptó muy diversas formas, unidas tan solo por la creencia compartida en la divinidad benigna que habita la naturaleza, la idea de la magia y el principio central de «no dañar» en el sentido de hacer solo el bien. Sin embargo, la práctica a veces se aparta de la teoría, como demuestran, por ejemplo, las *hexes* (maldiciones) wiccanas lanzadas por internet (pp. 300–301) sobre Donald Trump durante las elecciones de 2016.

Magia benigna en la naturaleza

En general, la wicca es diteísta (o duoteísta): cree en dos dioses iguales y complementarios, el Dios y la Diosa. La deidad masculina se suele representar como un dios astado y se identifica con el sol, símbolo de vida y acción. La femenina, la diosa madre, es simbolizada por la luna, emblema de emoción e intuición. Por extensión, el paso de las estaciones, los equinoccios y los solsticios y las fases de la luna (símbolos del ciclo menstrual) señalan momentos especiales de culto.

▲ **El ciclo de las estaciones**
Esta rueda del año incluye símbolos de las estaciones, como las flores de primavera, el sol de verano y una cosecha abundante, que reflejan el ciclo constante de muerte y renacimiento.

> «La primera vez que me llamé "bruja" fue el momento más mágico de mi vida.»
>
> **MARGOT ADLER**, SACERDOTISA WICCANA, EN *DRAWING DOWN THE MOON* (1979)

GERALD GARDNER (1884–1964)

Padre de la wicca

Gardner, fundador de la brujería moderna, pasó buena parte de su vida en Malasia, donde quedó muy impresionado por la veneración nativa por las prácticas mágicas. A finales de la década de 1930, en Dorset (Inglaterra), afirmó haber sido iniciado en un aquelarre *(coven)* local y, a partir de ahí, dedicó su vida a promover la brujería. Escribió una serie de libros con tirón popular, y tenía instinto para la publicidad. Para principios de la década de 1960 había logrado algo aparentemente imposible: la aceptación de la brujería como una creencia atractiva debido a sus supuestos beneficios psicológicos, sociales y comunitarios.

Los wiccanos se identifican con el mundo natural en la creencia de que todos somos un aspecto divino del mismo. La divinidad, tal como se define en los portentos naturales, está tanto en el interior de todos nosotros como en cada río árbol o animal. La magia, en el sentido de que todo el universo es inherentemente mágico, se mantiene como creencia básica wiccana. La wicca gardneriana original, como ha llegado a conocerse, tenía unas reglas para las iniciaciones rituales, pero las versiones posteriores se hicieron más flexibles en su interpretación de la magia. Como afirma una wiccana del siglo XXI: «El hecho de que el sol salga cada mañana y nosotros estemos aquí para verlo, es magia». Aparte del principio de «no dañar» y de la celebración mágica de la naturaleza, los subgrupos se han apartado de la visión original de Gardner. La primera en desafiarla, en la década de 1950, fue una de sus discípulas, Doreen Valiente. Su propuesta no pretendía discutir la visión de Gardner, sino purificarla. A esta siguieron otras escisiones.

▲ Pentáculo místico
Las cinco puntas del pentáculo, también llamado pentagrama, representan la tierra, el agua, el aire, el fuego y el espíritu. El círculo indica totalidad y unidad con el mundo natural.

A medida que la wicca evolucionaba, la mayoría de las instrucciones de Gardner —como su afirmación de que «para hacer magia debes estar desnudo»— dejaron de seguirse, pero algunas prácticas perduran. Una de ellas es la creación de un círculo, delimitado rociando agua exorcizada, con un athame (daga) o con velas. Dentro del mismo, los adoradores creen poder separarse del mundo material. Mientras entonan conjuros, hechizos o encantamientos (muchos introducidos por Doreen Valiente), elaboran pociones y bailan, los participantes usan objetos para realzar el ritual: cristales, velas, hierbas (especialmente poderosas), incienso, aceites y cartas de tarot. Estos rituales tienen vínculos con la alta magia de los masones (pp. 194–197), pero también con prácticas del curanderismo y la magia popular. Actualmente, pueden adoptar cualquier significado que les den los practicantes, siempre y cuando sus intenciones sean benignas.

▲ **Boda wiccana**
Las uniones de manos (handfastings) se han vuelto muy populares desde la década de 1960. Esta boda se celebró en 2008. Los cuernos de carnero del sacerdote representan al dios astado.

El perenne atractivo de la magia

La aceptación global de la wicca ha sido extraordinaria. Ha vencido la presunción común de la brujería como algo oscuro y siniestro y como coto exclusivo de las mujeres. Atrajo a la contracultura de la década de 1960 y, posteriormente, ha sintonizado con los valores libres de prejuicios de los mileniales del siglo XXI. Asimismo,

▼ **La danza en espiral**
La espiritualista Miriam Simos, más conocida como Starhawk, inspiró la ejecución de la primera danza en espiral en 1979. Esta jovial afirmación de feminismo pagano se realiza cada año en Samhain (Halloween), especialmente en EE UU.

Rituales y celebración

Los rituales wiccanos modernos pueden adoptar casi cualquier forma según los gustos particulares y lo que se celebre. Los más comunes son los que celebran los ocho sabbats anuales, que coinciden con los solsticios y equinoccios (sabbats menores) y con fechas intermedias entre ellos (sabbats mayores). Los adoradores suelen crear espléndidas ornamentaciones de plantas y flores de temporada y pueden recitar plegarias y poemas de sanación o simplemente para celebrar la bendición de las estaciones. Los participantes invocan siempre al Dios, la Diosa y los cuatro elementos, y a veces a un quinto: Akasha (el espíritu). También pueden apelar a los puntos cardinales.

Una mujer prepara un altar para celebrar un *wiccaning* (la bendición de un recién nacido entre wiccanos).

ha estado abierta a una reinterpretación constante. En EE UU fue abanderada por el británico Raymond Buckland, que en 1964 se proclamó primer wiccano en el país, al tiempo que sostenía la primacía de la influencia anglosajona en la wicca. La periodista estadounidense Margot Adler fue igualmente influyente en la difusión del credo wiccano en la década de 1970. Sobre la misma época, Zsuzsanna Budapest, de origen húngaro, defendió la wicca como pilar del feminismo, y solo adoraba a deidades femeninas (dianismo). Desde entonces han surgido las wiccas nórdica, céltica, druídica, solitaria y ecléctica. Entre los más enérgicos defensores de la wicca se hallan ecologistas.

En la actualidad se estima que hay más de 1,5 millones de wiccanos solo en EE UU. Con independencia de su recorrido desde el mundo de lo oculto imaginado por Gerald Gardner en la década de 1940, la brujería moderna sigue siendo un testimonio extraordinario de la necesidad humana de la magia y de la creencia en ella.

> «La Diosa está viva. La magia está en marcha.»

ZSUZSANNA BUDAPEST, AUTORA WICCANA (2010)

Instrumentos wiccanos

Los primeros instrumentos mágicos wiccanos fueron propuestos por el padre de la wicca, Gerald Gardner. Las distintas ramas wiccanas actuales eligen los que les resultan útiles, normalmente para rituales de altar dentro de un círculo mágico, para intensificar la energía espiritual (o «psíquica») y para lograr una conexión directa con la divinidad. Esta conexión otorga a los instrumentos un poder divino que es compartido con su usuario durante los rituales mágicos.

El pentáculo es un símbolo wiccano

La luna y el sol son adorados en la wicca

El mango curvado sugiere unos cuernos

El mango es una pezuña de ciervo

▲ **Flagelo ritual** Lo usan algunas ramas de la wicca como símbolo del sacrificio y el sufrimiento que deben padecer los iniciados para aprender más sobre brujería.

▲ **Athame (daga ritual)** Asociado con el espíritu de fuego o de aire. Se usa para trazar un círculo mágico y dirigir la energía a su interior, nunca para derramar sangre.

▲ **Cáliz** Representa el vientre de la Diosa wiccana y se llena con agua, vino, cerveza o infusiones, según el ritual.

▲ **Campana** Se usa sobre todo para concentrar la atención o atraer energía. Según Gardner, cada ritual requería un número concreto de toques.

Las astas de ciervo son sagradas para los wiccanos

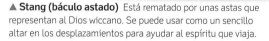

▲ **Stang (báculo astado)** Está rematado por unas astas que representan al Dios wiccano. Se puede usar como un sencillo altar en los desplazamientos para ayudar al espíritu que viaja.

Cayado hecho con una rama

▲ **Escoba** Se ha asociado a las brujas (de las que se decía que volaban sobre escobas) desde hace tanto tiempo que algunos wiccanos la consideran un cliché. Otros vinculan las escobas con rituales sexuales, y las parejas pueden saltar sobre una escoba durante la ceremonia del *handfasting* o unión de manos.

Los agujeros liberan el aroma del incienso

▲ **Caldero** Elemento perenne de la cultura de la brujería para mezclar y hervir pociones. Algunos wiccanos actuales lo consideran un objeto de fantasía más que un instrumento.

▲ **Candelabro (y velas)** Se dice que representan al Dios y la Diosa. Se suelen poner a ambos lados del pentáculo (dcha.) o en algún lugar cercano al altar.

▲ **Varita** Se utiliza para dirigir la energía y trazar círculos mágicos, pero con más suavidad que con el athame. A menudo se emplea en rituales para invocar al Dios y la Diosa.

▲ **Pentáculo** Simboliza la tierra. Para los wiccanos es un signo o sigilo –normalmente, una estrella de cinco puntas inscrita en un círculo– usado para bendecir el altar y concentrar la energía mágica en su interior.

▲ **Incensario** El incienso es un elemento clave en la wicca, como en otras religiones. Los wiccanos usan aromas de hierbas, especias, aceites, resinas y cortezas de árbol para inducir un estado mental propicio de comunión con el mundo espiritual.

LA «VIEJA RELIGIÓN»
stregheria

La stregheria, movimiento italoestadounidense de brujería, afirma remontarse a una imaginaria tradición popular italiana con raíces en el pueblo etrusco de la Italia central precristiana y prerromana. Según la stregheria, el sistema de creencias etrusco sobrevivió a la represión y la asimilación romanas como una tradición campesina profundamente arraigada que solo salió a la luz a finales del siglo XIX. Debido a estas pretendidas raíces antiguas, la stregheria se conoce también como la *vecchia religione* (vieja religión).

Herencia espiritual

La stregheria se basa en la obra de 1899 *Aradia o el evangelio de las brujas* (recuadro, abajo), que se supone contiene el texto sagrado de un culto pagano de brujas italiano. Las formas de adoración que describe —veneración de deidades masculinas y femeninas, del mundo natural y sus estaciones, y celebración de equinoccios y solsticios— recuerdan a la wicca (pp. 264–267).

▶ **Diana etrusca**
Diana, la divina cazadora y diosa de la luna, es una de las deidades antiguas adoradas en la stregheria. Esta es una imagen suya de bronce del siglo IV a. C. descubierta en Nemi, en un santuario dedicado a ella en la provincia de Roma.

El movimiento moderno de la stregheria empezó con los escritos del italoestadounidense Leo Louis Martello en la década de 1970. En ellos describía su iniciación por unos parientes en creencias similares a las de la historia de Aradia, pero el culto siciliano de Deméter, diosa de la cosecha, y de su hija Perséfone también influyeron en la brujería de su familia, que veía a la Virgen María como una variante de Deméter. En 1995, el estadounidense Raven Grimassi publicó *Ways of the Strega*, inspirándose en las prácticas wiccanas y afirmando también su iniciación en una tradición secreta de magia italiana. Ambos contribuyeron a difundir la stregheria, sobre todo en Australia, por su considerable población de ascendencia italiana.

EN CONTEXTO

El portador de luz

El folclorista estadounidense Charles Leland escribió *Aradia o el evangelio de las brujas*, el libro que inició el movimiento de la stregheria, basándose en sus conversaciones con una pitonisa florentina llamada Maddalena que le habló de una antigua tradición de brujería italiana aún existente. Sus brujas adoraban a la diosa Diana, a su hermano (y amante) Lucifer –«portador de luz»– y a su hija Aradia, que vino a la tierra a enseñar magia. El libro describe los rituales, conjuros y creencias de la tradición, y se hizo muy popular en la década de 1960, aunque su autenticidad ha sido muy discutida.

Según el autor de *Aradia*, el libro es un texto sagrado de la stregheria.

«Esta stregheria, o vieja religión, es algo más que una hechicería y algo menos que una fe.»

CHARLES LELAND, *ARADIA O EL EVANGELIO DE LAS BRUJAS* (1899)

DESDE EL PASADO
neopaganismo

El término «neopaganismo» designa las creencias modernas en un pasado prejudío, precristiano y preislámico. La wicca (pp. 264–267) está bajo ese paraguas. El movimiento empezó con el desarrollo de la contracultura occidental en la década de 1960, cuando muchos rechazaban la autoridad establecida en busca de una espiritualidad nueva y libre en un mundo por lo demás material. En la década de 1990 se disparó su popularidad y continúa en el siglo XXI. El neopaganismo raramente tiene credos o dogmas, pero ciertos rasgos son comunes a todas sus formas. Sus seguidores suelen ser politeístas (creen en muchos dioses) o panteístas (ven a dios en todas las cosas); honran por igual a ambos sexos; veneran la naturaleza, que incluye a los seres humanos y sus espíritus ancestrales, y que consideran divina en sí misma. Pero, sobre todo, los neopaganos promueven la magia como una fuerza vital en el mundo.

Druidas, wicca, naturaleza y eras pasadas
Los neopaganos, a diferencia de los seguidores de la New Age (pp. 284–287), que miran al futuro, toman su inspiración del mundo antiguo. El druidismo (las prácticas de sacerdotes o sabios celtas) tuvo un

▼ **Solsticio de verano**
Los solsticios –puntos extremos de los ciclos estacionales– son de suma importancia para los druidas. Aquí, unos druidas celebran el solsticio de verano –el día con más horas de luz solar– en Stonehenge, en el suroeste de Inglaterra.

renacimiento en Inglaterra en el siglo XVIII, y en 1781 se fundó la Antigua Orden de los Druidas. La arqueología moderna reveló nuevas evidencias de los sistemas de creencias célticos, y en la década de 1960 se desarrolló el druidismo moderno o neodruidismo.

Los neopaganos también han tomado elementos espirituales y rituales de sociedades ocultas previas, en especial de la Orden Hermética de la Aurora Dorada (pp. 242–243). El movimiento romántico de la Europa de inicios del XIX fue otra fuente de inspiración. Poetas y pintores románticos miraron la naturaleza con otros ojos, sobrecogidos por su belleza. En la década de 1970 surgieron religiones basadas en la naturaleza vinculadas a la preocupación por el medio ambiente, y hoy muchos neopaganos se identifican con causas ecológicas. Muchos propugnan también el feminismo.

◀ **Canalizar la energía**
La radiestesia es una forma de adivinación usada por algunos neopaganos para canalizar energías interiores y localizar fuentes de poder divino. Aquí, una demostración usando un péndulo de cristal en el crómlech de Ardgroom, en el condado de Cork (Irlanda).

Como el druidismo, la wicca es una rama relevante del neopaganismo, pero hay muchos otros grupos más reducidos, como los reconstruccionistas, que han recreado y adaptado religiones precristianas, y los seguidores de dioses antiguos de Egipto, Grecia y Roma. El celtismo reimagina las prácticas espirituales del pueblo llano celta, en vez de las de los druidas; y el etenismo o neopaganismo germánico se inspira en la mitología nórdica y germánica. Muchos de estos neopaganos tienen vínculos con movimientos de extrema derecha, neonazis y supremacistas blancos que glorifican un pasado imaginario de pureza celta o vikinga en el marco de una ideología racista y, a menudo, antifeminista. No obstante, al margen de estos neopaganos de extrema derecha, el resto de los subgrupos valoran la tolerancia, la diversidad, la inclusividad, el espiritualismo y el deleite en la magia; y comparten la idea de que nunca se debe dañar a otros. Hoy en día se encuentran personas neopaganas o pequeños grupos neopaganos —ya se llamen círculos, *covens*, *kindreds*...— por todo el mundo.

JOHN MICHAEL GREER (n. 1962)

Referente druídico

Autor prolífico y versado en temas diversos, desde la espiritualidad a la ecología, este estadounidense es hoy un referente mundial sobre druidismo. Ha sido muy influyente en la difusión de la tradición, la enseñanza y la magia druídicas. Gran parte de su obra se deriva de la Orden Hermética de la Aurora Dorada, del siglo XIX, y en 2013 fundó una filial directa: la Orden Druídica de la Aurora Dorada. Entre 2003 y 2015 asumió el papel de Gran Archidruida de la Antigua Orden de los Druidas en América.

▲ Símbolo de riqueza
Este altar neopagano en Rumanía aplica el principio de similitud: como el símbolo del dólar es verde, se cree que la decoración verde en torno al altar aumentará el éxito de los conjuros mágicos para obtener riqueza.

> «El neopaganismo es […] la adoración de los poderes de este mundo. Bello, terrible, y todo en un círculo bajo el cielo cambiante.»

C. A. BURLAND, *ECHOES OF MAGIC* (1972)

La práctica de la magia

Los neopaganos consideran la magia un fenómeno real que pueden usar. Para algunos, la meta de ese uso es modificar su conciencia y, en última instancia, contactar con espíritus, dioses o lo que consideren sagrado. Otros usan la magia como un intento de apoyar con su voluntad a las fuerzas naturales del mundo para provocar un cambio: una práctica llamada taumaturgia. Sea cual sea el objetivo, hay una regla sacrosanta: jamás debe usarse la magia para dañar a personas, animales, plantas o al planeta. Más aún, según la ley del triple retorno (o Regla de Tres), la fuerza mágica –positiva o negativa– que genere un practicante volverá a él con intensidad triplicada, por lo que debe usar su poder éticamente. Los magos que practican la taumaturgia creen más probable lograr el cambio que buscan si este se ajusta a las leyes naturales; así, la petición a un dios de la fertilidad para que ayude a florecer un jardín tiene más posibilidades de éxito si se realiza en primavera. La magia se puede practicar con un objetivo preciso en mente, como mudarse a una determinada casa; pero se dice que es más probable que funcione cuando el objetivo es más amplio: por ejemplo, encontrar una casa que cumpla ciertas condiciones.

Rituales típicos

La mayoría de los neopaganos celebran los ocho sabbats (los festivales wiccanos): los solsticios de verano e invierno y los equinoccios de primavera y otoño (sabbats menores), y los festivales intermedios (sabbats mayores) que marcaban el inicio de cada estación, según la tradición celta. También celebran otras fechas auspiciosas, como la luna llena mensual. Los rituales pueden ser solitarios, celebrados en la casa

▼ La magia del fuego
La fe pagana dominante en Lituania es la romuva, que ensalza el fuego como símbolo de la divinidad. Aquí, un grupo celebra el solsticio de verano en Vilna.

o el jardín; o en grupo, en un lugar público. Todos participan, sin importar la cantidad de gente. Los rituales grupales suelen realizarse dentro de un círculo —un anillo sagrado que encierra y concentra a los participantes—, a veces con una hoguera en el centro. Otra posibilidad es dirigir la atención a un altar.

La puesta en escena ritual estimula la emoción espiritual: un vestuario, unas luces y una decoración apropiados ayudan a cambiar de atmósfera. Los participantes a menudo se dirigen a los puntos cardinales y a los elementos para invocar a espíritus y dioses (como a Diana, diosa romana de la luna, durante el plenilunio). El objetivo del ritual, si lo tiene, es expresado en voz alta. En función de las creencias, se puede hacer una representación del mundo pagano o mítico.

A menudo los participantes alzan los brazos, sostienen talismanes y recitan, cantan y bailan alrededor del círculo para captar el poder y la energía colectivos que creen contenidos en él.

Se supone que tomarse de las manos transmite la energía, y algunos creen que la imposición de manos tiene un poder curativo. Los símbolos son importantes y, según un principio ligado a la homeopatía (lo igual cura lo igual), se pueden usar objetos similares como sustitutos de los reales. Así, la imagen o la figurita de un perro puede representar al perro real en una ceremonia que implique a Hécate —principal diosa griega de la magia y figura clave en el neopaganismo—, pues en ocasiones es mostrada en forma canina, y en la antigüedad se le sacrificaban perros. El principio de sustitución se aplica igualmente a colores y números; por ejemplo, el tres puede ser sustituto de Hécate, que tenía tres rostros y podía mirar en tres direcciones a la vez.

◄ Awen
Este es uno de los símbolos más extendidos en el neodruidismo, si bien no hay consenso sobre su significado preciso: unos creen que representa los rayos del sol; otros ven una triple deidad.

▲ Beltane
Vestidas como el dios astado wiccano, estas personas participan en el festival de Beltane, que se celebra normalmente el 1 de mayo. Beltane es uno los sabbats mayores, el día intermedio entre el equinoccio de primavera y el solsticio de verano. Los festejos, que a menudo incluyen hogueras, bailes y magia de fertilidad, celebran el crecimiento emergente de la naturaleza.

▲ **Siouxsie Sioux**, la cantante del grupo británico de rock cuya música y estética de brujería introdujeron una dimensión punk gótica en la cultura pop.

Magia
y música

Música y magia son formas artísticas naturalmente complementarias. Históricamente, la música tradicional se utilizó en la magia ritual y ceremonial, inspirando la actitud o el ánimo apropiados en los participantes y creando atmósfera para la danza y el canto.

El vínculo se ha mantenido fuerte hasta la actualidad, tal y como reflejan las muchas alusiones a la magia en la música popular contemporánea. Esta asociación comenzó de manera informal a mediados del siglo xx, con canciones como «That Old Black Magic» (1942) de Frank Sinatra, que usaba la magia como metáfora del amor. La década de 1960 trajo un mundo de éxtasis y misticismo inducidos por las drogas que se hizo evidente en temas rock como «Voodoo Chile» (1968) de Jimi Hendrix. Al mismo tiempo surgía la espiritualidad New Age, que creó su propio estilo musical con recopilaciones para ayudar a la meditación, el yoga y la relajación.

La tendencia continuó en las décadas de 1970 y 1980, en que muchos artistas incluían en su música referencias a la magia. «Quicksand» (1971) de David Bowie o «Mr. Crowley» (1980) de Ozzy Osbourne aluden ambas al ocultista Aleister Crowley (pp. 250–251). El grupo Siouxsie and the Banshees (izda.) usaba un imaginario de brujería, vudú y ocultismo que inspiró a muchas jóvenes a unirse al movimiento rock gótico en la década de 1980. Las influencias ocultistas persisten en el siglo xxi: en 2016, la rapera estadounidense Azealia Banks se declaró bruja practicante, y en 2017 la canadiense ANIIML (Lila Rose) etiquetó su música como «witch-pop».

«La música es probablemente la única magia real.»

TOM PETTY, EN *THE TELEGRAPH* (2012)

PODERES CURATIVOS
las muchas caras de la espiritualidad y el chamanismo

El término «chamanismo» designa originalmente las prácticas espirituales de los pueblos de las estepas de Asia central y Siberia. En estos lugares, el chamanismo, que es la forma de espiritualismo, adivinación y magia practicada de forma continua más antigua del mundo, se remonta a hace unos 40 000 años.

Por extensión, el término se refiere a una gran variedad de tradiciones espirituales y mágicas de culturas tribales no europeas, que algunos académicos consideran relacionadas y por eso las definen en su conjunto como chamanismo. Otros afirman que no cabe agruparlas a pesar de sus aparentes similitudes, ya que las prácticas espirituales difieren mucho de una comunidad a otra y muchos practicantes no se identifican a sí mismos como chamanes.

Un puente al mundo espiritual

Las creencias y las prácticas que algunos académicos definen como chamanismo comparten características básicas, como la idea de que todo en la naturaleza es sagrado y está infundido de vida espiritual o la de que los objetos naturales existen como parte de un todo divino más amplio. Esta idea de unidad también incluye la dimensión temporal; para algunas culturas, pasado, presente y futuro existen simultáneamente, y veneran a los espíritus guardianes por su sabiduría del pasado y por su conocimiento del futuro.

El chamán, anciano o consejero espiritual ejerce de enlace entre el mundo material y el espiritual: reza a los espíritus, canaliza sus voces o viaja a su mundo. Este contacto le otorga el poder de la profecía, la capacidad de proteger a los suyos ante las fuerzas destructivas de la naturaleza o los enemigos, de garantizar las cosechas o de acompañar a las almas de los muertos al mundo de los espíritus. En muchos lugares donde se cree que la enfermedad se debe a la intervención de espíritus malignos, el chamán, sanador o curandero puede invocar a espíritus buenos para que contrarresten a los malos o usar plantas con propiedades curativas.

Hoy son varias las culturas en las que se consulta al líder espiritual o al chamán antes de tomar decisiones relevantes. En algunos grupos,

◄ Maraca ceremonial

El ritmo de las maracas y los tambores facilita la inducción del trance durante el ritual. Esta maraca ceremonial de finales del siglo XVIII, con rasgos exagerados y nariz en forma de pico, procede de la costa noroeste de América.

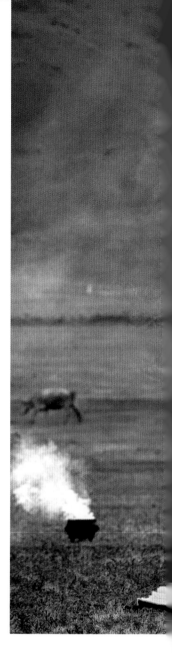

«Manitú está en todas las cosas, está en el aire que respiramos. Manitú es nuestro padre, pero la Tierra es nuestra madre.»

GRAN TRUENO (BEDAGI), INDIO ALGONQUINO

estos líderes tienen su función asignada desde el nacimiento, pues es hereditaria. Pero lo más habitual es que se crea que los propios espíritus los eligen, la señal de lo cual puede ser un rasgo físico inusual o un periodo de sufrimiento mental. La persona elegida dedica su vida a profundizar en su vocación.

Rituales que inducen el trance

Es habitual que, para comunicarse con los espíritus, el chamán u otro especialista entre en trance gracias a un ritual cuya naturaleza varía. Por ejemplo, en Mongolia, el chamán puede llevar un tocado de plumas o de astas de venado o, a veces, el pelaje de un animal: esta conversión en un ave, un reno o un oso refuerza su transformación espiritual. En Mongolia y en otras culturas, las prácticas ceremoniales son actividades grupales, y los miembros del grupo participan con cánticos, tambores o música. También se usa el fuego para intensificar el ambiente y unir a los participantes. En algunas zonas de América del Norte y del Sur se ingieren plantas psicoactivas para facilitar el trance o inducir visiones.

▲ **Chamán actual**
Este chamán mongol ataviado con el traje ceremonial toca un arpa de boca y un tambor frente a una hoguera ritual con motivo del solsticio de verano. En Mongolia hay unos 10 000 chamanes, tanto hombres (*böö*) como mujeres (*udgan*).

Espiritualidad urbana

El muísmo fue la religión dominante en la península coreana hasta la llegada del budismo en el siglo IV d.C. Durante el siglo XXI, el muísmo ha experimentado una recuperación (en parte mística y en parte comercial), sobre todo en Seúl, la capital surcoreana. Aquí y en todo el país, los rituales de los especialistas muístas son al mismo tiempo semiclandestinos y reconocidos de forma general. Los practicantes del muísmo (*manshin*) suelen ser mujeres. Previo pago, asesoran en transacciones de la vida moderna, como qué automóvil o vivienda comprar o qué empleo solicitar. Para pedir la intervención de los dioses y de los antepasados, los *manshin* ejecutan rituales (*gut*) que los ayudan a viajar al mundo de los espíritus y hallar respuestas. Ataviados con llamativos vestidos, danzan, cantan, oran y hacen ofrendas y sacrificios a los espíritus en altares purificados con fuego y agua.

Un *manshin* ejecuta un ritual purificador con papel blanco.

Aunque las prácticas chamánicas toman formas diversas según las regiones, todas comparten la creencia básica en una sabiduría espiritual superior que determina el destino humano. El pueblo san del sur de África (hasta la década de 1950 uno de los últimos pueblos cazadores-recolectores del mundo) cree en un mundo espiritual global; en el otro extremo del mundo, los ojibwe de Canadá y los inuit del Ártico veneran a los *mide* y a los *angakoks* respectivamente como consejeros espirituales poseedores de gran sabiduría y en contacto con los poderes que guían el destino de las personas.

A nivel individual, muchas personas enfermas consultan a chamanes, sanadores o curanderos porque confían en su poder. Los curanderos de América Latina (p. 283) recurren al trance, la oración y la limpieza espiritual, así como a hierbas, aceites y alucinógenos como el peyote. En África Occidental abundan los sanadores-fetiche, y el mercado de fetiches (o talismanes) de Lomé, la capital de Togo, es célebre en toda la región y atiende a personas aquejadas de dolencias tan diversas como disfunción eréctil, asma o tifus. Por su parte, en distintas tribus nativas americanas, médicos, sanadores, herboristas y curanderos son tan conocidos por sus poderes de curación como por su liderazgo espiritual.

Desde la década de 1990, el chamanismo ha resurgido lentamente en las regiones siberianas de origen, tras la represión del régimen soviético. En Mongolia, donde estuvo prohibido durante los 70 años de gobierno comunista, se ha

▶ **Medicina fetiche**
Un curandero tradicional de Lomé (Togo) recita hechizos para ayudar a curar a un paciente arrodillado ante una colección de fetiches que incluye cráneos, estatuillas y plumas.

ido recuperando a partir de 1992, cuando la constitución del país lo protegió como práctica ancestral. Conocido como tengrianismo, ahora se lo considera la religión nacional de Mongolia y parte integral de la identidad del país.

La voz de la tierra

También desde la década de 1990 ha surgido en Occidente un neochamanismo de la mano del neopaganismo y la New Age. Motivados por su convicción de que el ser humano se enfrenta a una crisis ecológica que él mismo ha provocado, los seguidores de la New Age han encontrado en el neochamanismo y en sus vínculos con la naturaleza una respuesta a su creencia de que solo el regreso a una inocencia original puede impedir que el ser humano deprede la tierra. Los neochamanistas buscan también el autoconocimiento, y muchos de ellos siguen una vía ecléctica, trabajando con tótems o espíritus animales, emprendiendo viajes oníricos, practicando la proyección astral, meditando o entrando en trance. Los tradicionalistas critican este enfoque, sobre todo porque algunos neochamanes exigen un pago a cambio de sus servicios.

▲ **Tambor**
Este tambor de piel de ciervo está decorado con una imagen del Gran Espíritu venerado por los assiniboine de las Grandes Llanuras de América del Norte. La percusión forma parte de las ceremonias de los curanderos, la más importante de las cuales es la danza del sol en primavera.

Llullon Llaki Supai (2006), obra del pintor peruano Pablo Amaringo (1938–2009) inspirada por las amenazadas maravillas de la selva.

Visiones en la jungla

Pablo Amaringo se formó como curandero en la cuenca amazónica. Los curanderos utilizan plantas medicinales para tratar dolencias físicas, mentales y psicológicas, en ocasiones con la ayuda de oraciones y rituales católicos llegados a América Latina de la mano de los colonos españoles. Amaringo se especializó en el empleo de la ayahuasca, un preparado vegetal que se usa como medicina espiritual tradicional. En 1977 se jubiló para dedicarse a la pintura, y luego fundó una escuela de arte dedicada al registro y la conservación del modo de vida indígena y de la flora y la fauna de la selva.

Los intrincados cuadros de Amaringo plasman sus visiones bajo la influencia de la ayahuasca. Mientras pintaba, cantaba icaros, cánticos mágicos peruanos que inducen el trance durante la ceremonia de la ayahuasca. Creía que, así, infundía la magia de los icaros a sus obras y las capacitaba para transmitir su poder y su conocimiento al observador receptivo. El cuadro de la izquierda plasma las maravillas del reino vegetal, creador del alimento y el oxígeno que el ser humano necesita para vivir. Las anacondas en el agua advierten del peligro de destruir los ríos, los lagos y los bosques. Los enormes ojos de la Madre del Bosque miran desde la parte superior del cuadro, mientras que los bufeos (delfines rosados) de la izquierda están dispuestos como plantas para indicar la estrecha conexión entre todas las formas de vida.

«La mente y el corazón del curandero anhelan conservar la naturaleza.»

PABLO AMARINGO, REVISTA *SACRED HOOP* (2006)

MENTE, CUERPO, ESPÍRITU
prácticas New Age

El movimiento New Age surgió de la contracultura de la década de 1960, que rechazaba las creencias y religiones establecidas, y sus seguidores adoptaron un amplio abanico de prácticas alternativas, muchas de origen no occidental, en busca de iluminación y plenitud espiritual. Los primeros seguidores de la New Age creían en la inminencia de una nueva era de armonía, de ahí el nombre del movimiento. En el siglo XXI, se practica de forma casi exclusiva en Occidente y es cada vez más popular: se estima que, en 2015, contaba con 60 millones de seguidores. La magia tiene un papel tan o tan poco importante como estime cada seguidor.

Credo esencial

Aunque el movimiento New Age abarca tantas creencias como seguidores tiene, existen algunos principios básicos, como el rechazo del materialismo occidental. En sustitución, se adoptan elementos de religiones no cristianas, como la atención al crecimiento personal del hinduismo y la serenidad contemplativa del budismo. Se trata de un movimiento panteísta (ve la presencia divina en todas partes) que acepta que todas las religiones tienen sus propias verdades, que hay que seguir para ver a dónde llevan. También se solapa con el activismo medioambiental y feminista, y cree que, en la nueva era, el patriarcado actual será derrocado y dará paso a un nuevo Edén sin industrialización y sin capitalismo. El futuro será más sencillo: se regresará a un mundo más inocente.

El ser superior

Los seguidores de la New Age creen que todo el mundo puede (y debe) conectar con su ser superior a partir de tres premisas. La primera es que hay una relación divina que abarca a toda la humanidad y hace de todas las personas una sola, una idea derivada en gran medida de la teosofía (pp. 238–239); en el futuro habrá una sola sociedad y una sola religión que unirán a toda la humanidad en una sola entidad. La segunda es que la humanidad está unida a la naturaleza y debe vivir en armonía con ella. La tercera es que todo el mundo se ha de esforzar en materializar su propia bondad divina y puede determinar sus propios valores relativos, es decir, que no debería haber una moralidad impuesta externamente: cada uno ha de decidir por sí mismo qué es importante, correcto y cierto.

▼ Chisporroteo de energía
Cathedral Rock, en Arizona, es la capital New Age de EE UU. Se la considera el foco absoluto de la energía espiritual y de las frecuencias del universo.

FRITJOF CAPRA (n. 1939)

Misticismo y física

Las creencias New Age afirman no solo que existe una unidad espiritual esencial que une al mundo sino que, por extensión, esta unidad se ha de ver reflejada en la ciencia. El físico austríaco Fritjof Capra ha sido uno de los principales defensores de esta idea. En su libro *El Tao de la física* (1975) afirma que, al final, la metafísica (la naturaleza de la existencia) y la física convergerán y que, si ambas son ciertas, han de ser lo mismo. Aunque ha sido desacreditado por muchos científicos que afirman que está desfasado y es acientífico, el libro sigue ganando adeptos entre los lectores New Age. Más tarde, Capra se convirtió en un defensor del medio ambiente y se dedicó a construir y cuidar comunidades sostenibles que imitan los ecosistemas de la naturaleza.

◀ **La Era de Acuario**
La mayoría de los seguidores del movimiento New Age de la década de 1960 leyeron en las estrellas la promesa de un futuro mejor al que solían llamar Era de Acuario. Aquí, Acuario vierte el agua de la sabiduría y cultiva una era más espiritual y armoniosa.

▶ **Práctica de yoga**
El propósito de las asanas
(posturas) de yoga es tanto
mejorar la forma física y la
flexibilidad como promover
la claridad espiritual y la
iluminación. El yoga se
originó en la India antigua.

«Om shanti, shanti, shanti.»
[Om paz, paz, paz.]

MANTRA DE YOGA

► El yin y el yang
El símbolo chino del yin
y el yang, adoptado por
el movimiento New Age,
representa la existencia. Yin
y yang están en un equilibrio
perfecto y constante: el yin
(negro) es pasivo; el yang
(blanco) es activo.

Unidad

El movimiento New Age es holístico y cree que la mente, el cuerpo y el espíritu son una misma cosa; así, para sanar el cuerpo antes hay que sanar la mente. Hay incluso quien prefiere llamar al movimiento «espiritualidad», o «mente, cuerpo y espíritu». El yoga y la meditación son para sus seguidores medios de autoconocimiento, y en sus diversas formas –como el yoga iyengar, ashtanga o sivananda, y la meditación zen, trascendental o budista vipassana– son las vías más practicadas para lograr la liberación espiritual. Ambos promueven la autoestima y el pensamiento positivo. La ley de la atracción (por la que los pensamientos positivos, con frecuencia enunciados en voz alta, reemplazan a las ideas negativas sobre uno mismo) resulta útil a muchos.

Un legado de sabiduría

Muchos seguidores de la New Age sostienen que los canalizadores (seguidores capaces de comunicarse con ángeles y maestros) pueden actuar como médiums para contactar con los muertos, y transmitir su sabiduría a los vivos. Algunos canalizadores afirman haber establecido contacto con personas de civilizaciones antiguas, como la egipcia o las precolombinas. Como la canalización, se cree que también la proyección astral (durante la cual el cuerpo astral observa el yo y el mundo desde el plano astral) permite a sus seguidores entrar en contacto con el mundo espiritual. Se supone que el estado mental que hace posible esta experiencia extracorpórea se puede lograr a voluntad,

► Mandala
Los mandalas, que comparten el hinduismo y el budismo, son ilustraciones de deidades. Este mandala nepalí, abstracto como tantos otros, simboliza la plenitud, unidad y renovación del cosmos.

normalmente mediante la relajación profunda y solitaria.

Muchos seguidores de la New Age creen en la reencarnación, mediante la cual el pasado esclarece y dirige el presente. Algunos afirman que la humanidad se salvará gracias a fuerzas alienígenas. Menos controvertida es la práctica de la visualización para imaginar animales o criaturas divinas como una vía a la iluminación. Otros recurren a lecturas psíquicas mediante el *I Ching*, la astrología, bolas de cristal o el tarot (pp. 52–53, 158–161 y 214–219) para predecir el futuro.

Ninguna de estas prácticas o creencias carece de críticos, muchos de los cuales pertenecieron en el pasado al movimiento New Age. Hay quien sugiere que los seguidores están menos interesados en la visión espiritual que en lucrarse con modas pasajeras que, en el peor de los casos, pueden poner en peligro la vida de quienes compran productos para tratar enfermedades que necesitarían un tratamiento médico convencional. Otros objetan que plantea objetivos poco claros y que carece de una fe coherente. Pero para la mayoría, la fuerza del movimiento New Age reside precisamente en la miríada de creencias y promesas de un futuro purificado que propone.

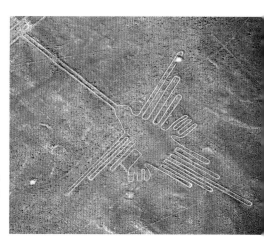

▲ Líneas de Nazca
La New Age valora los vínculos con las culturas antiguas, y algunos seguidores han intentado entrar en contacto con el pueblo nazca que trazó estas colosales líneas en las arenas de Perú.

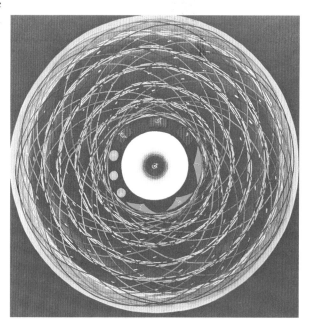

◄ **Estatua de Baphom**
Los satanistas adoptaror
como símbolo oficial a
Baphomet, deidad del
siglo XI que aquí aparece
en forma de macho cabr
En 2015, el Templo Satán
erigió esta enorme estatu
de Baphomet como desaf
a los cristianos.

EL CULTO AL YO
satanismo

▲ El rostro del satanismo
Anton LaVey, que disfrutaba del escándalo, adoptó una imagen satánica y llevaba a cabo rituales desnudo. En 1969 escribió *La Biblia satánica*, el texto básico del satanismo laveyano.

La realidad del satanismo es muy distinta a las imágenes de adoración al diablo y de sacrificios que evoca. El satanismo moderno promueve la libertad individual y anima a practicar lo que muchos consideran pecados (como la avaricia y la lujuria) y a anteponer los intereses propios, pero el respeto por los derechos de los demás es otro de sus pilares.

La Iglesia de Satán
El satanismo moderno surgió en San Francisco el 30 de abril de 1966, declarado *Anno Satanas*, el primer año de la era de Satán. Concebido por el ocultista estadounidense Anton LaVey, afirma que no hay dioses ni seres superiores; que el ser humano tiene una gran capacidad de mejora personal, pero que es un ser carnal; que no hay vida después de la muerte; y que el ser humano es un dios en sí mismo, capaz de determinar su propio destino y de ejercer el libre albedrío. Aunque LaVey usó el nombre de Satán para desconcertar al público y adoptó como símbolo a Baphomet, la siniestra deidad con cabeza de

chivo, los satanistas son ateos y no creen en el demonio: Satán es un concepto cristiano y, si no hay Dios, tampoco hay demonio. El espíritu laveyano aspira a la satisfacción de los sentidos, pero insiste en el autodescubrimiento y el crecimiento como medio principal de mejora personal.

Ritos y rituales
La magia satánica se centra más en procesos psicológicos que en fuerzas sobrenaturales. Hay dos formas principales: la magia mayor consiste en prácticas rituales que abren el espacio mental necesario para procesar sucesos emocionales o físicos, y la magia menor consiste en manipular una situación para lograr el resultado deseado utilizando los atributos físicos o la astucia propios.

Pese a que son importantes, los rituales satánicos no siguen reglas establecidas y se pueden practicar como cada uno desee, pues el objetivo es el imperio de la voluntad personal. Algunos satanistas utilizan objetos simbólicos como campanas, cálices y elixires, y pueden incluso usar (con su consentimiento) a una mujer desnuda como altar. Uno de los fundamentos del satanismo es que el «yo» es la principal fuente de poder en cualquier tipo de magia o ritual.

Variantes y rivales
El primer grupo que se escindió del satanismo laveyano constituyó en 1975 el Templo de Set, declarando su fe en Set, dios egipcio del fuego y el caos. Existen otras subsectas, como el Templo Satánico, escindido de la Iglesia de Satán en 2013; se autodefine como una forma evolucionada y actualizada del satanismo, y tiene un fuerte sesgo político (hacia la izquierda).

▲ El sello de Baphomet
El símbolo oficial de la Iglesia de Satán representa la cabeza de Baphomet inscrita en un pentagrama invertido y dentro de un círculo rodeado de caracteres hebreos que, leídos en sentido antihorario, forman la palabra «Leviatán».

◄ Altar satánico
Según *La Biblia satánica* de LaVey, el altar es clave en los rituales satánicos. En estos se pueden usar diversos objetos, pero el símbolo de Baphomet no suele faltar.

▼ **Los** *lakakare* **de Papúa Nueva Guinea** son cocos tallados en forma de cerdo o de criaturas marinas y rellenos de sustancias mágicas que ahuyentan a los malos espíritus. Este incluye una mandíbula de pez espada.

◄ **Las muñecas quitapenas** se llevan en Guatemala y México. Se cree que comparten las preocupaciones del propietario con la princesa maya Ixmucané, hija del dios sol, que según la leyenda le otorgó el don de resolver los problemas de la gente.

Bolsa de fibra para llevar el amuleto

▲ **La estrella de David** es un antiguo símbolo mágico judío que consiste en dos triángulos equiláteros entrelazados. Aún se utiliza como talismán, en forma de colgante.

▲ **La medalla de san Cristóbal** protege a los viajeros, pues, según la tradición, el santo llevó al Niño Jesús a hombros para ayudarlo a cruzar un río.

▲ **Los** *maneki neko*, o gatos de la suerte, son talismanes japoneses: alzan la pata para atraer la buena suerte a su propietario.

El coco está tallado con la forma de un rostro estilizado

▲ **Los** *bi* **chinos** simbolizan el cielo y suelen tener forma de disco. Se cree que atraen la riqueza, la longevidad y la buena suerte de fuerzas divinas.

▲ **Este fetiche de parto** nativo americano, con la forma de una tortuga hecha de cuentas, contiene un mechón de pelo de ambos progenitores y el cordón umbilical del bebé.

Talismanes modernos

Los talismanes otorgan poderes o buena suerte, y pueden ser objetos tan diversos como Excalibur, la legendaria espada del rey Arturo, o la mascota de un club deportivo. Originalmente, se personalizaban para el destinatario y se los imbuía de poderes mediante rituales mágicos, pero ahora muchos se producen en serie y la gente cree que su poder procede de lo que simbolizan.

El ojo que todo lo ve protege al portador

▲ **Las bolas de bruja** se inventaron en el siglo XIX, pero se cree que sus raíces son más antiguas. Se dice que su brillante superficie atrapa a las brujas.

▶ **La cruz celta** es una antigua combinación de un círculo y una cruz, y se cree que trae fuerza, sabiduría, protección e inspiración.

▲ **Las tablillas votivas budistas** y talismanes tallados en madera similares son muy populares en Tailandia. Para maximizar su poder, los monjes oran sobre los talismanes, con frecuencia durante días.

▲ **La mano de Fátima** (la hija de Mahoma) islámica protege a las mujeres del mal de ojo. Es común en Oriente Medio desde hace siglos y, más recientemente, ha sido adoptada también por el movimiento New Age.

La mano estilizada representa los cinco pilares del islam

▲ **Los amuletos personales** acompañaron a muchos soldados en las guerras mundiales para ayudarlos a evitar las heridas o la muerte.

▲ **Los *ody*** son talismanes llenos de pociones que protegen y traen buena suerte a los nativos de Madagascar.

Bailar con los muertos

El vudú (pp. 204–205), originario de Togo, Ghana, Nigeria y Benín, en África Occidental, es hoy día una de las religiones oficiales de Benín, donde carece de connotaciones negativas. Cada mes de enero, gentes de Benín, Togo y Nigeria llegan a la ciudad de Ouidah (Benín) para celebrar el festival de culto anual, que culmina con la comunión con los muertos mediante el trance.

El vudú tiene un panteón muy numeroso cuyos miembros son descendientes de Nanán Baruqué, creadora del universo y ser supremo. Sus hijos Mawu, diosa de la luna, y Lisa, dios del sol, gobiernan a múltiples deidades y espíritus. Los más importantes son Aido-Hwedo, la serpiente que sostiene el mundo y media entre el mundo de los espíritus y el de los vivos, y Legba, simultáneamente anciano y sabio y joven e impetuoso. Todos los clanes y tribus cuentan con su propia sacerdotisa, que dirige sacrificios animales para aplacar a estos espíritus. Los fetiches (estatuillas y cabezas de animales como monos, perros o cobras) curan enfermedades y penas.

En el sistema de creencias vudú, los espíritus son un enlace con los antepasados y los recién nacidos son la reencarnación de un antepasado. Se cree que los trances permiten la comunicación con el mundo de los espíritus y de los antepasados, que visitan la tierra y poseen y guían a los vivos. Este miembro de los yoruba (dcha.), un grupo étnico nigeriano, está en un trance inducido por los cánticos, los tambores y la danza y destinado a asumir el poder de espíritus ancestrales.

> «El vudú es una
> forma de vida en su
> país de origen, Benín.»

ANISHA SHAH, ESCRITORA (2017)

▲ **Un danzante** con el rostro oculto por un velo de conchas de cauri gira en un trance frenético en el festival vudú de Benín, de una semana de duración.

EL GUSTO POR EL ESPECTÁCULO
la magia como entretenimiento moderno

P. T. Selbit ejecutó por primera vez en Londres en 1921 lo que enseguida se convertiría en uno de los trucos preferidos de la magia escénica: serró a su ayudante por la mitad. Causó sensación y el mundo de la magia escénica enloqueció en la búsqueda de espectáculo. Cuatro décadas después, el dúo de magos alemanes Siegfried y Roy conquistó Las Vegas. Empleaban escenarios enormes, atuendos centelleantes y animales salvajes aparentemente domesticados. El público acudía a raudales a verlos y la magia se convirtió en un gran negocio.

Ilusiones en la pantalla

David Copperfield continuó esta tendencia de lo espectacular. En varias actuaciones retransmitidas a millones de espectadores, simuló volar sobre el Gran Cañón del Colorado, atravesó la Gran Muralla china, se cortó a sí mismo por la mitad con un láser e hizo desaparecer la Estatua de la Libertad. Con un dominio de la tecnología que le permitía hacer posible lo imposible, se convirtió en el mago más rico de todos los tiempos.

La televisión ofreció a Copperfield y los magos que lo siguieron un público numerosísimo. En Reino Unido, Paul Daniels y el excéntrico Tommy Cooper, que actuaba como si careciera de control sobre su

▲ **Logo del Magic Circle**
Se fundó en Londres en 1905. Su lema latino significa «no apto para revelar secretos», y todo miembro que lo haga se arriesga a la expulsión de la sociedad.

▲ **La magia hecha espectáculo**
Siegfried y Roy actuaron en la capital del ocio estadounidense, Las Vegas, durante casi 40 años. Dóciles leones y tigres albinos formaban parte de su espectáculo de magia.

magia, explotaron con brillantez la pequeña pantalla. En EE UU, Penn y Teller también combinaron la comedia con complejos espectáculos, y la magia en la pantalla sigue elevando su nivel desde entonces.

Resistencia y mentalismo

El estadounidense David Blaine fue el pionero de otro tipo de magia: las hazañas de resistencia increíbles. Sobrevivió en un congelador, al ahogamiento y a 44 días sin comida en una caja de plexiglás en la orilla del Támesis a su paso por Londres. En 2008 contuvo la respiración durante más de 17 minutos. También es el epítome del mentalismo y supuestamente ha demostrado poseer unos poderes mentales increíbles. En su caso, más que leer la mente combina una gran percepción psicológica con la destreza manual.

En Reino Unido, artistas como Derren Brown o Dynamo aprovecharon la afición del público por el mentalismo. En su serie de televisión *The Events*, Brown hizo un uso muy ingenioso del medio cuando incluyó un cortometraje que afirmaba que impediría que los espectadores se levantaran de la silla. Un mago de la era de internet, Dynamo, llevó la magia al mundo virtual y usó YouTube para promocionar su propia marca de mentalismo y de trucos con cartas, y enseguida ganó una audiencia global.

EN CONTEXTO

Escapistas

Desde Houdini (p. 259), el escapismo ha sido uno de los espectáculos de magia más famosos. En 1959, el británico Alan Alan dio un giro a las huidas de Houdini de las camisas de fuerza y se escapó mientras colgaba de una soga en llamas, hazaña repetida por la estadounidense Dorothy Dietrich (dcha.), que también fue la primera mujer que «atrapó una bala con la boca». Robert Gallup, otro estadounidense, fue lanzado de un avión metido en una jaula y con una camisa de fuerza, con el paracaídas sujeto en el exterior. Los riesgos son reales: en 1990, el estadounidense Amazing Joe murió tras ser enterrado en cemento.

◀ **Resistencia bajo el agua**

En un número de su gira por América del Norte en 2017, David Blaine retenía la respiración durante tanto tiempo como le era posible (la duración exacta variaba de una función a otra) suspendido boca abajo en un tanque lleno de agua. Las grandes pantallas de televisión del escenario ayudaban a los numerosos espectadores a sentirse más próximos a la acción.

▶ **Austin Osman Spare**
El artista y ocultista inglés
pintó este autorretrato
como mago en 1909.
Spare rechazaba la magia
convencional y exploró su
propio subconsciente como
vía hacia el autoconocimiento.

MAGIA SIN NORMAS
la magia del caos

Desarrollada en Reino Unido a finales de la década de 1970, la magia del caos pretende eliminar el ritual, el aprendizaje y el misticismo que rodean a la magia ceremonial. No hay normas, dogmas ni jerarquía, a los que sustituye el objetivo del crecimiento y la plenitud personales y de conectar con el universo. Esta magia se califica como «caótica» porque sus practicantes consideran que la existencia no es más que lo que cada individuo percibe que es; si tal percepción cambia, el mundo cambia con ella.

Liberar el subconsciente

Para que la magia del caos funcione, la persona debe aprender a liberar su subconsciente, que alberga un poder, un conocimiento y una comprensión inmensos. La idea fue una propuesta del pintor y ocultista inglés Austin Osman Spare, cuya obra de 1913 *El libro del placer* se convirtió en su texto básico. Allí hablaba del estado de *gnosis*, que consistía en dejar la mente consciente en el limbo para acceder a la mente subconsciente. Spare sugería y usaba varias técnicas para alcanzar ese estado semejante al trance:

desde métodos pasivos y suaves como el yoga o la meditación centrada en un punto hasta actividades placenteras como el canto, el baile y el éxtasis sexual (el preferido), cuando la mente activa es superada por el placer.

Los sigilos, símbolos de poder mágico

Spare promovía el uso de sigilos (la reducción de las palabras y las letras de una frase significativa a un monograma o glifo), que se creía que tenían poderes mágicos. Así como otros magos los usaban para invocar a espíritus externos, Spare y otros magos del caos los transmitían internamente al subconsciente cuando alcanzaban el estado de *gnosis*.

La capacidad de abandonar una creencia o práctica una vez se ha alcanzado el objetivo deseado es vital en la magia del caos. Por lo tanto, Spare aconsejaba abandonar el sigilo en cuanto este hubiera cumplido su función, un acto de voluntad que exigía una disciplina excepcional. En su mundo, un método solo podía ser útil en el momento presente; si se convertía en un hábito, ya no era magia del caos.

▲ **Símbolo del caos**
Este símbolo fue diseñado en 1961 por el escritor de ciencia ficción Michael Moorcock. En sus propias palabras, «representa todas las posibilidades», ya que sus ocho flechas apuntan en todas las direcciones.

«Cuanto más caótico soy, más completo estoy.»

AUSTIN OSMAN SPARE, *EL LIBRO DEL PLACER* (1913)

EN CONTEXTO

El espíritu del caos

En la década de 1970 y junto al también ocultista inglés Ray Sherwin, Peter Carroll fue la fuerza impulsora de la magia del caos, influida por Austin Osman Spare. Carroll cofundó los Iluminados de Thanateros, una organización internacional de magia práctica y la asociación de magia del caos más influyente. Sus muchas ideas mágicas y cuasicientíficas incluyen una teoría tridimensional del tiempo, así como la posibilidad de construir naves espaciales capaces de surcar el universo.

Liber Null and Psychonaut (1987), de Peter Carroll, reúne varios manuales de la teoría y la práctica de la magia del caos.

DE ARPÍAS A HEROÍNAS
las brujas en el cine y la televisión

La representación de las brujas en la cultura popular ha evolucionado desde inicios del siglo XX. Desde las primeras encarnaciones como ancianas llenas de verrugas, su imagen se ha modernizado para representar el empoderamiento femenino, a veces para el bien o para la mera diversión inocente y otras con fines aterradores, perturbadores o malvados.

Las brujas cambian de cara

La brujería a través de los tiempos (1922) ofreció la primera representación cinematográfica de una bruja con una macabra evocación de las brujas medievales, y *Blancanieves y los siete enanitos* (1937) de Disney presentó una versión animada. Así comenzó la tendencia de presentar a las brujas como malvadas perseguidoras de la inocencia que persistió en filmes de animación posteriores como *La bella durmiente* o *La sirenita*. Sin embargo, en *El mago de Oz* (1939), la clásica bruja malvada de rostro verde cuenta con el contrapunto de Glinda, que plantea que las brujas poderosas también pueden ser buenas.

La segunda mitad del siglo XX inauguró un nuevo tipo de bruja: una mujer aparentemente ordinaria con poderes extraordinarios. La serie *Embrujada* (1964) presentaba a una ama de casa que le complicaba la vida a su marido con su magia. Y *La bruja novata* (1971) estaba protagonizada por una aprendiz de bruja que impedía una invasión nazi. Pese al tono ligero, estas brujas eran mujeres poderosas que se enfrentaban al patriarcado, uno de los principios de la brujería moderna.

El mensaje del empoderamiento femenino continuó durante las décadas de 1980 y 1990: en *Las brujas de Eastwick*, tres brujas acaban con un opresor masculino, y *Prácticamente magia* y *Embrujadas* celebran la sororidad. Las brujas adolescentes protagonizaron el final de la década de 1990: *Sabrina, cosas de brujas* y *Buffy, cazavampiros* llevaron el mensaje feminista a un público más joven y –algo revolucionario– mostraron una relación lésbica en la pantalla.

El lado oscuro

Desde fines de la década de 1990, el papel de la bruja ha vuelto a tomar un cariz más oscuro. En *Jóvenes y brujas*, cuatro adolescentes marginadas son brujas decididas a vengarse, y en *The Blair Witch Project*, que aterrorizó al público al presentarse como una historia real filmada con mano temblorosa, una bruja malvada a la que no se ve nunca acecha en el bosque. Más recientemente, *La bruja* (2015), ambientada en la Nueva Inglaterra del siglo XVII, presentó un paisaje igualmente amenazador que albergaba a una bruja poderosa y ambigua.

La serie *Las escalofriantes aventuras de Sabrina* remeda a su antecesora de la década de 1990, con una perspectiva macabra, mientras que *American Horror Story* presenta a las brujas como figuras poderosas, con una sexualidad oscura y despiadadas, pero no siempre malvadas. La bruja sigue representando muchos papeles en la pantalla: moraleja, símbolo de resistencia, fantasía feminista, fuerza maligna y, sobre todo, heroína de los tiempos modernos.

▲ **Moderna y macabra**
Las escalofriantes aventuras de Sabrina combina terror, brujería y ocultismo y sigue la moda cinematográfica actual de representar a las brujas como potentes figuras femeninas.

◀ **La bruja mala**
El mago de Oz (1939) presentó una imagen icónica de las brujas en el cine. El referente visual de la Bruja Mala del Oeste persistió durante décadas en la cultura popular.

«¿A quién se le habría ocurrido pensar que una niña buena como tú podría destruir a mi maravillosa maldad?»

LA BRUJA MALA DEL OESTE, EN *EL MAGO DE OZ* (1939)

LA ENERGÍA DE LOS DEMÁS
la brujería en la era de internet

El auge de internet ha tenido un papel importante en la expansión de la brujería en el siglo XXI. La cantidad de sitios web, blogs y espacios de redes sociales dedicados a la brujería se ha disparado, lo que ha facilitado que los practicantes se reúnan en aquelarres virtuales y el movimiento crezca. Como medio de promover el empoderamiento personal (uno de los objetivos clave de la brujería moderna), el mundo *online* ha resultado todo un éxito.

Energías transformadoras

El uso de internet ha intensificado las diferencias entre los «tecnopaganos» y los wiccanos (pp. 264–267), más mayores y tradicionales. La motivación de esta nueva generación no siempre se basa en la fe, y los dioses y diosas figuran en función de las

◀ **Pasado y futuro**
Redes sociales y tradición: una bruja rumana con vestido tradicional se hace un *selfie* antes de iniciar un ritual en directo en Facebook, en abril de 2019.

preferencias individuales. La brujería moderna suele dar prioridad a la activación de los poderes de liberación y curación y a la búsqueda del modo de conectar estas energías transformativas con el mundo natural.

Otra consecuencia de la sociedad de la información es que ha llevado a que la brujería adopte el activismo político como un objetivo legítimo. La magia y el activismo se han unido a través de una red de comunidades virtuales que insisten en la importancia de la brujería como medio de crear un mundo más justo y equitativo.

Gracias a internet, en el siglo XXI la brujería ha ampliado su alcance, así como sus perspectivas comerciales. La venta *online* de artículos como cristales, pociones y recetas, cartas de tarot y tableros ouija ha convertido a la brujería en una moda, un estilo de vida. En Rumanía, las *vrajitoare* (brujas) ofrecen consultas *online* previo pago, y sus servicios incluyen desde la adivinación del futuro a los hechizos de amor.

EN LA PRÁCTICA

Hechizos con emojis

No toda la brujería del siglo XXI se toma a sí misma en serio, como sugiere la proliferación de hechizos con emojis. El móvil es una varita mágica con la que conjurar y enviar hechizos no verbales, ya sea a uno mismo o a los demás. Los hechiceros por emoji recurren a las tradiciones populares y, por ejemplo, dibujan un círculo mágico protector y respiran profundamente para inducir un estado de serenidad; luego pueden pedir casi cualquier deseo, desde un café de mejor calidad hasta colas más cortas en el aeropuerto.

Bolas de cristal flanquean signos de bricolaje y de dinero en un hechizo de prosperidad.

«Veo a los paganos, y especialmente a las brujas, evolucionar en lo que yo llamo el Pueblo de la Red.»

M. MACHA NIGHTMARE, SACERDOTISA Y BRUJA (2009)

Guerreras sociales

Políticamente, muchas brujas modernas defienden el feminismo y desafían a la sociedad dominada por los hombres. Aunque el feminismo no es un requisito para la práctica de la brujería, los dos movimientos comparten valores. En palabras de Dakota Hendrix, una bruja que se identifica como transgénero no binaria, «desafiamos al patriarcado [y a] la norma sumisa». La brujería moderna promueve la solidaridad y constituye una red de apoyo para los sectores de la sociedad más excluidos, como los miembros de la comunidad LGTB+ y las personas de color. Se extiende más allá del mundo occidental y es importante en países africanos y en América Latina, donde la brujería moderna encaja bien con la brujería tradicional y con las prácticas religiosas ocultas. Asimismo, hay una «resistencia mágica» que combate las fuerzas políticas a las que se considera reaccionarias y represivas. Por ejemplo, la cantante estadounidense Lana Del Rey intentó en 2017 «un hechizo para amarrar a Donald Trump y a todos sus cómplices».

▲ **Brujas activistas**

Un grupo de brujas modernas en el Free Speech Rally de Boston, en agosto de 2017, alza su voz contra los objetivos supuestamente de derechas de los organizadores del mitin.

GLOSARIO
E
ÍNDICE

GLOSARIO

Adivinación Habilidad o práctica de descubrir o decir lo que sucederá en el futuro.

Almanaque Calendario anual que incluye fechas relevantes e información estadística y astronómica. En los siglos XVI y XVII, los almanaques listaban fechas de celebraciones religiosas, festivos y días de mercado, y precisaban las horas de la salida y puesta del sol; más tarde, incluyeron predicciones astrológicas sobre clima, cultivos y política.

Alquimia Precursora medieval de la química, centrada en la transmutación de la materia; en particular, en el intento de convertir metales básicos en oro o en encontrar una poción que proporcionara la inmortalidad.

Alucinógeno Sustancia psicoactiva que provoca alucinaciones y otras alteraciones subjetivas en la visión, el pensamiento, los sentimientos y la conciencia.

Amuleto Objeto, encontrado o creado, como una pata de conejo, al que se atribuyen poderes mágicos y que se lleva sobre el cuerpo. *Véase también* talismán.

Animismo Creencia de que todo en la naturaleza –como plantas, animales, rocas, el agua o el trueno– posee un espíritu y puede influir en los acontecimientos humanos.

Apotropaica, magia Magia que puede alejar las influencias malignas o la mala suerte.

Árbol de la Vida En la Cábala cristiana y hermética, diagrama compuesto por diez nodos o esferas que representan aspectos de Dios, la divinidad, la existencia o la psique humana. Los nodos están unidos por líneas. En la Cábala judía original, el árbol se llama *ilan* y los nodos, que representan aspectos de la divinidad, *sefirot*.

Aruspicina Interpretación de augurios inspeccionando las vísceras de animales sacrificados, sobre todo cerdos, ovejas y gallinas. Era una práctica adivinatoria propia del pueblo etrusco, aunque no exclusiva de ellos, y que legaron a los romanos. En Roma, el oficial religioso encargado de esta misión era el *haruspex*.

Astral, magia Tipo de magia que implica las estrellas y los planetas, y sus espíritus.

Astral, proyección Pretensión de una persona de desprender su alma o conciencia (su cuerpo astral) de su cuerpo físico para viajar a través del plano astral (entre los planos divino y humano).

Astrología Estudio e interpretación de los movimientos de estrellas y planetas en la creencia de que pueden influir en las vidas humanas y en los sucesos sobre la tierra.

Auguración o augurio Lectura de los presagios que se creían presentes en fenómenos naturales como los patrones meteorológicos, el vuelo de las aves o las entrañas de animales sacrificados.

Brujo/a Persona a la que se atribuyen poderes mágicos que usa para dañar o ayudar a otros, o para cambiar el estado o la forma de las cosas. En ciertas culturas es un sinónimo de hechicero en sentido amplio; en la cultura cristiana occidental ha sido frecuente su identificación con la persona, generalmente mujer, que obtiene poderes mágicos de su trato con el diablo.

Cábala Antigua práctica judía de interpretación mística del Tanaj (Biblia hebrea), primero por la palabra y luego mediante códigos secretos. Algunas de sus prácticas fueron tomadas por los cabalistas cristianos y herméticos durante el Renacimiento.

Cayado, báculo o vara Bastón asociado en diversas mitologías y tradiciones al uso de la magia y a los poderes adivinatorios. Como símbolo de poder o instrumento de canalización mágica se asocia con la varita mágica.

Ceremonial, magia Alta magia o magia aprendida, caracterizada por el uso de ritos, ceremonias e instrumentos o vestimentas especializados.

Chamanismo Conjunto de las prácticas espirituales de los pueblos de las estepas de Asia central y Siberia que se remontan unos 40 000 años atrás. De modo más genérico (y según algunos de manera errónea) designa las tradiciones espirituales y mágicas tribales de otros lugares, relacionadas con los espíritus y con la sanación. Se supone que un chamán tiene poderes especiales dentro de su comunidad para comunicarse con los espíritus (buenos o malos) e influir en ellos, y obtener visiones de acontecimientos pasados y futuros.

Charlatán Persona que, profesional o públicamente, afirma poseer habilidades, conocimientos o cualificaciones que no posee. En el ámbito médico se suele usar el término «matasanos».

Cleromancia Antigua práctica adivinatoria china consistente en lanzar palitos de milenrama para formar líneas completas o quebradas. La acción se repetía seis veces para crear seis líneas e interpretar el hexagrama resultante en relación con una pregunta concreta. Es la base del texto adivinatorio *I Ching*.

Conjuro Palabra o fórmula a la que se atribuye un poder mágico. En relación con los espíritus, se identifica con la invocación.

Cristalomancia Práctica de mirar el interior de un cristal para obtener visiones dentro de él, a menudo con fines de adivinación.

Cuerpo celeste Objeto que se desplaza por el cielo, como los planetas y las estrellas, el sol y la luna. Históricamente, tales objetos se han asociado con ángeles o espíritus determinados.

Curandero o sanador Persona que realiza prácticas curativas empíricas o rituales, magia y adivinación basadas en la tradición local. En el contexto de la Europa cristiana, sus servicios podían incluir la partería, la protección mágica y el celestineo.

Deidad Un dios o diosa (en religiones politeístas como el hinduismo); el creador y ser supremo (en religiones monoteístas como el cristianismo).

Demoníaca, magia Término surgido en la Edad Media para definir la magia cuyos efectos se creían logrados mediante el poder de demonios y que se consideraba, por tanto, intrínsecamente impía.

Demonio Espíritu maligno capaz de acceder a poderes ocultos; su estudio se denomina demonología. En el judaísmo, el cristianismo y el islamismo, el demonio más poderoso es el Diablo.

Ectoplasma Sustancia que se creía que rodeaba a los fantasmas y otras criaturas vinculadas con actividades espirituales.

Empática, magia *Véase* simpática, magia.

Encantamiento o hechizo Palabras que se creían dotadas de un efecto mágico al ser proferidas o cantadas.

Enoquiana, magia Tipo de magia ceremonial desarrollada por John Dee y Edward Kelley que aspiraba a invocar y controlar diversos espíritus.

Equinoccio Cualquiera de los dos momentos del año (en primavera u otoño) en que el sol está directamente sobre el ecuador, y el día y la noche tienen la misma duración. Los equinoccios son celebrados por los neopaganos en dos de sus sabbats. *Véase también* solsticio.

Escénica, magia Trucos de ilusionismo o proezas aparentemente imposibles, por ejemplo de resistencia, realizados con fines de entretenimiento.

Esoterismo Tradición occidental de conocimiento místico poseído solo por unos pocos privilegiados y asociada con lo oculto. Hermetismo, gnosticismo, rosacrucismo y Cábala son ejemplos de esoterismo.

Espiritismo Creencia establecida por Allan Kardec, surgida del espiritualismo y a menudo identificada con él, de que los espíritus de las personas sobreviven después de la muerte y puede contactarse con ellos a través de médiums. Los espiritistas también creen en la reencarnación.

Espiritista, sesión Reunión durante la cual un médium canaliza espíritus, actuando como intermediario entre dichos espíritus y las personas presentes.

Espiritualismo Creencia filosófico-religiosa de que toda la realidad es espiritual, surgida en el siglo XIX como oposición al materialismo. De ella surgió la idea de que los muertos pueden comunicarse con los vivos, de forma típica a través de un médium. *Véase también* espiritista, sesión; médium.

Exorcismo Procedimiento por el que se obliga a un espíritu maligno a abandonar a una persona o un lugar mediante oraciones o magia.

Familiar, espíritu Espíritu, normalmente bajo la forma de un gato, pájaro u otro pequeño animal doméstico, que es el compañero más cercano de una bruja y le otorga sus poderes mágicos.

Fetiche Objeto adorado debido a que se cree que alberga un espíritu o poderes mágicos especiales.

Filtro Poción mágica que, al ser bebida, hace que una persona se enamore de otra.

Geomancia Método de adivinación que implica la interpretación de señales en el terreno o de patrones formados por la tirada de puñados de tierra, rocas o arena.

Gnosticismo Movimiento religioso surgido en el siglo II cuyos seguidores creían que el conocimiento y una vida pura podían liberar al ser humano del mundo material, el cual habría sido creado por un dios menor conocido como demiurgo.

Goecia Tipo de magia ceremonial que implica la invocación de demonios.

Grimorio Término usado a partir del siglo XVIII para referirse a los manuales de

magia, generalmente de la época medieval. Entre los wiccanos, el término alude a los libros usados por los practicantes para anotar sus conjuros y rituales.

Hechicería Tipo de magia en la que se invocan espíritus, especialmente malignos, para hacer que sucedan cosas; relacionada en particular con los maleficios.

Hepatomancia Tipo de aruspicina especializada en la lectura del hígado de animales.

Herejía En el contexto cristiano, creencia que contradice la doctrina de la Iglesia.

Hermetismo Tradición religiosa, filosófica y esotérica basada principalmente en los escritos atribuidos a Hermes Trismegisto.

Horóscopo Mapa de los cielos en un momento y lugar determinados que indica las posiciones y relaciones planetarias. Se utiliza para hacer predicciones sobre la personalidad, el destino, sucesos, fenómenos naturales o el mejor momento para hacer algo. También llamado carta astral.

Hudú Magia simpática y tradicional surgida en parte en África Central y en parte en el sur de EE UU, practicada actualmente por los afroamericanos del sur de este país.

Humores (cuatro) Teoría de la antigua Grecia promovida por Hipócrates que se convirtió en la piedra angular de la medicina durante dos milenios, según la cual el cuerpo estaría compuesto por cuatro humores (componentes): sangre, flema, bilis amarilla y bilis negra; las enfermedades se debían a desequilibrios en los niveles de los humores y se podían curar restaurando ese equilibrio.

Inframundo El mundo de los muertos y los espíritus, imaginado bajo tierra; se usa, según los casos, como sinónimo de «más allá» o de «infierno».

Iniciado Persona que ha superado un rito de paso (iniciación) para acceder a un grupo u organización, como un aquelarre de brujas o una logia masónica.

Invocación *Véase* conjuro.

Lecanomancia Método de predicción basado en la observación de los patrones formados al verter gotas de aceite en un cuenco con agua, o de las ondas al dejar caer una piedra en el agua.

Macrocosmos El todo de una estructura grande y compleja, en especial el mundo o el universo, en contraste con una parte pequeña o representativa del mismo (microcosmos), como la humanidad o la persona individual.

Mal de ojo (aojo) Maldición que se cree lanzada por una mirada malévola, normalmente sobre una persona desprevenida.

Maldición Declaración solemne que pretende invocar un poder sobrenatural para infligir daño o castigar a alguien.

Maldición, tablilla de Tablilla con una maldición escrita en ella, propia del mundo grecorromano. Tales tablillas se usaban para pedir a un dios, un espíritu o un difunto que realizara una acción sobre una persona u objeto, o que coaccionara de algún modo al sujeto de la maldición.

Mandrágora Planta mediterránea de la familia de las solanáceas con una raíz carnosa bifurcada que puede semejar la forma humana y que en el pasado fue usada en medicina herbal y magia. Se suponía que gritaba al ser arrancada del suelo.

Mántica Conjunto de artes (prácticas) relacionadas con la adivinación del porvenir. De ahí el sufijo «-mancia» del nombre de esas prácticas.

Más allá Vida que se cree empieza después de la muerte, por ejemplo, la vida en el cielo, o en la tierra como otra persona o animal.

Medicina tradicional Arte médica empírica, practicada normalmente en comunidades rurales, consistente por lo general en el uso de remedios herbales, frutas y verduras que se creía poseían un poder curativo. Los sanadores tradicionales no tienen cualificación oficial como médicos o sacerdotes. *Véase también* curandero.

Médium Persona que afirma actuar como intermediaria entre los vivos y los espíritus de los muertos.

Microcosmos Entidad que posee los rasgos de un homólogo mayor (macrocosmos). En el hermetismo hace referencia a la humanidad vista como representación en miniatura del universo.

Mistéricos, cultos Religiones no oficiales surgidas en la antigua Roma. Formadas en torno al secretismo y los rituales, la admisión en las mismas era selectiva.

Misticismo Creencia de que la vida tiene un significado oculto o de que cada persona puede unirse con una deidad o verdad absoluta mediante la contemplación para alcanzar un conocimiento espiritual más allá de la capacidad del intelecto humano. El término también se usa en un sentido más general para definir la creencia en la religión, la espiritualidad o el ocultismo.

Monigote En magia popular y en brujería, muñeco hecho para representar a una persona con el fin de lanzar conjuros sobre ella o de ayudarla a través de la magia.

Natural, magia Concepción medieval de la magia cuyos efectos se creían obtenidos mediante los poderes ocultos de la naturaleza.

Necromancia o nigromancia Magia de los muertos. La palabra procede del griego «*nekros*» (cuerpo muerto) y «*manteia*» (adivinación), y aludía originalmente a un medio para adquirir conocimiento de los muertos. A finales de la Edad Media pasó a designar la invocación ritual de demonios para obtener visiones del futuro o realizar alguna otra tarea que exigiera su ayuda.

Neochamanismo Formas «nuevas» de chamanismo que buscan visiones o medios de curación. Abarca una variedad ecléctica de creencias y prácticas que implican intentos de alcanzar estados alterados de conciencia a través de rituales inductores del trance, y de comunicarse con un mundo de los espíritus. *Véase también* chamanismo.

Neopaganismo Término colectivo que abarca diversos intentos modernos de revivir lo que sus fieles suponen antiguas prácticas religiosas paganas.

Neoplatonismo Escuela filosófica grecorromana basada en algunos de los principios del platonismo griego. Sus seguidores creían que todo lo existente procede de una única fuente, que consideraban divina, y que el alma humana busca la unión con esa fuente.

New Age (Nueva Era) Variedad de creencias y prácticas espirituales que plantean una alternativa al capitalismo y aspiran a un futuro más armonioso vivido en cercanía con la naturaleza. Surgió en la década de 1970 en el ámbito occidental y hoy tiene gran diversidad de adeptos en todo el mundo.

Nigromancia *Véase* necromancia.

Numerología Magia que usa los números para conocer sucesos pasados y predecir el futuro, en la creencia de que están poderosamente conectados con el universo.

Ocultismo Prácticas relacionadas con fenómenos o poderes mágicos, místicos o sobrenaturales secretos. Es sinónimo de «ciencias ocultas».

Oniromancia Interpretación de los sueños.

Oráculo En la antigua Grecia, vidente del que se creía que respondía preguntas asistido por el consejo de un dios, con frecuencia de forma críptica.

Ornitomancia Forma de adivinación de la antigua Grecia a través de la observación del vuelo de las aves.

Panteísmo Creencia en muchos o en todos los dioses, o en que Dios está en todos los seres y objetos del universo y es uno con ellos.

Pentáculo (pentagrama) Estrella de cinco puntas usada como talismán en invocaciones mágicas. El término también designa esa misma estrella inscrita en un círculo.

Politeísmo Creencia en muchos dioses.

Popular, magia Prácticas mágicas de la gente corriente por oposición a la magia ceremonial realizada por la élite erudita. Es generalmente de carácter práctico y se orienta a resolver los problemas de la comunidad, como sanar enfermos, atraer el amor o la suerte, eludir a las fuerzas malignas, encontrar objetos perdidos, favorecer las buenas cosechas y la fertilidad o leer augurios para predecir el futuro.

Presagio o augurio Señal que indica, previene o anuncia un suceso. *Véase también* auguración.

Quiromancia Forma antigua de adivinación que supuestamente interpreta el carácter o la vida de una persona estudiando las líneas y los montes de la palma de su mano. También llamada «lectura de manos».

Ritual Conjunto establecido de acciones, y a veces también de frases, realizadas como parte de una ceremonia.

Rosacrucismo Hermandad secreta surgida en el siglo XVII que afirmaba haber descubierto una sabiduría y unos principios religiosos esotéricos antiguos.

Runa Cualquiera de las letras de un alfabeto antiguo labrado en piedra o madera por los pueblos del norte de Europa, o cualquier marca similar con significado mágico o secreto.

Sabbat Cada uno de los ocho festivales anuales observados por muchos neopaganos. También hace referencia al aquelarre (reunión) de las brujas.

Salomónica, magia Magia ritual que usaba elementos vinculados al rey bíblico Salomón –en particular el Sello de Salomón– y destinada a obtener el control sobre los demonios mediante la invocación de ángeles o santos.

Sanador *Véase* curandero.

Sello de Salomón Símbolo del que se dice que fue entregado al rey bíblico Salomón por Dios en la forma de un sello, y que le habría permitido dominar y expulsar demonios.

Sigilo Símbolo empleado en magia, usualmente el sello de un ángel o entidad espiritual. En su uso moderno, en especial en el contexto de la magia del caos, hace referencia a una representación simbólica del resultado deseado por el mago.

Simpática o empática, magia Magia basada en la imitación; así, por ejemplo, se puede lanzar conjuros sobre una muñeca parecida a una persona concreta con el fin de ayudarla o perjudicarla. En sanación tradicional, forma de magia en la que el sanador busca en la naturaleza algo similar a la afección e intenta expulsar la enfermedad con ese remedio; por ejemplo, una poción amarilla para curar la ictericia.

Sincretismo Combinación de distintas religiones, culturas o ideas; por ejemplo, Halloween, festividad con raíces paganas y cristianas a la vez.

Solsticio Cualquiera de los dos momentos del año (en verano o invierno) en que el sol está directamente sobre uno de los trópicos y más alejado del ecuador, y en que se da la mayor diferencia de duración entre el día y la noche. Los solsticios son celebrados por los neopaganos en dos de sus sabbats. *Véase también* equinoccio.

Talismán Objeto fabricado al que se han transferido poderes mágicos mediante un ritual. *Véase también* amuleto.

Tarot Sistema de adivinación que usa una baraja de 78 naipes, compuesta por 22 arcanos mayores –cada uno con un significado especial– y 56 arcanos menores, repartidos en cuatro palos: varas (bastos), pentáculos (oros), espadas y copas.

Teosofía Conjunto de doctrinas basadas en la idea de que el conocimiento de Dios se puede conseguir a través del éxtasis espiritual, la intuición directa y el estudio profundo de lo oculto, vinculadas sobre todo a la Sociedad Teosófica fundada en 1875 por Helena Blavatsky y Henry Steel Olcott.

Teúrgia Sistema de rituales destinados a recabar la ayuda de un dios o de espíritus benignos, en particular ángeles, con el fin de que obren magia o milagros.

Tótem Objeto reverenciado por un grupo de personas o pueblo, especialmente por motivos religiosos y simbólicos.

Transferencia En medicina tradicional, la idea –vinculada a la magia simpática– de que una persona es capaz de librarse por sí misma de una enfermedad transmitiéndosela a otra, o a un animal o planta. También hace referencia a la fuerza vital, energía o conocimiento del futuro que, supuestamente, se transmiten desde el mundo de los espíritus a un médium, con frecuencia por medio de instrumentos de adivinación como el tarot.

Unión de manos *(handfasting)* Costumbre del folclore rural de Europa occidental y del neopaganismo en la que una pareja realiza una ceremonia de entrega mutua, similar al matrimonio.

Varita mágica Vara o ramita usada para lanzar hechizos o realizar trucos de ilusionismo. *Véase también* cayado.

Vidente Persona que afirma ser capaz de predecir lo que sucederá en el futuro. También llamada «clarividente».

Vudú Religión caracterizada por la adoración de los antepasados y la posesión por espíritus. Surgió en África occidental, donde aún prospera, y también se practica en el Caribe y el sur de EE UU bajo una forma que combina elementos del ritual católico y de los ritos mágicos y religiosos tradicionales africanos.

Wicca Rama principal del neopaganismo, es una tradición de brujería basada en la naturaleza, surgida en Reino Unido a mediados del siglo XX con influencias de religiones precristianas. Sus seguidores creen en el poder de la magia, y sus rituales y festivales marcan los ciclos estacionales y vitales.

Zoroastrismo Religión monoteísta preislámica de la antigua Persia fundada por Zoroastro (Zaratustra) en el siglo VI a. C. Es dualista, caracterizada por la lucha entre las fuerzas del bien y el mal.

ÍNDICE

AGRADECIMIENTOS

DK desea dar las gracias a las siguientes personas: Anna Cheifetz, Aya Khalily y Joanna Micklem por su ayuda editorial; Phil Gamble, Stephen Bere y Sampda Mago por su ayuda en el diseño; Steve Crozier por la ilustración en alta resolución; Helen Peters por la indexación; Rakesh Kumar por el diseño de maqueta; Priyanka Sharma y Saloni Singh por la edición de la cubierta; Surya Sankash Sarangi y Nimesh Agrawal por la iconografía; y Mexiclore (www.aztecs.org) por el canto ritual azteca que aparece en la p. 133.

El editor agradece a las siguientes personas e instituciones el permiso para usar sus fotografías:

Clave: a-arriba; b-abajo; c-centro; e-extremo; i-izquierda; d-derecha; s-superior

1 © The Trustees of the British Museum. All rights reserved: (c). **2-3 Wellcome Collection. 4 Mary Evans Picture Library:** Antiquarian Images (d). **5 Alamy Stock Photo:** The History Collection (cda); Sonia Halliday Photo Library (cia). **6 Alamy Stock Photo:** The Granger Collection (cia). **Bridgeman Images:** Archives Charmet (cda). **7 Alamy Stock Photo:** Marc Zakian (cia). **8 Bridgeman Images:** Christie's Images. **10-11 Dover Publications, Inc. New York:** *Devils, Demons, and Witchcraft*, de Ernst y Johanna Lehner, ISBN 978-0-486-22751-1. **12 akg-images:** Erich Lessing (bi). **Alamy Stock Photo:** World History Archive (bd). **Getty Images:** DEA / G. DAGLI ORTI / De Agostini (bc). **13 Alamy Stock Photo:** Doug Steley C (bc); Prisma Archivo (bd). **Getty Images:** Werner Forman / Universal Images Group (bi). **14 Alamy Stock Photo:** Ancient Art and Architecture (cb); Andia (cia). **15 Alamy Stock Photo:** Glasshouse Images. **16 Alamy Stock Photo:** INTERFOTO. **17 Alamy Stock Photo:** agefotostock (bc); Glasshouse Images (sd). **18-19 Alamy Stock Photo:** www.BibleLandPictures.com (s). **18 © The Trustees of the British Museum. All rights reserved:** (bc). **19 Alamy Stock Photo:** www.BibleLandPictures.com (bd). **20 akg-images:** Erich Lessing (bd). **Alamy Stock Photo:** Dmitriy Moroz (i). **21 akg-images:** Erich Lessing. **22 The Metropolitan Museum of Art:** Donación de G. Macculloch Miller (1943) (ca); Theodore M. Davis Collection, donación de Theodore M. Davis (1915) (bi). **22-23 Getty Images:** DEA / C. Sappa (s). **24 Alamy Stock Photo:** Heritage Image Partnership Ltd (ci). **24-25 © The Trustees of the British Museum. All rights reserved. 25 Alamy Stock Photo:** Art Directors & TRIP (bi). **26-27 © The Trustees of the British Museum. All rights reserved. 28 Alamy Stock Photo:** Chronicle (bd). **Bridgeman Images:** Bibliotheque Sainte-Genevieve (París, Francia) / Archives Charmet (cia). **29 Getty Images:** DeAgostini. **30 Bridgeman Images:** G. Dagli Orti / De Agostini Picture Library. **31 Alamy Stock Photo:** Chronicle (bi). **Getty Images:** Dea Picture Library (cda). **32 © The Trustees of the British Museum. All rights reserved:** (b). **Getty Images:** DEA / G. DAGLI ORTI / De Agostini (si). **33 © The Trustees of the British Museum. All rights reserved. 34 akg-images:** jh-Lightbox_Ltd. / John Hios (bi). **34-35 Bridgeman Images:** Christie's Images. **36 Getty Images:** De Agostini. **37 Alamy Stock Photo:** The Print Collector (sd). **Getty Images:** Ann Ronan Pictures / Print Collector (bd). **38-39 Alamy Stock Photo:** World History Archive. **40 Bridgeman Images:** (ca). **Getty Images:** Fine Art Images / Heritage Images (bi). **41 Alamy Stock Photo:** Sonia Halliday Photo Library (s). **42 Getty Images:** Werner Forman / Universal Images Group. **43 Alamy Stock Photo:** The Picture Art Collection (bi). **Getty Images:** DEA / G. DAGLI ORTI / De Agostini (cd). **44 Alamy Stock Photo:** INTERFOTO (bc); Ivy Close Images (cia). **45 Getty Images:** Werner Forman / Universal Images Group. **46 Bridgeman Images:** Bibliotheque Nationale (París, Francia) (bi). **Mary Evans Picture Library:** Florilegius (bd); Natural History Museum (si, ca, cda, bc). **47 Alamy Stock Photo:** Florilegius (sc). **Bridgeman Images:** Archives Charmet (si). **Mary Evans Picture Library:** Florilegius (sd, bi, bc, bd). **48-49 *Zhongshan Going on Excursion*, adquisición del Charles Lang Freer Endowment, National Museum of Asian Art, Smithsonian:** (b). **48 Wikimedia:** Daderot / artista chino (cultura Jiangling Chu, provincia de Hubei, pareja de chamanes, siglos IV-III a. C.); madera con cinabrio y laca negra, Collection of Arlene and Harold Schnitzer. **49 Bridgeman Images:** Freer Gallery of Art, Smithsonian Institution (sc). **50 Alamy Stock Photo:** Artokoloro Quint Lox Limited. **51 The Metropolitan Museum of Art:** Donación de la Ernest Erickson Foundation (1985) (bc). **Wellcome Collection:** (cda). **52 Alamy Stock Photo:** Granger Historical Picture Archive (bi). **Bibliothèque nationale de France (París):** (sd). **53 Alamy Stock Photo:** Doug Steley C. **54 Wellcome Collection:** CC BY 4.0. **55 Alamy Stock Photo:** Historic Collection (bd). **The Metropolitan Museum of Art:** The Harry G. C. Packard Collection of Asian Art, donación de Harry G. C. Packard, y adquisición de Fletcher, Rogers, Harris Brisbane Dick, y Louis V. Bell Funds, donación de Joseph Pulitzer y de la The Annenberg Fund Inc. (1975) (cda, c). **56-57 Bridgeman Images:** Edwin Binney 3rd Collection (s). **57 Alamy Stock Photo:** Chronicle (cda). **Bridgeman Images:** Lent by Howard Hodgkin / Ashmolean Museum (Universidad de Oxford, Reino Unido) (bc). **58 Alamy Stock Photo:** World History Archive (si). **58-59 Alamy Stock Photo:** Prisma Archivo (b). **59 Alamy Stock Photo:** Peter Horree (sd). **60-61 Dover Publications, Inc. New York:** *Devils, Demons, and Witchcraft*, de Ernst y Johanna Lehner, ISBN 978-0-486-22751-1. **62 Bridgeman Images:** Werner Forman Archive (bi). **Wellcome Collection:** (bc); Wellcome Library (bd). **63 Bridgeman Images:** Alinari (bi); © British Library Board. All Rights Reserved (bc); G. Dagli Orti / De Agostini Picture Library (bd). **64 Alamy Stock Photo:** Janzig / Europe. **65 Alamy Stock Photo:** AF Fotografie (bd). **Silver Figurine depicting Odin. Ole Malling ® Museum Organization ROMU, Dinamarca:** (sc). **66 Alamy Stock Photo:** Heritage Image Partnership Ltd (bc); Armands Pharyos (cia). **67 Alamy Stock Photo:** imageBROKER. **68-69 akg-images:** Heritage Images / Mats Alm / Historisk Bildbyrå / Mustang media. **69 Alamy Stock Photo:** INTERFOTO (bd). **70 Alamy Stock Photo:** FLHC 21 (cia). **Finnish Heritage Agency:** (bd). **71 Alamy Stock Photo:** Granger Historical Picture Archive. **72 Bridgeman Images:** Werner Forman Archive. **73 akg-images:** North Wind Picture Archives (cda). **Bridgeman Images:** (bc). **74 Biblioteca Nacional de España:** *Synopsis historiarum*, segundo cuarto del siglo XII, Scylitza, Ioannes (ei. 1081), imágenes propiedad de la Bibliteca Nacional de España. **75 Alamy Stock Photo:** The History Collection (bc). **The Metropolitan Museum of Art:** Donación de J. Pierpont Morgan (1917) (cda). **76 Bridgeman Images:** De Agostini Picture Library. **77 Biblioteca Nacional de España:** *Synopsis historiarum*, segundo cuarto del siglo XII, Scylitza, Ioannes (fl. 1081), imágenes propiedad de la Bibliteca Nacional de España. (bd). **Cameraphoto Arte, Venice:** Art Resource, NY. (sd). **78 National Library of Medicine:** Ajā'ib al-makhlūqāt wa-gharā'ib al-mawjūdāt *(Las maravillas de la creación)* de al-Qazwīnī (d. 1283 / 682) (bi). **The Metropolitan Museum of Art:** Adquisición (1895) (ca). **79 The Metropolitan Museum of Art:** Donación de Richard Ettinghausen (1975). **80 © The Trustees of the British Museum. All rights reserved:** (b). **81 Alamy Stock Photo:** History and Art Collection (bc). **© The Trustees of the British Museum. All rights reserved:** (sd). **82 History of Science Museum (Universidad de Oxford):** Astrolabio con casas lunares: Inv. 37148. **83 Bibliothèque nationale de France (París):** (bi). **William Stickevers:** (bd). **Wellcome Collection:** (sd). **84 Bridgeman Images:** Saint Louis Art Museum (Misouri, EE UU) / Donación de Morton D. May (cd); Lubomir Synek (bi). **Getty Images:** DEA / G. DAGLI ORTI / De Agostini (bc). **The Metropolitan Museum of Art:** Donación de J. Pierpont Morgan (1917) (bd). **Wikimedia:** Sobebunny / CC BY-SA 3.0 (ebd). **85 Alamy Stock Photo:** QEDimages (cd). **Bridgeman Images:** CCI (bc); Nativestock Pictures (sc); Dallas Museum of Art (Texas, EE UU) / Dallas Art Association Purchase (ci). **Reproducido con permiso de la Syndics of Cambridge University Library:** Taylor-Schechter Genizah Collection (si). **Dorling Kindersley:** Ure Museum of Greek Archaeology (Universidad de Reading) / Gary Ombler (eci). **Getty Images:** Heritage Arts / Heritage Images (d). **The Metropolitan Museum of Art:** Adquisición, Edward S. Harkness (1926) (bi); The Cesnola Collection, adquirido por suscripción (1874–1876) (esi). **86 Bridgeman Images:** British Library Board. All Rights Reserved. **87 Alamy Stock Photo:** CTK (bi); www.BibleLandPictures.com (cda). **88 Alamy Stock Photo:** www.BibleLandPictures.com (si). **Bridgeman Images:** © British Library Board. All Rights Reserved (bc). **89 Gross Family Collection, Tel Aviv. 90 Wellcome Collection:** Wellcome Library (bd). **Wikipedia:** Sefer Raziel HaMalakh (si). **91 Image © Ashmolean Museum (Universidad De Oxford):** AN1980.53 Reverso: amuleto con santos y ángeles en combate. **92 © The Trustees of the British Museum. All rights reserved:** (ci). **92-93 AF Fotografie:** (c). **93 Cortesía del York Museums Trust (Yorkshire Museum):** CC BY-SA 4.0 (sd). **94 Alamy Stock Photo:** Azoor Photo (si); Chronicle (bc). **95 The J. Paul Getty Museum, Los Ángeles:** Ms. Ludwig XII 8 (83.MO.137), fols. 49v y 50v. **96 Alamy Stock Photo:** The History Collection. **97 akg-images:** Erich Lessing (sc). **Bridgeman Images:** British Library Board. All Rights Reserved (bd). **98 AF Fotografie:** (si). **Bibliothèque nationale de France (París):** (bd). **99 Alamy Stock Photo:** Heritage Image Partnership Ltd. **100-101 Bridgeman Images:** Alinari. **102 Bridgeman Images:** British Library Board. All Rights Reserved (cia). **Getty Images:** Universal History Archive (bd). **103 Photo Scala (Florencia):** bpk, Bildagentur fuer Kunst, Kultur und Geschichte (Berlín) (s). **The Metropolitan Museum of Art:** Donación de J. Pierpont Morgan (1917) (b). **104 Alamy Stock Photo:** Chronicle. **105 Bridgeman Images:** British Library Board. All Rights Reserved (bd). **Photo Scala (Florencia):** (si). **106 Alamy Stock Photo:** Nataliya Nikonova (cb/cuarzo amarillo). **Dorling Kindersley:** Ruth Jenkinson / Holts Gems (cb); Natural History Museum (cia); Natural History Museum (Londres) (cib, cdb). **The Metropolitan Museum of Art:** Donación de Heber R. Bishop (1902) (sd). **107 akg-images:** De Agostini Picture Library (bd); Liszt Collection (ca). **Alamy Stock Photo:** Valery Voennyy (sd). **Dorling Kindersley:** © The Trustees of the British Museum. All rights reserved. (si). **The Metropolitan Museum of Art:** legado de W. Gedney Beatty (1941) (ci). **108 Beinecke Rare Book And Manuscript Library/Yale University:** *Ars Notoria Sive Flores Aurei* (bd). **Bridgeman Images:** © British Library Board. All Rights Reserved (cia). **109 Beinecke Rare Book And Manuscript Library/Yale University:** *Ars Notoria Sive Flores Aurei* (bi). **Bridgeman Images:** © British Library Board. All Rights Reserved (sc). **Wellcome Collection:** Wellcome Library (cdb). **110-111 Bridgeman Images. 112 Alamy Stock Photo:** The Picture Art Collection (bd). **Bridgeman Images:** © British Library Board. All Rights Reserved (cia). **113 Rex by Shutterstock:** Alfredo Dagli Orti. **114 akg-images. 115 Alamy Stock Photo:** AF Fotografie (cda). **Dylan Vaughan Photography:** Ani Mollereau (bc). **116 Getty Images:** Fine Art Images / Heritage Images (bc); De Agostini Picture Library (si). **117 Bridgeman Images:** G. Dagli Orti / De Agostini Picture Library. **118-119 Alamy Stock Photo:** Heritage Image Partnership Ltd. **120-121 Dover Publications, Inc. New York:** *Devils, Demons, and Witchcraft*, de Ernst y Johanna Lehner, ISBN 978-0-486-22751-1. **122 Alamy Stock Photo:** Art Collection 3 (bi); Science History Images (bd). **Getty Images:** De Agostini Picture Library (bc). **123 Alamy Stock Photo:** Historic Images (bi); Lanmas (bc). **Glasgow Museums; Art Gallery & Museums:** (bd). **124 © The Trustees of the British Museum. All rights reserved:** (cia). **Ilustración del «sello de los secretos» de Peterson, Joseph H. Arbatel-- *Concerning the Magic of the Ancients: Original Sourcebook of Angel Magic*. Lake Worth, FL: Ibis Press, 2009, basado en el manuscrito Sloane 3851, fol. 10r-29v. de la Biblioteca Británica. Reproducido con permiso:** (bd). **125 Getty Images:** Culture Club / Hulton Archive. **126 Alamy Stock Photo:** Ian Dagnall (b). **The**

Metropolitan Museum of Art: Rogers Fund (1908) (sc). **127 Cambridge Archaeological Unit:** Dave Webb (cdb). **The Metropolitan Museum of Art:** Donación de John D. Rockefeller Jr. (1937) (sc). **128-129 Alamy Stock Photo:** Art Collection 3. **130 Alamy Stock Photo:** World History Archive (si). **130-131 Alamy Stock Photo:** World History Archive (b). **132 Alamy Stock Photo:** Science History Images (bc). **Dreamstime.com:** Jakub Zajic (s). **133 Alamy Stock Photo:** Science History Images (b). **134 Alamy Stock Photo:** culliganphoto (bd); History and Art Collection (cia). **135 Getty Images:** De Agostini Picture Library. **136 Alamy Stock Photo:** Pictorial Press Ltd (ci). **136-137 Alamy Stock Photo:** Science History Images (c). **137 Alamy Stock Photo:** Niday Picture Library (bd). **138 Alamy Stock Photo:** INTERFOTO. **139 Alamy Stock Photo:** Lebrecht Music & Arts (sc). **Wellcome Collection:** (bd). **140 Bridgeman Images:** Francisco I (1494-1547) Tocando el mal del rey en Bolonia (fresco), Cignani, Carlo (1628-1719) / Palazzo Comunale (Bolonia, Italia) (s). **141 History of Science Museum (Universidad de Oxford):** Mesa Sagrada: Inv. 15449 (bd). **Science & Society Picture Library:** Science Museum (sc). **142 Alamy Stock Photo:** Topham Partners LLP (sc). **143 Alamy Stock Photo:** Topham Partners LLP (bc). **Bridgeman Images:** Giancarlo Costa (s). **144 Bridgeman Images:** Photo © AF Fotografie (cib). **144-145 Getty Images:** Historical Picture Archive / CORBIS (c). **145** ***Polygraphie, et vniuerselle escriture cabalistique*****:** Johannes Trithemius (cdb). **146 Alamy Stock Photo:** The Print Collector (s). **147 Alamy Stock Photo:** IanDagnall Computing (bi). **Bridgeman Images:** © British Library Board. All Rights Reserved (sd). **148 Alamy Stock Photo:** Science History Images. **149 Bridgeman Images:** © British Library Board. All Rights Reserved (bd). **Getty Images:** Apic (cda). **150 Alamy Stock Photo:** Historic Images (bc). **Wellcome Collection:** (sd). **151 Alamy Stock Photo:** Topham Partners LLP (s). **152-153 Alamy Stock Photo:** INTERFOTO (c). **152 Alamy Stock Photo:** INTERFOTO (si, sc, ci); Realy Easy Star (bi). **153 akg-images:** (si). **Alamy Stock Photo:** INTERFOTO (bi). **154 Alamy Stock Photo:** Granger Historical Picture Archive (c). **Bridgeman Images:** (bi). **155 Alamy Stock Photo:** AF Fotografie. **156 University of Wisconsin Libraries:** ilustración de un manuscrito rosacruz. **157 akg-images:** (sc). **Alamy Stock Photo:** The Picture Art Collection (bd). **158 Bridgeman Images:** Index Fototeca (cia). **The Metropolitan Museum of Art:** Donación de Herbert N. Straus, 1925 (bc). **159 Getty Images:** DEA / A. Dagli Orti. **160 Alamy Stock Photo:** Danny Smythe (bi); Nikki Zalewski (sc). **Dreamstime.com:** Anna Denisova (sd); Notwishinganymore (cda). **Steve 'Stormwatch' Jeal:** (si). **161 123RF.com:** Andrea Crisante (ci). **Adobe Systems Incorporated:** kkgas / Stocksy (cd). **Dreamstime.com:** Katrintimoff (sc); Sorsillo (si); Russiangal (sd). **Xeonix Divination:** (cdb). **162 Bridgeman Images:** (ci). **162-163 Bridgeman Images:** © British Library Board. All Rights Reserved (c). **163 Patrice Guinard:** Corpus Nostradamus, i.e. Patrice Guinard, Corpus Nostradamus, http://cura.free.fr/mndamus.html or Patrice Guinard, Corpus Nostradamus #42, http://cura.free.fr/dico-a/701A-57bib.html (bd). **University of Pennsylvania:** Lawrence J. Schoenberg Manuscripts (cda). **164-165 Sächsische Landesbibliothek - Staats und Universitätsbibliothek Dresden (SLUB). 166 Wellcome Collection:** (cib). **167 Bridgeman Images:** (si); Photo © Heini Schneebeli (d). **168 Bridgeman Images. 169 Getty Images:** The Print Collector (sc). **Newberry Digital Collections:** *Book of magical charms*. The Newberry Library (Chicago) (bd). **170 Bridgeman Images:** Chomon / De Agostini Picture Library (bd); The Stapleton Collection (cia). **171 Bridgeman Images. 172-173 Bridgeman Images:** Photo © Christie's Images. **174 Bridgeman Images:** Granger. **175 Alamy Stock Photo:** The History Collection (bi). **Bridgeman Images:** (cda). **176 Alamy Stock Photo:** The Granger Collection (bd). **The Metropolitan Museum of Art:** Legado de Ida Kammerer, en memoria de su marido, Frederic Kammerer, M.D., 1933 (cia). **177 Bridgeman Images:** The Stapleton Collection. **178 Alamy Stock Photo:** The Granger Collection (sc). **Bridgeman Images:** (bc). **179 Bridgeman Images:** The Stapleton Collection. **180 Alamy Stock Photo:** Lanmas. **181 Alamy Stock Photo:** Pacific Press Agency (bc); Prisma Archivo (cda). **182 akg-images:** Mark De Fraeye (bc). **Alamy Stock Photo:** Sabena Jane Blackbird (d); Peter Horree (si); Heritage Image Partnership Ltd (ebl); Topham Partners LLP (bi). **Bridgeman Images:** Pollock Toy Museum (London, Reino Unido) (esi). **Getty Images:** DEA / G. DAGLI ORTI / De Agostini (sc). **183 Alamy Stock Photo:** Heritage Image Partnership Ltd / Werner Forman (i). **Bridgeman Images:** Detroit Institute of Arts (EE UU) / Adquisición de la Founders Society con fondos de la Richard and Jane Manoogian Foundation (d). **Getty Images:** Universal Images Group / Desmond Morris Collection (ca). **Glasgow Museums; Art Gallery & Museums:** (bc). **184 Alamy Stock Photo:** Hi-Story (bi). **184-185 Bridgeman Images:** © British Library Board. All Rights Reserved (sc). **185 Alamy Stock Photo:** The Granger Collection (bd). **186 Alamy Stock Photo:** Granger Historical Picture Archive. **187 Alamy Stock Photo:** Topham Partners LLP (bi). **Bridgeman Images:** De Agostini Picture Library (cda). **188-189 Alamy Stock Photo:** Granger Historical Picture Archive. **190-191 Dover Publications, Inc. New York:** *Devils, Demons, and Witchcraft*, de Ernst y Johanna Lehner, ISBN 978-0-486-22751-1. **192 Alamy Stock Photo:** Anka Agency International (bd). **Bridgeman Images:** Giancarlo Costa (bc). **Getty Images:** Nicolas Jallot / Gamma-Rapho (bi). **193 Alamy Stock Photo:** Chronicle (bc); PBL Collection (bi). **Bridgeman Images:** (bd). **194 Bridgeman Images:** Archives Charmet. **195 Alamy Stock Photo:** Photo 12 (bi). **Getty Images:** DeAgostini (ca). **196 Bridgeman Images. 197 Alamy Stock Photo:** Chronicle (bi). **Bridgeman Images:** (sd). **198 Nordiska museet/Nordic Museum:** Ulf Berger (s). **199 Alamy Stock Photo:** Florilegius (cd). **Bridgeman Images:** The Stapleton Collection (sc). **Norwegian Museum of Cultural History:** (bi). **200-201 Getty Images:** Historica Graphica Collection / Heritage Images. **202 Alamy Stock Photo:** The Picture Art Collection (cia). **The Sixth and Seventh Books of Moses:** (bd). **203 Getty Images:** Allentown Morning Call / Tribune News Service / Kellie Manier (sd). **204-205 Getty Images:** Nicolas Jallot / Gamma-Rapho. **204 TopFoto.co.uk:** John Richard Stephens (bi). **206 Bridgeman Images:** Heini Schneebeli; Werner Forman Archive (bi). **207 Bridgeman Images:** Werner Forman Archive (bi). **Koninklijke Bibliotheek (La Haya):** Het Geheugen / Stichting Academisch Erfgoed (sd). **208 Mary Evans Picture Library:** (bc, bd); Antiquarian Images (i); Florilegius (ca, cda). **209 Mary Evans Picture Library:** (bi, bd); Thaliastock (si); Florilegius (sc, sd, bc). **210-211 Getty Images:** Stefano Bianchetti / Corbis (sc). **210 A key to physic, and the occult sciences:** (bi). **211 Bridgeman Images:** Archives Charmet (bd). **212 Bridgeman Images:** Look and Learn. **213 Anónimo (Lausana) - gran salón del casino. Magnétisme E. Allix, lithography, coll. Historical Museum of Lausanne (Suiza):** (cd). **Bridgeman Images:** Giancarlo Costa (cia). **214 Alamy Stock Photo:** Topham Partners LLP. **215 Bridgeman Images:** Archives Charmet (cda); A. Dagli Orti / De Agostini Picture Library (bc). **216 Alamy Stock Photo:** Topham Partners LLP (bc/High Priestess, bd). **Bridgeman Images:** (bc); © British Library Board. All Rights Reserved (bi). **Imagen de tarot egipcio reproducida con permiso de U.S. Games Systems, Inc., Stamford, CT 06902. c. 1980 by U.S. Games Systems, Inc. All rights reserved:** (cia). **217 Bridgeman Images. 218 Alamy Stock Photo:** Anka Agency International (si, sc, sc/El Ahorcado, sd, ci, c, c/La Fuerza, cd, bc, bc/La Justicia, bd). **219 Alamy Stock Photo:** Anka Agency International (si, sc, sc/La Estrella, sd, ca, ca/El Mago, cb, cdb, cb/El Emperador, bi, bc). **220 akg-images. 221 Alamy Stock Photo:** Lebrecht Music & Arts (cda). **Bridgeman Images:** Granger (bi). **222-223 Alamy Stock Photo:** PBL Collection. **224-225 akg-images:** Fototeca Gilardi (c). **225 Alamy Stock Photo:** Granger Historical Picture Archive (sd). **226 Alamy Stock Photo:** Archive PL (sc); Artokoloro Quint Lox Limited (ci); Topham Partners LLP (bd). **227 Library of Congress, Washington, D.C.:** Rare Book and Special Collections Division, Printed Ephemera Collection (d). **228 Alamy Stock Photo:** Chronicle. **229 Alamy Stock Photo:** Chronicle (cda, bc). **230-231 Alamy Stock Photo:** Everett Collection Inc. **232 Bridgeman Images:** The Stapleton Collection (bi). **233 akg-images:** (s). **Alamy Stock Photo:** Granger Historical Picture Archive (bc). **234 Bridgeman Images:** Photo © Gusman (ca). **Wellcome Collection:** (bi). **235 Alamy Stock Photo:** imageBROKER. **236 akg-images:** (si, sd). **Getty Images:** APIC (bc). **237 akg-images:** (si, sd). **Bridgeman Images:** Look and Learn (bd). **238 Alamy Stock Photo:** Topham Partners LLP. **239 Alamy Stock Photo:** Granger Historical Picture Archive (ca); The Print Collector (cda). **Bridgeman Images:** Luca Tettoni (bi). **240-241 Bridgeman Images. 242 Bridgeman Images:** (cia, bd). **243 Bridgeman Images:** (s). **244 AF Fotografie:** (bd). **Getty Images:** Bettmann (cia). **245 Alamy Stock Photo:** The History Collection (d); Topham Partners LLP (si). **246-247 akg-images:** bilwissedition. **248 AF Fotografie:** (bi). **Getty Images:** Werner Forman / Universal Images Group (bd). **Bradley W. Schenck:** (bc). **249 Howard Charing:** *Llullon Llaki Supai*, de Pablo Amaringo. Reproducido en el libro *The Ayahuasca Visions of Pablo Amaringo*, publicado por Inner Traditions. (bi). **Getty Images:** AFP / Joseph Prezioso (bc); Dan Kitwood (bd). **250 Getty Images:** Keystone. **251 John Aster Archive:** (bd). **Silberfascination** (sd). **252 Getty Images:** Oesterreichsches Volkshochschularchiv / Imagno (s). **253 Bridgeman Images:** Christie's Images (bd). **Unsplash:** Anelale Nájera (sc). **254 Alamy Stock Photo:** Björn Wylezich (si). **254-255 Alamy Stock Photo:** jvphoto (c). **255 Alamy Stock Photo:** Stephen Orsillo (d). **Dreamstime.com:** Freemanhan2011 (si). **256 Getty Images:** Hulton Archive (bc); Photographer's Choice (cia). **257 Alamy Stock Photo:** Chronicle. **258 Getty Images:** Buyenlarge / Archive Photos. **259 Alamy Stock Photo:** The History Collection (bi). **Getty Images:** FPG (sd). **260 akg-images:** (bd). **London School of Economics & Political Science:** Malinowski / 3 / 18 / 2, LSE Library (s). **261 Bridgeman Images:** Granger (d). **Roberto Frankenberg:** (cia). **262-263 AF Fotografie** ©The CS Lewis Company Ltd / HarperCollins. **264 Svitlana Pawlik:** (si/wicca). **Rex by Shutterstock:** Phillip Jackson / ANL (bd). **265 Bradley W. Schenck. 266 Getty Images:** John Mahler / Toronto Star (sd). **266-267 Michael Rauner:** Imagen realizada para la Reclaiming's 37th annual Spiral Dance en 2016 (San Francisco) (b). **267 Alamy Stock Photo:** Andrew Holt (cda). **268 Alamy Stock Photo:** George Fairbairn (cd). **Dandelionspirit:** (cda). **iStockphoto.com:** Il_Mex (si). **Roland Smithies / luped.com:** (ci). **268-269 Dorling Kindersley:** Alex Wilson / Cecil Williamson Collection (cb); Alex Wilson / Booth Museum of Natural History (Brighton) (b). **269 Alamy Stock Photo:** Panther Media GmbH (c). **Dorling Kindersley:** Alan Keohane (d); Alex Wilson / Booth Museum of Natural History (Brighton) (sc). **270 Getty Images:** DEA / A. Dagli Orti / De Agostini. **271 Alamy Stock Photo:** Universal Art Archive (cdb). **Getty Images:** DeAgostini (d). **272-273 Alamy Stock Photo:** Marc Zakian (b). **273 Alamy Stock Photo:** John Gollop (sc). **John Beckett:** (bd). **274 Lucia Bláhová:** (si). **Getty Images:** AFP / Petras Malukas (b). **275 Getty Images:** Jeff J Mitchell (s). **Wikipedia:** MithrandirMage (b). **276-277 Getty Images:** Kevin Cummins. **278 Getty Images:** Werner Forman / Universal Images Group (bi). **278-279 Getty Images:** Kevin Frayer (s). **280 Alamy Stock Photo:** Sirioh Co., Ltd (si). **Getty Images:** AFP / Emile Kouton (b). **281 Getty Images:** Werner Forman / Universal Images Group (s). **282-283 Howard Charing:** *Llullon Llaki Supai*, de Pablo Amaringo. Reproducido en el libro *The Ayahuasca Visions of Pablo Amaringo*, publicado por Inner Traditions. **284 Getty Images:** DeepDesertPhoto (ci); Roger Ressmeyer / Corbis / VCG (bc). **285 Bridgeman Images:** © The British Library Board / Leemage. **286 Bridgeman Images:** Private Collection / Luca Tettoni. **287 Bridgeman Images:** Private Collection / Stefano Baldini (bc). **Getty Images:** AFP / Martin Bernetti (sd). **288 Getty Images:** AFP / Joseph Prezioso. **289 Adobe Stock:** ttd1387 (cda). **Alamy Stock Photo:** agefotostock (bc). **Getty Images:** Jack Garofalo / Paris Match (cia). **290 123RF.com:** Jane Rix (cia). **Alamy Stock Photo:** Trevor Chriss (ca); Björn Wylezich (sc). **Dreamstime.com:** Justin Williford (cdb). **Getty Images:** DeAgostini (cda). **The Metropolitan Museum of Art:** Bequest of Mary Stillman Harkness, 1950 (cib). **Wellcome Collection:** (i). **291 123RF.com:** curcuma (i). **akg-images:** Pictures From History (cdb). **Alamy Stock Photo:** Art Directors & TRIP (sc); Lubos Chlubny (sd). **Horniman Museum and Gardens:** (bc). **Photo Scala (Florencia):** New York, Metropolitan Museum of Art. © 2020. Image (bd). **292-293 Getty Images:** Dan Kitwood. **294 Getty Images:** Alberto E. Rodriguez / WireImage (bc); Peter Bischoff (cda). **™ The Magic Circle:** (ci). **295 Alamy Stock Photo:** Brent Perniac / AdMedia / ZUMA Wire / Alamy Live News. **296 Bridgeman Images:** Charles Chomondely. **297 Dreamstime.com:** Roberto Atzeni (cda). **Red Wheel Wesier, LLC, Newburyport, MA www.redwheelweiser.com:** Liber Null & Psychonaut © 1987 Peter J. Caroll (bd). **298 Alamy Stock Photo:** Everett Collection Inc / Warner Bros. **299 Rex by Shutterstock:** Kobal / Netflix / Diyah Pera (bc). **300-301 Getty Images:** Scott Eisen. **300 iStockphoto.com:** Turgay Malikl (bi/trofeo, bi/llave inglesa, bi/dinero, bi/bola de cristal, bi/bombilla). **Reuters:** Emily Wither (ca). **302-303 Dover Publications, Inc. New York:** *Devils, Demons, and Witchcraft*, de Ernst y Johanna Lehner, ISBN 978-0-486-22751-1. **320 Alamy Stock Photo:** The Granger Collection (c).

«Doble, doble afán y brea
y el tizón chisporrotea
y el caldero borbotea.»

LAS TRES BRUJAS EN *MACBETH* DE SHAKESPEARE (1606–1607)